应用型本科物流管理专业精品系列教材

U0571638

采购与供应管理

主　编　高　帆

副主编　李新艳　陈胜男

参　编　姚天金　胡金玉

　　　　常孟琳　李占华

北京理工大学出版社

BEIJING INSTITUTE OF TECHNOLOGY PRESS

内 容 简 介

本书按照学习目标—导入案例—练习题—案例讨论—实训设计的顺序编写，各章节的案例针对性地设置了思考题和案例解析。本书内容分为 10 章，主要包括采购与供应管理概述、采购组织管理、采购计划和预算、采购价格和成本管理、供应商管理、采购谈判与采购合同、采购货物的验收与采购质量管理、采购绩效管理、招标采购和采购管理发展的新趋势。

本书可作为高等院校物流管理类专业的教科书，也可供其他管理学类专业使用，还可供物流管理人员在职培训和应试参考使用。

版权专有　侵权必究

图书在版编目（CIP）数据

采购与供应管理 / 高帆主编. —北京：北京理工大学出版社，2021.1（2021.2 重印）
ISBN 978-7-5682-9408-9

Ⅰ. ①采…　Ⅱ. ①高…　Ⅲ. ①采购管理-高等学校-教材 ②物资供应-物资管理-高等学校-教材　Ⅳ. ①F253 ②F252.2

中国版本图书馆 CIP 数据核字（2021）第 001753 号

出版发行 / 北京理工大学出版社有限责任公司

社　　　址 / 北京市海淀区中关村南大街 5 号

邮　　　编 / 100081

电　　　话 / （010）68914775（总编室）

　　　　　　（010）82562903（教材售后服务热线）

　　　　　　（010）68948351（其他图书服务热线）

网　　　址 / http：//www.bitpress.com.cn

经　　　销 / 全国各地新华书店

印　　　刷 / 唐山富达印务有限公司

开　　　本 / 787 毫米×1092 毫米　1/16

印　　　张 / 15.25　　　　　　　　　　　　　　　责任编辑 / 徐艳君

字　　　数 / 358 千字　　　　　　　　　　　　　　文案编辑 / 徐艳君

版　　　次 / 2021 年 1 月第 1 版　2021 年 2 月第 2 次印刷　　责任校对 / 刘亚男

定　　　价 / 45.00 元　　　　　　　　　　　　　　责任印制 / 李志强

图书出现印装质量问题，请拨打售后服务热线，本社负责调换

21世纪，全球经济快速发展，全球范围内的资源需要进行有效配置，现代物流走在了时代的前列。世界制造中心从西方转移到东方，中国"世界加工厂"格局进一步形成。我国物流业不断发展，推动物流成为提高我国经济运行质量和效率、提高国家整体竞争能力、推进我国经济体制与经济增长方式根本性转变的新兴产业和新的增长点。虽然我国对物流科学的研究不断增加，但社会物流蕴含着的巨大效益潜力还远未充分发挥出来，众多企业的物流依然处于潜隐状态，导致我国缺少大批的掌握物流基础理论、熟悉物流管理信息技术、拥有物流运营管理能力的专门人才。根据国家发展和改革委员会、中国物流与采购联合会的统计，2018年全国社会物流总额283万亿元。目前，我国高素质技能型物流人才的缺口巨大，而且人员结构不合理，严重制约了现代物流业的快速发展。《物流业发展中长期规划（2014—2020年）》指出，2005—2013年，我国物流从业人员以年均6.2%的速度增长。虽然我国2 000多所开设物流专业的院校每年为社会培养15万人左右的物流人才，加上第三方培训机构每年约17万人和公共实训基地每年约14万人的人才供给，物流人才的培养数量仍然不能满足社会对物流人才的需求，物流业人才全面紧缺。

采购与供应活动作为物流系统的重要组成部分，在企业降低成本、增加利润方面发挥着极其重要的作用。企业生产过程离不开原材料、半成品与零配件的及时供应，在供应得到保证的同时又要求供应成本达到最低，这一切都离不开采购与供应活动及时有效地开展。对于采购与供应活动，如果组织与管理得当，会对企业目标和战略的实现作出巨大贡献。为了实现科学合理的采购与供应管理，管理者必须具备有关经济、技术、管理等方面的专门知识与技能。

本书由黄河交通学院高帆担任主编，黄河交通学院李新艳、陈胜男担任副主编，黄河交通学院的姚天金、胡金玉、常孟琳、李占华也参与了本书的编写，具体分工如下：高帆编写第五章、第十章，李新艳编写第一章，姚天金编写第六章、第七章，陈胜男编写第二章、第四章，胡金玉编写第三章，常孟琳编写第八章，李占华编写第九章；高帆负责全书结构的策划和最后统稿。

在编写过程中，编者参考了不少专家、学者的资料，已尽可能详细地在参考文献中列出，在此对这些专家、学者们表示深深的谢意。若有疏漏，编者郑重声明其著作权属于原作者，并在此表示歉意。

在这里要特别感谢黄河交通学院院领导的关心和指导，感谢科研处王少英处长提供的平台和途径，感谢经济管理学院杨孝海院长的指导和帮助。

由于编者水平有限，再加上采购与供应管理是一个新领域，编者对它的认识和研究还远远不够，希望广大读者提出批评意见。

编 者
2020 年 3 月

目　录

第一章

采购与供应管理概述

本章学习目标

1. 理解采购与供应管理的内涵和采购与供应管理的分类。
2. 明确采购与供应管理在企业中的作用和地位。
3. 理解战略采购的含义及关键。
4. 掌握供应链管理环境下采购与供应的变化。
5. 了解企业采购与供应管理的发展方向。

第一节 采购与供应的基本内涵

企业采购在人们的日常生活中不是一个陌生的概念，当生活或生产中所需的各种物资不能"自给自足"时，所需的供应必须依靠采购来获得。

★导入案例

宜家的经济采购策略

宜家的价格除在中国大陆表现略微偏高外，在全球其他市场，宜家一直以优质、低价的形象出现，这得益于宜家的经济采购策略。

宜家在为产品选择供货商时，从整体上考虑总成本最低，即先计算产品运抵各中央仓库的成本，再根据每个销售区域的潜在销售量来选择供货商，同时参考品质、生产能力等其他因素。由于宜家绝大部分的销售额来自欧洲和美国，所以一般只参考产品运抵欧洲和美国中央仓库的成本。

宜家在全球拥有近 2 000 家供货商（其中包括宜家自有的工厂），供应商将各种材料由世界各地运抵宜家在全球的中央仓库，然后从中央仓库运往各个商场进行销售。这种全球大批量集体采购方法可以取得较低的价格，挤压竞争者的生存空间。

同宜家的大批量采购相比，跟随者无法以相同的低价获得原材料。如果产品定位要低于宜家的价格，只有偷工减料或者降低生产费用，而降低生产费用的空间不会太大，因为宜家供货厂家由于订单数量大，其企业生产费用、管理费用可以很低，且宜家在价格上所加的销售费用、管理费用也不会太高。如果没有足够的利润空间，完全模仿也就没有了原动力，偷工减料的产品也无法长期同宜家竞争。

（案例来源：百度文库）

问题：试分析宜家的成功采购经验有哪些。

一、基本概念

（一）采购的含义

狭义的采购（Purchase）就是买东西，指限于以购买的方式，由买方支付对等的代价，向卖方换取物品的行为过程，即所谓的"一手交钱，一手交货"。扩展开来，就是企业根据需求提出采购计划，然后审核计划，选好供应商，再经过商务谈判确定价格、交货及相关条件，最终签订合同并按要求收货付款的过程。为满足消费者或者生产需求的物品，十之八九都是以购买的方式进行的。因此，在狭义的采购定义下，买方一定要先具备支付能力，才能换取他人的物品来满足自己的需求。

广义的采购（Procurement）是指除以购买的方式占有物品之外，还可以通过其他途径取得物品的使用权来达到满足需求的目的。广义的采购主要有以下几种途径。

1. 租赁

租赁，即一方以支付租金的方式取得他人物品的使用权。对功能日新月异或使用次数很少但价值昂贵的物品来说，租用比买断更为有利。租赁有如下优点：

（1）承租人不必支付大额的首期费用。

（2）降低了所租物件过时的风险。

（3）租赁期可作为正式采购前的有偿试用期。

（4）可以得到出租人的免费指导或服务。

（5）可满足承租人短期或临时的需要，如季节性很强的企业。

2. 借贷

借贷，即一方以无须支付任何代价的方式取得他人物品的使用权，使用完毕后仅返还原物品。借贷通常以借贷双方的情谊与密切关系为基础，特别是借方的信用。如关系企业及母子公司之间，机器、原料、零件可以调拨借用，人才也可以借调。

3. 交换

所谓交换，就是用以物易物的方式取得物品的所有权及使用权，但是并没有直接支付物品的全部价款。

（二）与采购相关的概念

1. 购买（Buying）

购买是用货币换取商品的交易过程，包括了解需求、寻找供应商、处理订单、价格谈判和货物交运。

2. 供应（Supply）

供应是以流程为导向整合企业内外资源的战略性活动过程，是采购部门面向增值的业务活动，旨在强化与供应商的关系。

3. 物料管理（Material Management）

物料管理是指对供应链中间部分的物流和信息流的管理，包括采购管理、库存管理、仓储管理、生产作业计划与控制和分销配送管理，即从原料的采购进厂、生产，再到产品交给用户的过程，这里的用户指第一级用户，不包括供应商的供应商和分销商的分销商及最终用户。

4. 后勤管理（Logistics）

后勤管理是指经过分销渠道到达最终用户的物料管理和信息管理。

5. 配送管理（Physical Distribution Management）

配送管理主要处理与企业或直接用户之间的业务关系，把产品销售给用户，但主要是一级用户。

6. 战略采购（Strategic Procurement）

战略采购是指从宏观范围内确定采购资源，建立最优的供应商体系及战略伙伴关系。

7. 采购环境（Purchasing Environment）

采购环境是指经过买家认可的、信得过的采购资源，它由一些供应商组成。采购环境对企业的采购会产生很大影响，因此，企业都应努力创造好的采购环境。

综合以上说明，可以了解到，采购是以各种不同的途径，包括购买、租赁、借贷和交换等方式，取得物品及劳务的使用权或所有权，以满足使用需求的行为过程。本书主要介绍以购买方式为主的采购活动。

（三）采购与供应的内涵

1. 采购与供应是资源交换的过程

采购与供应是企业通过购买、储存、运输、接收、检验、废料处理及配送等面向增值的业务活动，获得成本、时间、效率和柔性等方面的最佳效果，并且通过强化与供应商的关系，以流程为导向整合企业内外资源的战略性活动过程。

2. 采购与供应是商流、物流相结合的过程

在采购过程中，一要实现将资源的所有权从供应者手中转移到用户手中，这是一个商流

过程，主要通过商品交易、等价交换来实现商品所有权的转移；二要实现将资源的物质实体从供应者手中转移到用户手中，这是一个物流过程，主要通过运输、储存、包装、装卸和流通加工等手段来实现商品空间位置和时间位置的转移，使物品实实在在地到达用户手中。

3. 采购与供应过程是信息交换的过程

供应链管理体系下的物流管理高度依赖于对大量数据信息的采集、分析、处理和及时更新。

4. 采购与供应是一种经济活动

采购是企业经济活动的主要组成部分。在整个采购活动过程中，要追求采购经济效益的最大化，就要不断降低采购成本，以最低的成本去获取最大的效益。

二、采购的分类

（一）按采购的范围分类

按照采购的范围划分，采购分为国内采购和国外采购。

（1）国内采购。国内采购主要指在国内市场的采购，采购的物资也都是国内生产的，包括国外企业设在国内的代理商的采购，只是在这种情况下要以本币支付货款，不需以外汇结算。国内采购又分为本地市场采购和外地市场采购。通常情况下，采购人员首先应考虑本地市场采购，因为这样可以节省采购成本和时间，减少运输，同时保障供应。

（2）国外采购。所谓国外采购，是指国内采购企业直接向国外厂商采购所需物资的一种行为。国外采购的优点主要有：质量有保证；可以利用汇率变动获利。但国外采购也存在一些不足，主要包括：交易过程复杂，影响交易效率；需要较高的库存，加大了储存费用；纠纷处理麻烦，无法满足急需货物的交货。

（二）按采购商品的用途分类

按采购商品的用途划分，采购分为工业采购和消费采购。

（1）工业采购。工业采购通常是指企业为了经营或生产所需产品和服务而按一定的代价同外部进行的交易活动。工业采购往往是一次采购以后便同供应商建立起长期合作关系，是一个程序化的过程，采购数量通常比较大，价格也比较稳定。

（2）消费采购。消费采购通常是指个人为了经营或生产所需产品和服务而按一定的代价同外部进行的交易活动。消费采购的随意性比较大，主要是为满足个人消费需求，采购动机带有个人喜好，采购量也比较小。

（三）按采购主体分类

按采购的主体划分，采购分为个人采购和集团采购。

（1）个人采购。个人采购是指个人生活用品的采购，一般是单一品种、单次、单一决策和随机发生的，带有很大的主观性和随意性。

（2）集体采购。集团采购一般是两个以上的人共同进行的商品采购，一般是多品种、大批量、大金额、多批次甚至持续进行的，直接关系到多个人的集体利益，一般要非常慎重、非常严格。

（四）按采购方式分类

按采购的方式划分，采购分为直接采购和间接采购。

（1）直接采购。直接采购是指采购主体自己直接向物品制造厂家采购的方式。直接采购从源头实施采购，环节少、时间短、手续简便，需求方自身有相应的采购、储运、渠道、机构与设施等。

（2）间接采购。间接采购是指通过中间商实施采购行为的方式，也称委托采购或中介采购。间接采购可减少流动资金占用，提高资金周转率，适合业务规模大、盈利水平高的企业。

（五）按采购时间分类

按采购商与供应商之间的交易时间划分，采购一般分为现货采购和远期合同采购。

（1）现货采购。现货采购是指经济组织与物品或资源持有者协商后即时交割的采购方式。现货采购灵活、方便、手续简单，易于组织管理，无信誉风险，对市场的依赖性大。

（2）远期合同采购。远期合同采购是供需双方为稳定供需关系、实现物品均衡供应而签订远期合同的采购方式。远期合同采购时效长、价格稳定、交易成本及物流成本相对较低。

（六）按采购政策分类

按采购政策划分，采购分为集中采购和分散采购。

（1）集中采购。集中采购是指企业在核心管理层建立专门的采购机构，统一组织企业所需物品的采购进货业务。

（2）分散采购。与集中采购相对应，分散采购是由企业下属各单位（如子公司、分厂、车间或分店）实施的为满足自身生产经营需要的采购。分散采购批量小或只采购单件，且价值低、开支小，占用资金少，库存空间小，保管简单、方便。

（七）按采购技术分类

按采购技术划分，采购分为传统采购技术采购和现代采购技术采购。

（1）传统采购技术采购。这种采购是以各个单位的采购申请计划为依据，以填充库存为目的，管理比较简单、粗糙，市场响应不灵敏，库存量大，资金积压多，库存风险大。

（2）现代采购技术采购包括下列四种采购方式：

1）JIT采购。JIT（Just in Time，即时制）采购也称准时化采购，是一种完全以满足需求为依据的采购方法。它对采购的要求就是要供应商恰好在用户需要的时候，将合适的品种、合适的数量送到用户需求的地点，做到既灵敏响应需求的变化，又使库存向零库存趋近。

2）供应链采购。准确地说，这是一种供应链机制下的采购模式。在供应链机制下，采购不再由采购者运作，而是由供应商操作。采购者只需要把自己的需求规律信息（即库存信息）向供应商连续、及时传递即可，供应商则根据自己产品的消耗情况不断、及时、连续和小批量地补充库存，保证采购者既满足需要又使总库存量最小。

3）MRP采购。MRP（Material Requirement Planning，物料需求计划）采购主要应用于生产企业，是生产企业根据主生产计划和主产品结构及库存情况，逐步推导出生产主产品所需要的零部件、原材料等的生产计划和采购计划的过程。这个采购计划规定了采购的品种、数量、时间，计划比较精细、严格。

4）电子商务采购。电子商务采购就是网上采购，是在电子商务环境下的采购模式。

（八）按采购价格确定的方式分类

按采购价格确定的方式划分，采购主要有招标采购、议价采购和比价采购等。

（1）招标采购。所谓招标采购，是指通过公开招标的方式进行物资和服务采购的一种行为。公开招标采购主要适用于需求量大且标准化的产品或者高科技产品，如计算机、通信产品等。

（2）议价采购。所谓议价采购，是指由买卖双方直接讨价还价以实现交易的一种采购行为，一般不进行公开竞标，仅向固定的供应商直接采购。议价采购分两步进行。第一步，由采购商向供应商发询价表，邀请供应商报价。第二步，如果供应商报价基本达到预期价格标准，即可签订采购合同，完成采购活动；如果供应商报价达不到预期价格标准，则需要双方讨论，最终达成一致并签订采购合同。议价采购主要适用于需要量大、质量稳定、定期供应的大宗物资的采购。

（3）比价采购。所谓比价采购，是指在买方市场条件下，在选定两家以上供应商的基础上，由供应商公开报价，最后选择报价最低的供应商的一种采购方式。实质上，这是一种在供应商有限的条件下的招标采购。

（九）按采购订约方式分类

按采购订约方式划分，采购可分为订约采购、口头电话采购、书信电报采购和试探性订单采购。

（1）订约采购，即买卖双方通过订立合约的方式进行的采购。

（2）口头电话采购，即买卖双方不经过订约方式，而是以口头或电话洽谈方式进行的采购行为。

（3）书信电报采购，即买卖双方通过书信或电报的往返进行的采购行为。

（4）试探性订单采购，即采购方在进行采购时，因某项原因不敢大量下订单，先以试探的方式下少量订单，若进展顺利，才大量下订单。

三、采购供应活动与物流和供应链的关系

（一）物流管理

《中华人民共和国国家标准：物流术语》（GB/T 18354—2006）将物流定义为：物品从供应地向接收地的实体流动过程。根据实际需要，将运输、储存、装卸、搬运、包装、流通

加工、配送、信息处理等基本功能实施有机结合。

所谓物流管理，是指为了达到既定的目标，对物流的全过程进行计划、组织、协调与控制。

物流活动分为供应物流、生产物流和销售物流等。其中，供应物流是为生产企业提供原材料、零部件或其他料品时，物品在提供者与需求者之间的实体流动；生产物流是生产过程中，原材料、在制品、半成品和成品等在企业内部的实体流动；销售物流是生产企业、流通企业出售商品时，物品在供给方与需求方之间的实体流动。

可见，供应物流包括原材料等一切生产物资的采购、进货运输、仓储、库存管理、用料管理和供应管理，也称为原材料采购物流。它是生产物流系统中独立性较强的子系统，并且和生产系统、财务系统等生产企业各部门及企业外部的资源市场、运输部门有密切的联系。供应物流是企业为保证生产节奏，不断组织原材料、零部件、燃料和辅助材料供应的物流活动，这种活动对企业生产的正常、高效率进行发挥着保障作用。企业供应物流不仅要实现保证供应的目标，而且要在低成本、少消耗、高可靠性的限制条件下组织供应物流活动。

（二）供应链管理

《中华人民共和国国家标准：物流术语》（GB/T 18354—2006）将供应链定义为：在生产及流通过程中，涉及将产品或服务提供给最终用户所形成的网链结构。

所谓供应链管理，是指对供应链涉及的全部活动进行计划、组织、协调与控制。它把整个供应链看成一个单一的实体，而不再是一个个孤立的组织机构单元，用系统的观点进行优化，以提高竞争优势。

供应链管理包含企业的内向物流管理及相关企业之间的所有物流管理。由此可见，一方面，采购与供应所构成的一系列活动是企业物流活动的重要环节；另一方面，它又涉及企业与企业的相互关系，不仅包括物品的流动，同时也包含服务、信息、商品和资金的流动。所以，采购与供应是供应链系统的一个有机组成部分。企业将采购环节视为供应链管理的一个重要组成部分，在对供应链进行管理的同时，对采购手段进行优化。

供应链管理的特点主要有以下四点：

（1）复杂性。供应链并非一条直线型链条，而是一个"网"，除了上下游企业间的纵向联系，还有各类专业服务提供商的参与，所以，对供应链的管理比对单个企业的管理更为复杂。

（2）动态性。为适应市场需求的变化和企业战略的调控，节点企业也需要实时地调整与更新，这就使供应链管理更具有动态性。

（3）需求拉动。供应链管理工作并非供给方推动的，而是需求方拉动的。供应链的形成、存在和重构都是基于一定的市场需求而发生的。

（4）交叉性。节点企业可以既是这个供应链的成员，又是另一个供应链的成员，众多的供应链形成了交叉结构，增加了协调管理的难度。采购与供应活动不仅联结企业与外部的外向物流活动，而且贯穿企业内部部门间的内向物流活动。

第二节 采购与供应管理的目标及作用

采购与供应管理指的是为了保质、保量、经济、及时地供应生产经营所需的各种物品，对采购、库存、仓储、运输、配送和订单处理等一系列供应过程（包括对供应商、内部成员及终端客户）进行计划、组织、协调与控制，以确保企业经营目标的实现。组织好企业采购活动不仅有助于优化企业采购管理，而且可以有效地推动企业各项工作的发展。通过实施科学的采购管理，可以合理选择采购方式、采购品种、采购批量、采购频率和采购地点，以有限的资金保证企业生产经营的需要，在企业降低成本、加速资金周转和提高产品质量等方面发挥重要作用。

★导入案例

XK 公司供应链管理

一、XK 公司简介

XK 公司成立于 1985 年，主要从事光无源器件、光有源器件、光通信子系统及光通信仪表的研究、开发、生产、销售和技术服务。经过多年的发展，XK 公司已经成为中国最大的光通信器件供应商之一，也是目前中国在技术上领先、有能力对光通信器件进行系统研发的高科技企业。公司在全国设立 32 个分公司和办事处，同时，在美国、日本、以色列和印度等国家设立了分支机构。XK 公司生产的产品涵盖了光纤放大器、光衰减器及光测试仪表、光纤准直器、密集波分复用器、光隔离器、光纤耦合器、光纤连接器等七大系列产品。公司坚持以技术创新为基础，致力于服务客户，力求在短期内成为国际一流的光通信器件供货商。

二、XK 公司的组织结构

XK 公司的组织结构包括公司高级管理层、智能管理层和下属办事处。高级管理层主要包括董事会、董事会聘任的总经理、总经理助理，负责组织和管理各职能部门。智能管理层负责开展各职能部门的业务，包括：综合管理部，主要从事公司综合性事务安排、文化建设、公共关系联络等，执行办公室职能及人事、工资事务；技术发展部，负责公司所需技术的研究与开发；采购部，负责日常生产用的原材料和中间部件的采购；生产部，负责产品具体加工与组装；财务部，负责财务管理、会计核算和计划统筹；国内销售部，负责国内市场销售策略的制定和国内市场的开拓与维护；国际销售部，负责国际市场的开拓与维护。下属办事处分散于全国各地，负责与当地客户联系，收集当地市场信息，并销售产品。

通过对 XK 公司组织结构的描述可以发现，XK 公司属于直线职能式组织结构。近年来，XK 公司在高速发展的同时，也暴露出管理中的一些问题，主要表现在三个方面：一是公司管理规范化和制度化比较差，公司直线职能式的组织结构增加了很多跨部门协调的成本；二是公司整个采购供应系统运作效率低，成本开支大；三是公司新产品开发的组织效率低，几乎还停留在单兵奋战的局面。在这些问题当中，供应链系统的问题是牵扯部门最多、直接影响市场竞争力的关键问题，需要加以研究和改进。

三、XK 公司的供应链流程

XK 公司的供应链流程始于顾客需求，借助各办事处获取顾客需求信息，并借助 MIS（管理信息系统）生成销售预测计划和生产计划，然后经生产部门转化为物料需求计划，再由采购部门根据生产和研发用物料需求计划向供应商订货，并处理相关事宜。XK 公司的供应链流程如图 1-1 所示。

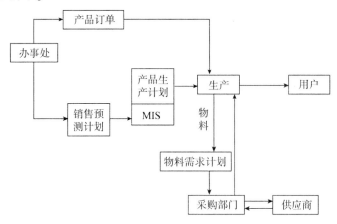

图 1-1　XK 公司的供应链流程

XK 公司的供应链运营细节如下：

（1）销售部门通过散布在全国的市场触角——各地办事处，搜集市场信息和情报，每 15 天对这些数据进行简单的汇总整理，形成产品的销售预测计划，并录入 MIS。

（2）MIS 根据产品销售预测计划，生成期限为 15 天的产品生产计划。

（3）生产部门根据原材料和零器件配比关系，将产品生产计划转换为物料需求计划，通过 MIS 通知供应部按需备料。此时，采购部门可下达采购订单。

（4）生产部在此时并不按生产计划组织生产，而是按照销售部门在 MIS 里录入的实际订单进行生产调度。

（5）目前，XK 公司产品的主要部件——芯片供应主要来自国外供应商，采购周期很长，最长的芯片供应期为 3 个月，因而按照传统的"订单—生产计划—采购计划"模式进行，必然无法满足市场的需要。采购备料必须提前，因为生产备料期限长，而市场需求变化却非常快，当备料完成时，市场需求可能发生变化。

（6）因为常常无法保证供货，销售人员又仅凭经验增加销售预测量，所以预测常常大于实际需求，这反过来又增加了原材料的积压。

（7）生产部按订单组织生产，使公司的生产缺乏弹性，对需求旺盛的产品又无法保证供货。但是，如果按生产计划组织生产，又会导致产品的库存上升。而公司产品的特点就是根据用户需求定制，使产品通用性受限，所以公司的最优策略是持有大量零部件库存，而非持有最终产品库存。

四、XK 公司供应链网络化

基于快速响应客户需求的原则，XK 公司计划重新设计其供应链网络结构。目前，XK 公司只在公司所在地建有一家工厂，很难满足国内市场和国际市场的需求。公司决定增设工厂，将现有工厂定为南方工厂，在北京开设新工厂。供应商、办事处和客户等以长江为界划分，长江以北的划归为北方片区，长江以南的划归为南方片区。北方片区的供应商供应北方区工厂，北方区的工厂供应北方的办事处，北方的办事处供应北方的客户，南方反之。基于地理位置的区域划分改变了都由一个工厂生产和供应的局面，既可以有效地降低总成本，又能够加快对客户的响应速度。

五、优化供应商的选择与管理机制

以前，XK 公司对供应商的评价标准只包括质量、价格、服务、交货期这四项指标，每年度按时下发到研发、制造、采购等业务部门，要求业务部门按实际情况评定供应商，评定后给出具体分数，让认证部汇总后得出当年度各供应商的年度考核得分。得分在 60 分以上者，继续保留合格供应商资格，否则予以取消。

为结成战略伙伴、改善库存、降低风险和供应链总成本及配合新产品设计，XK 公司计划增加一些新的评价标准，包括库存管理能力、需求预测水平、信息技术能力、参与设计能力及投入供应链集成的资源充足性等。通过设定多项目标，形成供应商综合评估指标体系，使供应商的选择与管理更加科学。XK 公司拟定的供应商综合评价指标体系为改进供应商管理提供了可观的数据信息，便于从大量的供应商中筛选出适合培养的战略伙伴。

为了有效开展与供应商的合作，XK 公司计划设计一系列的契约体系，包括：质量担保契约，通过运营合作机制（一定程度上的信息共享），设计出契约惩罚，保证 XK 公司和供应商双方利益不受侵犯，并保证供应链整体绩效最优；备货契约，供应商为 XK 公司提供一定的采购柔性，在销售旺季按 XK 公司承诺的数量以一定比例为采购商保留存货，并在销售旺季到来之前发出其余所有的产品；数量折扣契约，在一定时期对 XK 公司购买的总价值给予一定的价格折扣，根据 XK 公司的采购数量按一定比例进行调整；数量柔性契约，规定每期订货计划的最大波动比率，供应商有义务满足契约规定最高上限的供应量，同时规定最小购买数量；时间柔性契约，买卖双方合作更趋灵活，契约规定 XK 公司制定一定时期的采购数量，但无须同时规定具体的采购时间。

（案例来源：2018 年 CIPS 考试案例）

问题：根据以上素材，结合采购与供应链相关理论与知识，写一份针对 XK 公司供应链管理的案例分析报告。

一、采购与供应管理的目标和内容

（一）采购与供应管理的目标

采购与供应管理的目标：为企业提供所需的物料和服务；力争最低的成本；使存货和损失降到最低限度；保持并提高自己的产品或服务质量。

为实现上述目标，采购与供应管理需要在确保品质的情况下，在适当的时期，以适当的价格，从适当的供应商购入必需数量的商品，即适人、适质、适时、适地、适量和适价。

（1）适人，即选择适当的供应商。采购管理的工作原则之一就是慎重选择合格的供应商，以建立平等互惠的买卖机制，维持长期合作的交易关系。

（2）适质，即选择适当的品质。企业根据所处地段消费群体的消费水平确定采购商品的档次与品质，价廉物美才是最佳的选择。一般而言，品质以适合、可用为原则，品质太好，不仅购入成本会偏高，还会造成使用上的浪费；品质太差，将无法达到使用的目的，引起使用上的困难与损失。

（3）适时，即选择适当的时间。采购的时间不宜太早，也不宜太晚。太早会造成存货堆积，占用仓储面积，增加库存成本；太晚则会导致商品脱销，顾客流失，影响企业的形象。采购人员要扮演协调者与监督员的角色，促使供应商按预定时间交货。"零库存"观念下的适时采购、及时交货是最理想的采购模式。

（4）适地，即选择适当的地点。供应商离公司越近，运输费用就越低，成本自然也就越低。企业往往容易在与距离较近的供应商的合作中取得主动权，在选择 JIT 试点供应商时，亦必须选择近距离供应商。

（5）适量，即选择适当的数量。在采购中，要防止超量采购和少量采购。采购量过大，易出现积压现象；采购量过小，可能出现供应中断、采购次数增多的问题，使采购成本增大。因资金的周转率、仓库储存的成本都直接影响采购成本，所以应根据资金的周转率、储存成本、物料需求计划等综合计算出最经济的采购量。

（6）适价，即选择适当的价格。采购价格应做到公平合理，不能过高，也不宜过低。采购价格过高，企业会丧失产品的成本优势，极易导致该商品失去竞争能力；采购价格太低，则会产生供应商偷工减料的风险，最终导致商品无法顺利销售出去。

无论是制造业还是流通业，采购与供应的总体目标的标准表述都是：它不仅通过降低采购成本来提高产品的利润和服务的效率，而且获得的物品（物料和商品）应该是货真价实的（即满足质量的要求），数量是符合要求的，并要以准确的时间发送至正确的地点，物品必须来源于已经选择的合适的供应商。

（二）采购与供应管理的内容

采购与供应管理应包括以下三方面的内容：一是供应管理的业务性活动，即计划、采购、储存及供料等；二是供应管理的支持性活动，即供应环节中的人员管理、资金管理和信息管理等；三是供应管理的拓展性活动，即供应商管理。

（1）业务性活动包括：计划，即根据企业总体战略与目标及内外部顾客的需求，制订供应战略规划和物品的供应计划；采购，即提出采购需求，选定供应商，进行价格谈判，确定交货及相关条件，签订合同并按要求收货付款；储存，即物品验收入库、保管保养和发货，确定合理库存量并对库存量进行控制；供料，即编制供料计划、领料审批、定额供料、回收利用、消耗控制与管理。

（2）支持性活动包括：人员管理，即制定供应岗位职责，对供应人员进行能力考察、素质培养、工作评估、绩效考核与激励；资金管理，即物品采购价格的控制、采购成本的管理及储备资金的核定与控制；信息管理，即进行物品编码，建立供应管理信息系统，在 MRP Ⅱ、ERP 系统中进行供应管理。

（3）拓展性活动：在生产企业中，由于占成本最大比例的物品及相关信息都发生或来自供应商，所以，许多企业将管理之手伸向了供应商，将供应管理从内部管理拓展到对供应商的管理，包括对供应商的选择与认证、与供应商建立合作伙伴关系，以及对供应商绩效的考评等，以此来降低成本，提高供应的可靠性和灵活性，提高企业的市场竞争力。

二、采购与供应管理的地位和作用

（一）采购与供应管理的地位

采购在供应管理的地位主要体现在以下几个方面。

（1）采购与供应管理是保证企业生产经营正常进行的必要前提。生产所需要的原材料、设备和工具都要由采购来提供，没有采购就没有生产条件，没有物资供应就不可能进行生产。

（2）采购管理是保证质量的重要环节。采购物资的质量好坏直接决定着企业产品质量的好坏。企业能不能生产出合格的产品，取决于采购所提供的原材料的好坏及设备工具质量的高低。

（3）采购管理是控制成本的主要手段之一。采购的成本太高，会大大降低生产的经济效益，甚至会导致企业亏损。因此，加强采购的组织与管理，对节约占用资金、压缩存储成本和加快营运资本周转起着重要的作用。

（4）采购管理决定着企业产品周转的速度。采购是企业生产过程的起点，采购人员必须解决好采购中物资的适时和适量问题。

（5）做好采购工作可以合理利用物质资源。采购工作须贯彻节约的方针，通过采购工作合理利用物质资源，具体如下：

1）通过合理的采购，企业可以防止优料劣用、长材短用。

2）优化配置物质资源，防止优劣混用。在采购中要力求优化配置和整体效应，防止局部优化损害整体优化、部分优化损害综合优化。

3）在采购工作中，要应用价值工程分析方法，力求功能与消耗相匹配。

4）通过采购，企业可以引进新技术、新工艺，提高物质资源利用效率。

5）要贯彻执行有关的经济、技术政策和法律，防止被淘汰的产品进入流通领域，防止违反政策、法律的行为发生，做到资源的合理利用。

（二）采购与供应管理的作用

1. 利润杠杆作用

采购的利润杠杆作用是指当采购成本降低 1 个百分点时，企业的利润率将会上升更高的比例。采购成本在企业的总成本中占据着比较大的比重，一般在50%以上，远远高于税前利润率。例如，某公司的销售收入为5 000万元，假设其税前利润率为4%，采购成本为销售收入的50%，那么采购成本减少1%，就将带来25万元的成本节约，也就是使利润上升到了225万元，利润率提高了12.5%。可见，采购的利润杠杆效应十分显著。

2. 总资产报酬率作用

总资产报酬率作用是指采购成本的降低对企业提高总资产报酬率所带来的巨大作用。总资产报酬率指的是企业的净利润和企业总资产的比率。用公式表示就是：

$$总资产报酬率=净利润/总资产$$

该公式可以转换为：

$$总资产报酬率=（净利润/销售收入）×（销售收入/总资产）\qquad(1-1)$$

式（1-1）右边第一个括号里的内容称为利润率，第二个括号里面的内容叫作总资产周转率（投资周转率）。这样，总资产报酬率就可以表示为企业的利润率和总资产周转率的乘积的形式。当采购成本下降一定比例时，利润杠杆效应可以使利润率提高更大的比例。另外，采购费用减少，同样数量库存物资占用的资金就少，即资产会降低，这就提高了投资周转率。二者的乘积是一个更大的比例，而高的报酬率有利于企业在资本市场融资。

采购的重要性在总资产报酬率中体现为采购价格的下降会降低企业资产的基数，因此会使得总资产报酬率增长的幅度大于价格下降的幅度。假设某公司的年销售额为1 000万元，总成本为950万元。公司拥有500万元的资产，其中200万元为库存。购入物料的成本占销售额的50%，如果采购价格可以全面下降5%，那么，总资产报酬率将提高多少？这里可以使用标准资产报酬率模型来计算。通过杠杆作用，一方面，这样的价格小幅度下降可以使利润增长50%；另一方面，价格下降使库存价值降为原来的95%，因而减少了公司资产的基数，使资产周转速度从原来的2.00提高到2.04，总资产报酬率从原来的10%增长到15.3%，提高了53%。

三、战略采购

（一）战略采购的含义

所谓战略采购，是一种系统性的、以数据分析为基础的采购方法，着眼于降低企业采购总成本。它要求公司确切了解外部供应市场状况及内部需求，通过对供应商生产能力及市场条件的了解，公司可以战略性地将竞争引入供应机制和体系，以降低采购费用。另外，战略采购可以使公司更加明确地了解内部需求模式，有效地控制需求。通过深入的价值分析，公司甚至能比供应商自己更清楚供应商的生产过程和成本结构。有了这种以数据分析为基础的方法，公司在供应商选择、谈判及关系维持管理方面能够获得很大支持。同时，战略采购使公司重新确定与供应商的交易、永久性降低成本的基础并提高供应商的价值贡献，从而确保成本的降低。战略采购的好处在于充分平衡企业内外部优势，以降低整体成本为宗旨，涵盖了整个采购流程，实现了从需求描述到付款的全程管理。

（二）战略采购的原则

战略采购包括以下几项重要原则。

1. 考虑总成本

成本最优往往被许多企业的管理者误解为价格最低，很少考虑使用成本、管理成本和其他无形成本。只考虑价格，采购的总成本实际上没有得到控制，因此，必须有总成本考虑的远见，对整个采购过程中所涉及的关键成本环节和其他相关的长期潜在成本进行评估。

2. 在事实和数据信息的基础上进行协商

战略采购过程不是对手间的谈判，而应该是一个商业协商的过程，是基于对市场的充分了解和企业自身长远规划的双赢沟通。在这个过程中，需要通过总体成本分析、第三方服务供应商评估和市场调研等，为协商提供有利的事实和数据信息，帮助企业认识自身的议价优势，从而掌握整个协商的进程和主动权。

3. 采购的终极目标是建立双赢的战略合作伙伴关系

许多发展势头良好、起步较早的企业一般都建立了供应商评估与激励机制，通过与供应商长期稳定地合作，确立双赢的合作基础，取得了非常好的效果。在现代市场经济条件下，市场单靠一两家企业是不可能的，必须运用"服务、合作、双赢"的模式，互相支持，共同成长。

4. 制衡是双方合作的基础

企业和供应商本身存在一个相互比较、相互选择的过程，双方都有其议价优势。对供应商所处行业、业务战略、运作模式、竞争优势和长期经营状况等有充分的了解和认识，可以帮助企业发现机会，在双赢的合作中找到平衡点。

（三）战略采购的核心

战略采购是内外物资采购与供应领域中一种比较先进的工作程序，它是一种方法、一种程序，更是一种理念。它是企业严谨而系统的工作程序，在维持并改进品质、服务与技术水平的同时，降低外购物资、物品与服务的整体成本。它把物资采购供应纳入企业整体战略发展规划来研究，核心是价值、质量、成本收益和供应商关系。

1. 价值

价值是企业通过战略采购所要获取的最终成果与整体价值取向，也就是通过战略采购要达到什么样的效果，对企业的经营带来多大的收益，对企业经营和技术进步带来多大推动，同时也包括了对供应商利益的维护。

2. 质量

质量包括两层含义：第一层含义是购买商品本身的质量，既包括所采购的物资本身的质量，又包括供应方所能提供的产品服务和质量保证，二者构成了采购物资的整体质量；第二层含义是采购工作本身的质量，通过战略采购使企业的物资采购与供应工作整体水平提高到一个新的层次，提升企业物资采购与供应的效率。

3. 成本收益

成本收益就是战略采购所带来的成本收益，即在发挥企业整体优势的基础上降低了多少经营成本。通过战略采购工作的实施，必将能够形成"捆绑"效应。通过采购量的整合，提高企业讨价还价的能力，集中企业的物资采购与供应人员的力量，发挥人员和网络的最大潜力。

4. 供应商关系

供应商关系是通过战略采购工作的开展，对企业的供应商网络渠道实行优胜劣汰、重新整合，在兼顾利益、保证双赢的基础上，发展和维护良好的合作关系。

（四）战略采购的实施步骤和关键因素

1. 战略采购的实施步骤

为了能够真正有效地实现降低本企业原材料库存、减少供应周期时间和降低成本的目标，战略采购应从以下几个步骤入手实施。

（1）创建需求链采购团队。该团队必须对需求链采购的目标、流程和技能有深入的理解和认识，并接受过专业的培训和考核。

（2）定期召开销售、研发、生产、采购年度和月度预测会议。一方面，对以往的需求量数据进行统计分析；另一方面，对现阶段和未来的需求量作出最佳滚动预测，确保生产和采购供应的及时可得和订单满足率。

（3）分析现状，确定供应商。从采购物品中选择价值大、体积大的主要原材料及零部件作为出发点，结合供应商关系，选择伙伴型或优先型供应商，进行需求链供应可行性分析，确定实施对象。

（4）设定改进目标。针对供应商目前的供应状态，提出改进目标。改进目标包括供货周期、供货批次和库存等。目标的改进需要限定时间。

（5）制订实施计划。该计划要明确行动要点、负责人、完成时间和进度检查方法。

（6）供应商的培训。必须对供应商进行沟通、培训，使供应商接受需求方供应的理念。

（7）改进实施。要考虑原材料的质量改进和保障，同时，为改善供应，要考虑改善标准、循环使用的包装、周转材料与器具，以缩短送货的装卸、出入库时间。

（8）定期进行绩效考评。衡量需求链供应实施绩效，要定期检查进度，以绩效目标的具体化关键指标来评估和控制整个过程的实施。表格和趋势图是较常用的报告形式。

2. 战略采购成功的关键因素

（1）高层管理要真正认识到战略采购是和企业的损益情况、再订购水平、产品质量紧密相关的，并将采购置于和营销、生产职能同等重要的战略地位上。

（2）在向价值链的合作伙伴推广全面的需求链战略采购之前，首先要确保整个企业内部已经成功实施了需求链拉动的运营模式，并且行之有效。

（3）建立双赢的采购战略，包括建立总成本模型，建立并保持供应商关系，整合供应网，利用供应商创新和发展全球供应基地等。

（4）采购过程的要素包括：减小批量，频繁而可靠的交货，提前期压缩并且可靠，保持长期高质量的物料采购。

（5）需求链采购功在现在、利在长久。不要被短期的成本上升、协调困难、内部阻力和供应商的抱怨所吓退，坚持不懈地按照正确的步骤和原则沟通、贯彻，最终一定能打破坚冰，使企业获得长期丰厚的利润回报。

第三节　采购与供应管理的发展

供应环境的变化已使采购成为促进企业成功的重要贡献者。20 世纪 70 年代，供应环境的变化给采购管理带来了新的生机。随着市场经济的发展和科学技术的进步，全球范围内的竞争日益加剧，采购已经成为一种对外部资源进行管理的职能，一种可以为企业节约成本、增加利润、获取服务和提高企业核心竞争力的有效资源。

★导入案例

医药企业全球化采购的成效

医药企业全球化采购成功实施后，效益极其明显。

带给买方（医院）的利益：能全面精细地评估供应商资质及药品品质，买到更好的药；供应商的来源范围逐渐扩大，可以获得更好的选择；周期从传统约 3 个月缩短到 1 个月，效率更高；药品平均售价比过去降低 20% 左右，单品价格降低幅度高达 70%，成本大大降低；过程高度透明，能杜绝暗箱操作，从源头治理回扣问题。

带给卖方（药品经销商、药厂）的利益：更低的市场推广成本，更低的交易成本，更快速准确的客户沟通，更有计划的生产；厂家与医院直接对话，精简供应链，经销商角色由销售渠道转变为物流配送服务商，顺应世界供应链潮流。

（案例来源：百度文库）

问题：试分析医药企业实施全球化采购的原因。

一、供应链管理环境下的采购

（一）传统的采购模式

传统采购模式的主要特点表现在以下几个方面：

（1）传统采购过程是典型的非信息对称博弈过程。在传统的采购活动中，选择供应商是一个首要的任务。在采购过程中，采购一方尽量保留私有信息，而供应商也在同行竞争中隐瞒自己的信息。采购、供应双方都不进行有效的信息沟通，这就是非信息对称的博弈过程，结果是价格与质量的背离。当价格与质量严重背离时，有效供应是不能实现的。

（2）验收检查是采购部门一个重要的事后把关工作。缺乏合作的质量控制会导致采购部门对采购物品质量控制的难度增加。

（3）供需关系是临时的或短时期的合作关系，而且竞争多于合作。供应与需求之间的临时性关系和缺乏合作的气氛增加了许多工作的不确定性。

（4）对用户需求的响应迟钝。由于供应与采购双方在信息沟通方面缺乏及时的信息反馈，采购一方在需求减少时库存增加，需求增加时出现供不应求，如果重新订货又需要增加谈判过程。因此，供需之间对用户需求的响应没有同步进行，缺乏应付需求变化的能力。

（二）供应链管理环境下采购的特点

与传统采购相比，供应链采购的观念和采购的操作都发生了很大的变化。传统采购模式与现代供应链采购模式的区别如表1-1所示。

表1-1　传统采购模式与现代供应链采购模式的区别

特点	传统采购模式	供应链采购模式
重点	和供应商进行商业交易时，比较重视交易过程中供应商价格的比较，通过供应商的多头竞争进行选择	采购与供应的重点在于协调各种计划的执行，实现了面向过程的作业管理模式的转变，简化了采购工作流程
管理	采购管理	外部资源管理
考虑因素	价格、质量、交货期，价格考虑为第一。通过供应商的多头竞争，从中选择价格最低的作为合作者	价格不是主要的因素，质量是最重要的标准，这种质量不单指产品的质量，还包括工作质量、交货质量、技术质量等方面的内容
质量控制	质量、交货期等都是通过事后把关的方法进行控制，如到货验收等，质量控制的难度大。通过各种有关标准（如国际标准、国家标准等）进行检查验收	提供信息反馈和教育培训支持，在供应商之间促进质量改善和质量保证。不需要对采购产品进行较多的检验手续，一般向合格供应商颁发产品免检合格证书
谈判重点	价格。多次多头进行报价、询价、还价等来回地谈判，手续和谈判复杂，采购和交易成本高	建立了战略合作伙伴关系，签订供应合同的手续大大简化，不再需要双方询价和报价的反复协商，交易成本也大大降低
供应商	竞争多于合作，属于非合作性竞争。多头采购，供应商的数目相对较多	战略性合作关系，提倡一种双赢机制。采用较少的供应商，甚至是较近的供应商单源供应，长期从同一供应商处进货
信息沟通	非信息对称博弈过程。采购一方尽量保留私有信息，而供应商也在同行竞争中隐藏自己的信息。相互的工作不透明，信息扭曲和失真	供应商能准确和实时地共享制造部门的信息，提高了供应商的应变能力，减少了信息失真。同时，在订货过程中不断进行信息反馈，修正订货计划，使订货与需求保持同步

特点	传统采购模式	供应链采购模式
供需关系	简单的买卖关系，临时或短期的合作关系，而且竞争多于合作。无法进行长期性预测与计划工作，运作中的不确定性大	全局性、战略性、长期、互惠互利的合作关系，降低了不可预测的需求变化带来的风险，如运输过程的风险、信用的风险、产品质量的风险等
响应	对用户需求的响应迟钝。在市场需求发生变化的情况下，采购一方也不能改变供应一方已有的订货合同。重新订货需要增加谈判，供需之间对终端用户需求的响应不能同步，缺乏应付需求变化的能力	及时化订单驱动模式，使供应链系统得以及时响应用户的需求。在同步化供应链计划的协调下，制造计划、采购计划、供应计划能够同时进行，缩短了用户响应时间，实现了供应链的同步化运作，增强了柔性和对需求快速响应的能力
采购目的	补充库存，即为库存而采购。采购部门不了解生产的进度和产品需求的变化，采购过程缺乏主动性，采购部门制订的采购计划很难适应制造需求的变化	以订单驱动方式进行。制造订单是在用户需求订单的驱动下产生的，然后驱动采购订单，采购订单再驱动供应商。采购物资直接进入制造部门，减少了采购部门的工作压力和不增加价值的活动过程
对供应商的选择标准	供应商是通过价格竞争选择的，供应商与用户的关系是短期的合作关系，当发现供应商不合适时，可以通过市场竞标的方式重新选择供应商	供应商和用户是长期合作的关系，供应商的合作能力将影响企业的长期经济利益，因此，对供应商的要求比较高。在选择供应商时，需要对供应商进行综合评估
采购批量	一定时期内的批量采购，交货批量比较大	小批量、多次、可靠的送货。及时化生产需要减少生产批量，因此，采用长期合同、小批量办法进行采购

由表1-1不难看出，供应链采购有以下特点。

（1）供应链采购是一种基于需求的采购。在传统的采购模式中，采购的目的是补充库存，采购策略是以库存策略为基础，采购过程缺乏主动性，采购部门制订的采购计划很难适应生产需求的变化。

在供应链管理模式下，顾客需求产生订单，订单驱动生产，生产驱动原料采购，产品满足顾客需求。这样，采购活动本身就成了满足顾客需求的过程。

在供应链同步计划协调下，采购计划与制造计划、供应计划等都是同步进行的，采购工作的重点是协调各种计划的执行，采购物资直接进入制造部门，减少了采购部门的工作量和无效劳动。

（2）供应链采购是一种供应商主动型采购。由于供应链上需求者的需求信息随时都能传送给供应商，所以，供应商能够根据需求状况、变化趋势及时调整生产计划，及时补充货物，主动跟踪用户需求，主动适时适量地满足用户需要。

（3）供应链采购是一种合作型采购。传统采购中，由于双方是一种对抗性竞争关系，所以贸易双方相互保密，贸易谈判和货物检验都要耗费大量的人力、时间和费用；而供应链采购的双方为了能获得更大的经济效益，会从不同的角度互相配合，各尽其力，所以，在采购上也会互相协调、配合，以提高采购工作效率，最大限度地降低采购成本，保证供应。

（三）供应链中采购管理的细分目标

在供应链管理环境中，企业的采购管理被赋予了更多和更新的细分目标。

（1）支持运营要求。采购部门必须开展一系列活动，以满足内部客户需求。采购部门的工作目标包括：①在合适的价位购买；②有所需的规格；③有足够的数量；④在适当的时间配送；⑤送至正确的内部客户。

（2）使采购流程有效率及有效果。采购必须使它的内部管理运作有效率及有效果，包括：①确定职员水平；②确定及坚持中心预算；③提供职业培训并为雇员增加机会；④采用能提高生产率和提供更好选择的采购系统。

采购管理限制了采购流程中要素的可利用性，因而需要不断工作，以改进对这些要素的利用程度。有限要素包括一个部门中的职员、预算资金、时间和知识。

（3）保证供应源。采购部门的重要目标之一就是对供应商的选择、开发和保证。采购必须选择一个包含供应商的供应库，以形成在产品成本、质量、配送或新产品开发等方面的绩效优势。

（4）与其他团队发展紧密的联系。采购部门应与作为采购内部客户的其他部门，包括市场、制造、机械、工程、财务等，进行更为密切的交流。

（5）支持总体目标。采购的单独绩效最好，并不代表企业整体的绩效最好。采购与仓储是二律背反的，采购批量大，采购批次少，则采购成本低，可这样会增加仓储量，增加仓储成本。因此，采购需要从整体组织的角度来看待自己的工作。

（四）供应链采购管理的实施

要实施供应链采购，首先要做到以下几个转变。

1. 从为库存而采购到为订单而采购的转变

传统的采购模式是为库存而采购，采购过程缺乏主动性，采购部门制订的采购计划很难适应制造需求的变化。在供应链管理模式下，采购活动是以订单驱动方式进行的。订单驱动的采购方式有以下特点：

（1）由于供应商与制造商建立了战略合作伙伴关系，签订供应合同的手续大大简化，不再需要双方询盘和报盘的反复协商，交易成本也因此大大降低。

（2）在同步化供应链计划的协调下，制造计划、采购计划、供应计划能够同时进行，缩短了用户响应时间，实现了供应链的同步化运作。

（3）采购物资直接进入制造部门，减少了采购部门的工作压力和不增加价值的活动过程，实现了供应链的精细化运作。

（4）信息传递方式发生了变化。在供应链管理环境下，供应商能共享制造部门的信息，提高了供应商的应变能力，减少了信息失真。

（5）实现了面向过程的作业管理模式的转变。订单驱动的采购方式简化了采购工作流程，采购部门的作用主要是沟通供应与制造部门之间的联系，协调供应与制造的关系，为实现精细采购提供基础保障。

2. 从采购管理向外部资源管理转变

将事后把关转变为事中控制的有效途径是供应管理，或者叫外部资源管理。实施外部资源管理也是实施精细化生产、零库存生产的要求。

3. 从一般买卖关系向战略协作伙伴关系转变

在供应链管理模式下，供应与需求的关系从简单的买卖关系向双方建立战略协作伙伴关系转变。在传统的采购模式中，供应商与需求企业之间是一种简单的买卖关系，因此，无法解决一些涉及全局性、战略性的供应链问题，而基于战略伙伴关系的采购方式为解决这些问题创造了条件。这些问题主要包括以下五个方面：

（1）库存问题。在供应链管理模式下，通过双方的合作伙伴关系，供应与需求双方可以共享库存数据。因此，采购的决策过程变得透明了，这就减少了需求信息的失真现象。

（2）风险问题。供需双方通过建立战略性合作关系，可以降低由于不可预测的需求变化所带来的风险，如运输过程的风险、信用风险、产品质量的风险等。

（3）便利性问题。建立合作伙伴关系，可以为双方共同解决问题提供便利的条件，双方可以为制订战略性的采购供应计划共同协商，不必为日常琐事消耗时间与精力。

（4）降低采购成本问题。通过建立合作伙伴关系，供需双方都能从降低交易成本中获得好处。由于避免了许多不必要的手续和谈判过程，信息的共享避免了信息不对称决策可能造成的成本损失。

（5）组织障碍问题。战略性的伙伴关系消除了供应过程的组织障碍，为实现准时化采购创造了条件。

4. 供应链采购基础建设

供应链采购对信息系统、供应商的操作要求都比较高。为保证供应链采购的顺利实施，还要加强以下一些基础建设工作。

（1）信息基础建设。建立起企业内部网和企业外部网，并且和因特网相连；开发管理信息系统，建立电子商务网站，建立信息传输系统；进行信息化、标准化的基础建设。

（2）供应链系统基础建设。加强供应链企业的沟通，逐渐形成链上各企业的业务协调和紧密关系；建立责任共担、利益共享机制，促进各企业的内部基础建设。

（3）物流基础建设。物流基础建设包括供应链各企业内部和企业间的物流基础建设，如仓库布点、仓库管理、运输通道、运输工具、搬运工具和物流网络等，还包括一些物流技术，如条码系统自动识别技术、计量技术和标准化技术等。

（4）采购基础建设。如供应商管理库存、连续补充货物、数据共享机制、自动订货机制、准时化采购机制、付款机制、效益评估和利益分配机制及安全机制等。

二、采购与供应管理的发展方向

把采购理解为竞争武器，是在20世纪90年代到21世纪早期逐渐形成的。两个重要的发展促成了采购的战略性改变：第一，受过较好培训的高水平经理开始涉入采购领域；第二，新的信息技术来临，使存储、追踪和管理大量采购方和供应商的信息成为可能。

从某种意义上说，采购理念的发展与企业的发展是紧密联系在一起的，只有把握这些潮流并顺应它们，才能更好地做好现在和未来的采购工作。从世界范围来看，采购与供应管理主要呈现出全球化采购、网上采购、JIT采购和供应商伙伴关系（双赢采购）等趋势。而且，在发达国家，这些采购理念已经投入实施，取得了很好的效果。

随着时代的发展，一些新理论、新技术给采购赋予了新的活力。企业和企业采购人员面对新时期的挑战和压力，在采购思想、采购方法、采购手段和采购平台上进行改革创新，使采购领域内出现了很多新事物或新趋势，还有一些新趋势正在形成和完善之中。

（一）建立采购团队

由于采购绩效对一个企业的生存与发展有着至关重要的作用，因而采购部门的地位在企业中得到了提升。在现代企业运作当中，各部门的职能界线正变得模糊，各部门的员工越来越多地交织在一起。但这并不意味着各部门职责不清，而是在充分发挥团队的力量，把企业内的每一件重要的事尽可能做好。可以清楚地看到，并不只是其他部门的人员参与到采购活动中，对采购人员施加影响，采购人员也同时活跃在其他部门的活动中。

（二）采购与因特网

因特网给采供双方提供了更广阔的选择余地，在采购单价及采购管理费用上的开支也可以降低或较大幅度地减少。EDI（Electronic Data Interchange，电子数据交换）的应用使交易合同可以在更短的时间内完成，这正可满足企业实行柔性制造的需要，同时提高采购效率。

（三）供应商的选择将趋向本地化

由于到我国建厂或设立办事处的跨国公司越来越多，生产各种类型产品的厂家也越建越多，所以，国内的采购人员可以取近舍远，以取得更大的主动性并降低采购成本。而对于国外的采购人员来说，我国这个大市场已成为他们进行国际化采购的一个重要地区。

（四）减少供应商数量

采购人员越来越强烈地意识到供应商的数量不在多而在精。与其让三家供应商来供货，不如让一家品质优良、价格公道的供应商来供货，这样，采购人员及其他相关人员就可以把更多的精力放在对这一家供应商进行培训及监管上。订单的集中还有可能获得供应商给予的价格折扣，并可减少采购业务处理费用。

（五）建立新型的采供关系

作为采购商，企业应该把供应商和自身企业看成为了自身及共同利益而并肩作战的合作伙伴。现代先进模式的采供关系是战略联盟关系，这种关系把供应商的利益与企业自身利益甚至连同客户的利益紧密联系在一起，制定共同的长期发展规划，开诚布公地进行沟通和共享信息，实现各方利益的最大化。

（六）采购业务外包

随着国内生产企业分工越来越细化，企业的部分采购业务也倾向于外包。目前，大部分将采购业务外包的企业只是把一些相对于生产原材料不太重要的杂项采购外包给别的公司来经营，主要物品的采购仍由企业自身的采购员工来操作。把采购业务外包的好处是承包公司有更强的采购能力、更多的采购渠道，或者整合多个企业的相同需求和供应商砍价而获得价格折扣，从而使企业获得比自身采购更大的利益。

采购的发展趋势远远不止上述几方面，并且，随着科学技术的发展及全球产业结构的进一步调整，采购还会不断吸收新方法、新技术，进而引起采购方式的新变革。

本章练习题

1. 购买、采购、供应、物料管理、后勤管理、配送管理、物流与供应管理的差异有哪些？
2. 采购与供应的基本含义是什么？
3. 按不同的采购方式划分，采购分为哪两种？各有什么特点、适用范围？
4. 集中采购和分散采购有什么不同？
5. 采购与供应管理的内容包括哪几个方面？
6. 采购与供应管理的地位主要体现在哪几个方面？
7. 什么是采购的利润杠杆效应？它在所有企业都一样吗？
8. 什么是战略采购？战略采购的核心是什么？
9. 供应链采购有何特点？要实施供应链采购，首先要做到哪几个转变？
10. 采购与供应新的发展趋势有哪些？

案例讨论

嘉士伯瑞典股份有限企业是瑞典领先的酿酒企业，建立了一套非常严格的选项程序，"因为我们希望找到一个长期合作伙伴，不仅仅查看我们的技术规定，而且非常了解我们的商务流程需要，并能提出解决方案。"

（案例来源：百度文库）

问题：你认为该企业应该怎样建立长期合作伙伴关系？

案例解析：建立长期合作伙伴关系要经过以下几个步骤。

（1）采购部门要在市场调研的基础上对有关部门的采购物品开展分析、分类，根据预先设定的伙伴关系型供应商制定供应商分类模块，确定伙伴型供应商对象。

（2）根据对供应商伙伴关系的规定，明确具体的目标及检测指标，制订出达成目标的行动计划。这些行动计划必须在专业相关部门及层次开展充分交流并取得一致，同时要完全取得供应商的参与认可，并经双方代表签字。

（3）通过供应商会议、供应商访问等形式对计划实施开展组织和进度跟进，内容包括对品质、交货、降低成本、新产品、新技术开发等的改进，开展跟踪检测，定期检查进度，及时调整行动。

（4）企业相关部门还要通过供应商月度考评、体系审核等机制跟踪供应商的综合表现，及时反馈并提出改进规定。

实训设计

了解生产企业采购管理

【实训目的】

1. 掌握采购人员的基本职责。

2. 了解生产企业采购的特点。

3. 掌握生产采购工作的基本操作流程。

【实训组织】

结合课本，了解采购人员的基本职责、采购的特点及基本流程，并制作一份PPT。

【实训要求】

1. 做好采购前的相关准备工作。

2. 搜集生产企业采购的有关信息。

3. 对搜集到的相关信息进行合理分析。

【实训考核】

本次实训成绩由个人表现、团队表现、实训成果各项成绩汇总而成。

第二章

采购组织管理

本章学习目标

1. 掌握采购组织的功能和形式。
2. 熟悉采购组织的种类。
3. 掌握采购组织的设计原则。
4. 掌握采购人员需要具备的能力。
5. 理解采购组织设计的步骤。
6. 掌握分权和集权采购组织的适用范围。

第一节 采购组织概述

采购组织是指为了完成企业的采购任务，保证生产经营活动顺利进行，由采购人员按照一定的规则组建的一种采购团队。若企业将采购看作业务活动，采购组织在企业中将会处于较低的地位；若企业将采购视为一个重要的竞争因素，并且对企业具有重要的战略意义，那么采购组织就处于较高的地位。

★导入案例

Devillier 集团的采购组织结构

Devillier 集团的总部设立在英国，它涉足 4 个特定的工作领域，每一个领域都是一个运营分部。这些分部包括建筑和民用工程设计、铁路和运输服务、专业工程设计及设备管理等。分部的总经理负责每个分部的业务业绩，与集团执行总裁允诺一个 5 年存续业务计划。Devillier 集团的总营业额是 98 亿英镑，其中 88% 是在英国创造的，余下的 12% 主要在法国和德国创造。集团已任命一位新的运营总裁来审视现行的组织结构，自然也包括采购部门。

现有采购职能的组织结构包括以下几个分部。

1. 集团

集团设有一个采购部经理，他被公认为缺少采购方面的经验，任命是在 2017 签发的，那时从没有协商过集团的采购战略。集团已经存在采购概念的阻力，尤其是来自分部的总经理们，他们争论如果他们是利润中心，则必须被允许按照他们认为合适的方法去控制开支。最后只有两部分交易获得实施：第一部分是差旅费，但是全部差旅开支中只有 15% 是通过集团的合同；第二部分是车辆，2018 年有 1 500 辆新汽车、客车和货车通过反向拍卖程序购买，这一项比以前的成本节约了 30%，并且把 250 万英镑计入集团利润账中。

2. 建筑和民用工程设计

这个分部主要从事大型工程项目，包括新建的建筑物、高速公路、桥梁和管道架设。分部中的每家公司设有一个首席采购员和支持人员。实际上，多数的采购由评估师和数量勘查员进行。采购是交易型的，而且订单是与众多的供应商签订的，而这些供应商是以逐个项目为基础来进行选择的。分部的总经理已经公开地表示不会支持集团的集中采购，因为集团采购部不会对分部的需要作出反应。

3. 铁路和运输服务

该分部只有两家公司，每家公司有一个采购经理。在集团中，这是最先进的一个分部，它的总经理非常支持集团采购。除了 IT、车辆和办公设备，其开支不同于集团中的其他分部。

4. 专业工程设计

这个分部是通过收购一个极其专业的工程设计集团后成立的。这个设计集团曾服务于一级方程式汽车赛，并为先进的核工业研究项目进行工程设计和研究。分部所属公司中没有一个正式的采购机构，但是盈利情况非常好，取得了 40% 的资本回报率。分部总经理的观点是：技术和资金的能力比"削减几个百分点的采购价格"更重要。

5. 设备管理

这个分部是集团中成长较快的部门，它在取得中央和地方政府及私营公司的外包合同中实现了业务增长。费用开支是基于采购大量的服务业务，包括保安、建筑物维护、电话呼叫中心等。而有趣的是，采购的服务中还包括采购职能本身（也就采购作为一种服务业务，也被外包了）。

目前，该分部采购董事的职位空缺。无论是对集团还是分部，这可能是一个重大的进步。这个决定是在没有集团采购执行经理的参与下作出的。

（案例来源：MBA 智库文档）

问题：试分析 Devillier 集团的采购组织结构。

一、采购组织的功能

1. 凝聚功能

采购组织凝聚力的表现就是凝聚功能，凝聚力来自目标的科学性与可行性。采购组织要发挥其凝聚功能，必须满足：①确定采购目标及任务；②良好的人际关系与群体意识；③采购组织中领导的导向作用。

2. 协调功能

采购组织的协调功能是指正确地处理采购组织中复杂的分工协作关系。这种协作功能包括两个方面：一是组织内部的纵向、横向关系的协调，使之密切协作，和谐一致；二是组织与环境关系的协调，采购组织能够依据采购环境的变化，调整采购策略，以提高对市场环境变化的适应能力和应变能力。

3. 制约功能

采购组织是由一定的采购人员构成的，每一成员均承担一定的职能，有相应的权利、义务和责任，通过这种权利、义务、责任组成的结构系统，对组织的每一成员的行为都有制约作用。

4. 激励功能

采购组织的激励功能是指在一个有效的采购组织中，应该创造一种良好的环境，充分激励每一个采购人员的积极性、创造性和主动性。因而，采购组织应高度重视采购人员在采购中的作用，通过物质和精神的激励，使其潜能得到最大限度的发挥，以提高采购组织的激励功能。

二、采购组织的职能

（一）部门职责

1. 生产制造企业采购部的职责

（1）根据生产计划和安全库存，编制不同时期的物料采购计划，经批准后组织采购。

（2）编制采购预算，经批准后实施。

（3）审查各类采购申请，核查采购的必要性及采购规格与数量是否恰当。

（4）供应商资料的收集、整理、选择、保管及合格供应商的评估。

（5）执行采购活动，包括比价、议价、订购及交货的催促与协调。

（6）做好市场供求信息及价格调查，保质、优质采购，确保生产及经营活动的需要得到满足。

（7）做好物料消耗分析，在保证生产及经营需要的前提下降低资金占用，减少库存。

（8）收集市场的价格信息，利用各种途径降低成本，完成采购成本控制指标。

（9）采购结算工作。

（10）国外采购的进口许可证申请，结汇、公证、保险、运输及报关等事务的处理。

（11）其他相关职责。

2. 商场、超市采购部的职责

（1）确定商品销售取向，开发引进适销商品。

（2）通过市场调研，把握市场动态，及时调整商品结构。

（3）审查、负责确定、调整商品在店内的陈列位置，增强商品的展示程度。

（4）根据市场需要，组织、审核落实商品促销活动，跟踪促销效果，提高市场竞争力。

（5）跟踪分店销售情况及配送中心的配送信息，及时补充货源。

（6）及时处理滞销、损坏的商品。

（7）管理采购部人员，加强与各分店的沟通与协调，及时传递和反馈信息。

（8）根据季节和促销需要对商品进行组合、加工、拆分，提高商品适销性。

（9）负责商品资料的维护，保证商品资料信息的准确性。

（10）负责采购部与分店、配送中心及供应商之间的信息沟通。

（11）跟踪分析商品销售数据，为业务决策提供依据。

（二）岗位职责

1. 采购经理的岗位职责

（1）主持采购部的全面工作。

（2）领导采购部门按部门的工作职能做好工作。

（3）根据各部门的需求计划制订采购计划，并督导实施。

（4）制定本部门的物资管理相关制度，使之规范化。

（5）制定物资采购原则，并督导实施。

（6）做好采购的预测工作，根据资金运作情况，合理进行预先采购。

（7）定期组织员工进行采购业务知识的学习，精通采购业务和技巧，培养采购人员廉洁奉公的情操。

（8）带头遵守采购制度，杜绝不良行为的产生。

（9）控制好物资批量进购，避开由于市场不稳定所带来的风险。

（10）监控产品物流的状况，控制不合理的物资采购和消费。

（11）进行采购收据的规范指导和审批工作，协助财会进行项目的审核及成本的控制。

（12）完成上级交办的其他任务。

2. 采购主管的岗位职责

（1）新供应商的寻找，资料收集及开发工作。

（2）对新供应商品质体系状况（产能、设备、交期、技术、品质等）进行评估与认证，以保证供应商的优良性。

（3）与供应商进行比价、议价等谈判工作。

（4）对原供应商的价格、产能、品质、交期进行审核，以确定原供应商的稳定供货能力。

（5）及时跟踪掌握原材料市场价格行情变化及品质情况，以期提升产品品质及降低采购成本。

（6）编排采购计划，订购物料及控制交期。

（7）部门员工的培养与管理。

（8）与供应商及其他部门的沟通协调。

（9）调查研究公司各部门物资需求及消耗情况，熟悉各种物资的供应渠道和市场变化情况，指导并监督员工开展业务。

（10）审核各部门的年度采购计划，统筹策划和确定采购内容，监督和参与产品业务洽谈。

（11）审核商品采购合同，确保供应商费用等指标的完成。

（12）监督采购员的订货工作，确保企业有足够的库存，同时保证较高的商品周转。

（13）按计划完成公司各类物资的采购任务，并在预算内尽可能减少开支。

3. 采购员的职责

（1）主动与申购部门联系，核实所购物资的规格、型号、数量、验货时间等，避免差错，按需进货，及时采办，保证按时到货。

（2）熟悉市场行情及进货渠道，坚持"货比三家、比质比价、择优选购"的采购原则，努力降低进货成本，严把质量关，杜绝假冒伪劣商品的流入。

（3）了解各部门的物资需求及市场供应情况，掌握公司有关财务规定，以及对物资采购成本、费用资金控制的要求，熟悉各种物资采购计划。

（4）熟悉和掌握分管的各种物料的名称、型号、规格、产地、单价、品质及供应商品的厂家、供应商，要准确了解、掌握市场供求即时行情，适时组织采购。

（5）按"谁经手谁负责"的原则，对分管的采购业务的质量、数量、成本负责，要尽可能多渠道采购，降低采购成本，提高采购质量。

（6）及时完成部门下达的各项采购任务，及时保障公司正常经营需求，严格执行公司采购管理制度，采购均以物资申购单为依据。

（7）严格执行公司各项财务制度及规定，并坚持"凭单采购"的原则，购进的一切物资要及时通知收货员及用货部门负责人，按规定办理验收入库手续，共同把好质量、数量关。

（8）服从公司财务监督，遵守公司有关规章制度及员工守则。

4. 采购文员（采购助理）的职责

（1）请购单、验收单的登记。

（2）订购单与合约的登记。

（3）交货记录及跟踪。

（4）供应商来访的安排与接待。

（5）采购费用的统一申请与报支。

（6）进出口商品文件及手续的申请。

（7）电脑作业与档案管理。

（8）承办保险、公证事宜。

第二节　采购组织分类

按照采购管理组织机构设计的原则，在充分考虑影响采购管理组织机构设计因素的前提下，不同的企业有不同的采购管理组织。按一定标准划分，分为分权式采购管理组织、集权式采购管理组织和混合型采购管理组织。

★导入案例

企业集团从分散采购到集中采购的实例研究

中电投蒙东能源集团公司（以下简称蒙东）是中国电力投资集团公司控股的子公司，中国电力投资集团公司以中电霍煤、白音华煤电公司及区域为单元对蒙东资产进行重新整合，形成了以电为核心、煤为基础的一体化协调发展的现代大型能源企业。其煤炭年生产能力 3 400 万吨，电力在建 7 776 兆瓦，有色金属年生产能力 42.6 万吨。

根据中国电力投资集团公司的组织结构规划，其下属企业采用的是分散采购模式。以电厂为例，这些电厂规模不一，所需要的物资的数量也不相同，但是他们所需要的物资种类比较相近。同时，发电企业对燃料的管理要求比较高，要储存足够的煤才能保证发电需要。

这些电厂都是采用分散采购的方式，即生产部门首先提出采购申请，并报批财务部门；然后向采购部门下达采购通知，采购部门向供应商发出采购邀请；待采购完成后，采购的原材料直接进入电厂所属的二级仓库，并按照相应的程序供应给生产部门，不用经过集团总部的批示。这种方式虽然手续简洁、采购时间短，能够保证所需要的原材料及时地供应到各个生产部门，但是在公司的发展过程中，由于采用分散采购的模式，渐渐出现了很多问题，如各个电厂沟通少，材料的共享性低，采购的产品质量参差不齐，采购过程的规范程度低，元部件重叠采购等。

（案例来源：百度文库）

问题：请分析该集团是否应该改变它的分散采购模式以适应公司整体发展？同时，组织结构应该怎么改变才能使新的采购模式发挥最大的优势？

一、分权式采购管理组织

分权式采购管理组织指的是与采购相关的职责和工作分别由不同的部门来执行。如物料或商品需求计划可能由制造部门或者销售部门来拟定；采购工作可能由制造部门或者销售部门来掌管；库存责任则可能将成品归属于销售部门，在制品归属于制造部门，原料或零件归属于物料或仓储部门。

（一）分权式采购管理组织的特点

分权式采购管理组织具有以下特点：

（1）从整体观点处理各项作业，可以自主、灵活地处理各项作业，增加物料采购的多样性，大幅降低物料总成本。

（2）统筹供需，增强采购能力，可进行地区性物资采购，仓储管理方便，提升存量管制绩效。

（3）采购速度快，对用户和消费者需求的反应能力强。

（4）物料作业系统制度化与合理化，降低管理费用。

（5）在分权式采购管理组织中，每个经营单位的经理对自己的财务后果负责。因此，经营单位的管理要对其所有的采购活动负完全责任。

这种结构的缺点之一是不同的经营单位可能会与同一个供应商就同一种产品进行谈判，结果达成了不同的采购情境。当供应商的能力吃紧时，经营单位相互之间会成为真正的竞争者。

（二）分权式采购管理组织的适用条件

1. 适用主体

（1）二级法人单位、子公司、分厂、车间。

（2）离主厂区或集团供应基地较远，供应成本低于集中采购成本。

（3）异国、异地供应。

2. 适用客体

（1）小批量、单件、价值低、总支出在产品经营费用中所占比重小的物品。

（2）分散采购优于集中采购的物品，包括费用、时间、效率、质量等因素均有利，不影响正常的生产与经营。

（3）市场资源有保证、易于送达、物流费用较少的物品。

（4）分散后，各基层有这方面的采购与检测能力的物品。

（5）产品开发研制、试验所需的物品。

二、集权式采购管理组织

集权式采购管理组织是指将采购相关的职责或工作集中授予一个部门执行，这是为了要建立综合的物料体系，而设立一个管理责任一元化的组织体系。这个体系称为物料管理部门或资财部，主要工作包括生产控制（生产计划、物料控制）、采购（包括采购事务及跟踪和催货）及仓储（收发料、进出货、仓储、运送）等。

（一）集权式采购管理组织的特点

集权式采购管理组织具有以下特点。

· 30 ·

1. 规模经济效益

采购组织机构可运用自身的采购大权或杠杆作用求得最好的效果，理由如下：

（1）货量的集中可形成价格的批量折扣或优惠。

（2）与采购部门打交道，促使供应商去争取拿到一个企业需求的全部或比例可观的订单。

（3）通过与供应商在较长的生产周期中共同分摊经常性管理费用而获得相对低廉的价格。

（4）可根据主要产品种类来聘用专业技术人员。

（5）可聘用专业的辅助工作人员，如为大量海外订购任务聘用办理进出口手续方面的专业人员。

（6）行政开支成本较低，比如，一次处理价值1万元的订单比10次处理每次1 000元的订单更合算。

2. 业务活动的协调

采购部门可以协调组织的采购业务活动，具体包括以下活动：

（1）采用统一的采购政策，通过单一货源、合作伙伴关系组织货源。

（2）遵循统一的采购程序步骤。

（3）消除一个组织机构中多个部门竞相采购物资的现象。

（4）采用全公司的统一技术规范，使标准化工作易于推进。

（5）方便确定订单数量和送货日期。

（6）可以协调备用服务，特别是库存控制和生产进程。

（7）可以有系统地进行员工培训和开发。

（8）协助配合关于货源、货量和供给方表现方面的深入研究。

（9）对供应商来说，与一个集中的采购部联系比与大批单独的部门或工厂联系要方便得多。

3. 业务活动的控制

（1）采购部门可以实现对业务活动的控制。

（2）采购部门可成立独立的成本中心，即组织机构中成本可以落实的一个部门，也可以成立独立的利润中心，即企业中一个自负盈亏的单位。

（3）预算控制可同时针对采购部门和供应的总开支。

（4）由集中采购取得的统一采购价格，有助于成本统一。

（5）通过减少废品、降低因多余库存量带来的资本利息损失等方式控制。

（6）可贯彻即时采购和生产资源规划等措施。

（二）集权式采购管理组织的适用条件

1. 适用主体

（1）集团范围实施的采购活动。

（2）跨国公司的采购。

（3）连锁经营、OEM（代工生产）厂商、特许经营企业的采购。

2. 适用客体

（1）大宗或大批量物品，价值高或总价多的物品。

（2）关键零部件、原材料或其他战略资源，保密程度高、产权约束多的物品。

（3）容易出问题的物品。

（4）最好是定期采购的物品，以免影响决策者的正常工作。

三、混合型采购管理组织

在公司一级层次上存在着公司采购部门，同时独立的经营单位也进行战略和具体采购活动。在这种情况下，公司的采购部门通常处理与采购程序和方针设计相关的问题。此外，它也会进行审计，但一般是在经营单位的管理层要求它这样做的时候。

中心采购部门会对战略采购品进行详细的供应市场研究，经营单位的采购部门可以通过定期发布的小册子、公告或局域网研究。另外，公司的采购部门还可以作为促进或解决部门或经营单位之间协调的工具，但它并不进行具体采购活动，具体活动完全由部门或经营单位的采购组织实施。

企业在推行集中采购时，可将部分作业合理分散执行，比如一些小额采购、地区性采购等，要给予下属工厂较大的执行权，这样不但可以提高采购效率，而且还可以降低采购成本。

第三节　采购组织的设计

采购组织设计是企业采购工作中的一个重要环节，不同类型、不同规模的企业需要设计不同的采购组织结构和岗位职责。

★导入案例

沃尔玛的全球采购组织

沃尔玛的全球采购是指某个国家的沃尔玛店铺通过全球采购网络从其他国家的供应商进口商品，而该国供应商进货则由该国沃尔玛公司的采购部门负责。例如，沃尔玛在中国的店铺从中国供应商进货，且是沃尔玛中国公司采购部门的工作，这是本地采购；沃尔玛在其他国家的店铺从中国供应商采购货品，就要通过全球采购网络进行，这就是全球采购。

前美国沃尔玛百货集团全球资深副总裁兼全球采购办公室总裁崔仁辅，根据国际贸易规则的变化对全球采购业务的重大影响，以及世界制造业和全球采购的总体变化趋势，结合沃尔玛零售业务的特点，设立了以地理布局为主的全球采购组织。沃尔玛全球采购网络首先由大中华及北亚区、东南亚及印度次大陆区、美洲区、欧洲中东及非洲区等四个区域组成。其次，在每个区域内按照不同国家设立国别分公司，其下再设立卫星分公司。国别分公司是具体采购操作的中坚单位，拥有工厂认证、质量检验、商品采集、运输及人事、行政管理等关系采购业务的全面功能。卫星分公司则根据商品采集量的多少来决定拥有其中哪项或哪几项功能。沃尔玛全球采购网络的总部设在中国深圳。在全球采购总部，除了四个直接领导采购业务的区域副总裁，还设有支持性和参谋性的总部职能部门。但是按地理布局的组织形式有其固有的缺陷，崔仁辅积极采取措施弥补了这一缺陷。

（1）提高员工技能。沃尔玛要求员工在所负责的工作领域成为专家。例如，负责为某个国家的沃尔玛店铺采集货品的采购人员，不仅是关于该国零售市场的专家，服务好该国沃尔玛店铺提出的需求，而且是所负责商品类别及其全球供应商方面的专家，懂得这类商品摆到哪些国家的沃尔玛店铺里更具有竞争力。

（2）在尊重个人、服务顾客、追求卓越的企业文化的基础上，针对采购业务的特殊性增加了负责可靠、正直诚信的内容，形成全球采购文化。并利用这种文化，强化自己的员工同所服务的各国沃尔玛买家及全球供应商的合作关系。

（案例来源：搜狐网）

问题：请分析沃尔玛全球采购组织是如何选择的。

一、采购组织的设计原则

目前，许多企业组织仍沿用大批量生产的组织结构模式，类似于传统的韦伯式官僚体系，即金字塔结构。这种模式的最高层是董事会，董事会之下是若干垂直的职能部门，员工个人的职业生涯也就是自下而上的晋升过程。这些垂直的职能部门包括财务、营销、生产运作、人力资源等部门，采购职能一般不是与这些部门平行的独立部门，而是包含在这些部门之内。

采购组织设计的目的就是通过对企业内部资源的整合来提高企业的运作效率。采购组织必须与市场的发展变化相一致，所以采购组织的设计也必须不断更新。消费市场的全球化迫使企业不得不面对世界各地企业的竞争，它们不仅要拥有核心竞争能力，同时还必须具有灵活的业务运作部门。采购组织设计的改变能直接而深刻地影响采购过程，因此，采购组织已不可能像从前哪样分散在企业的不同部门。设计采购组织时，应该考虑以下基本原则。

1. 目标原则

采购与供应部门的组织设计，首先应该保证采购与供应职能的目标与使命的实现。而采购与供应的目标，应该与企业的经营战略目标一致。

2. 战略匹配原则

采购组织是企业的一个职能部门，其结构和岗位职能的设计，应与企业的经营战略相匹配，应能保证企业经营战略的实现。比如，企业实施全球化采购战略和本地化采购战略的采购组织结构是不同的，企业在寻求快速发展战略时（需要较多的外包和 OEM 合作伙伴）与实施稳步发展战略时的采购组织结构也是不同的。

3. 统一指挥的原则

在采购组织中，应尽量保证每一个采购人员只对一个上级负责，即只向一个上级汇报。这样可以避免责任不清、相互推诿的情况发生。

4. 效率原则

采购与供应处于企业经营环节的前端，其效率关系到企业的整体运营效率。所以，采购与供应部门的设计应考虑采购与供应业务运行的成本效率、时间效率和资金效率等。

5. 功能块整合与合理分工原则

根据采购与供应的职能使命列出所有业务，将相同（似）功能的业务整合，以提高工作效率。按照业务逻辑关系设计流程，再根据不同人员的能力和特点合理分工，以便各司其职，提高采购效率。

6. 管理幅度原则

管理幅度是指每一管理者直接管理的下属的人数。它与管理者的能力和所使用的管理工具成正相关，管理者的能力或使用的工具越强，管理幅度就越宽。管理幅度还与管理层次相关，在采购与供应业务量给定的情况下，管理能力（手段）越强，管理幅度就越宽，相应的管理层次就越少。在建立采购管理组织时，为了保证采购与供应管理的效果，应合理确定管理幅度和层次。

7. 权责相符原则

有效的采购管理组织必须是责权相互制衡的。有责无权，责任难以落实；有权无责，就会滥用职权。因此，应该实现责权的对等和统一。

8. 有机界面原则

采购与供应职能是企业整体功能的一个有机组成部分。采购组织的设计，既要保证组织边界的清晰，又要保证与上下游业务职能部门的信息通畅和协调合作。

9. 闭环原则

采购组织内部的职能之间的信息流应形成闭环，以保证业务执行过程中的决策、计划、执行和监控的有效性。

10. 环境适应性原则

采购与供应组织应能较好地适应企业经营战略的调整和市场环境的变化。任何组织都是存在于变化的环境之中的，组织的竞争能力在很大程度上取决于其环境适应能力。

二、设立采购组织的步骤

1. 考虑采购管理职能

首先要确定赋予采购管理什么职能。只是采购，还是要再赋予一些其他职能？若再赋予一些其他职能，则要确认再赋予一些什么职能，如要不要做需求分析，供应商管理体系要不要建立，市场信息要不要完善，进货要不要管，入库、验收、仓库管理要不要管等。赋予不同程度的职能，采购管理组织的结构就不一样。

2. 考虑采购任务量职能

采购管理职能确定后，就要确定任务量。任务量包括采购职能多少，也包括一个职能下工作量的大小。采购工作量（包括企业内需要采购物资的品种和数量、采购空间范围）越大，采购工作就越复杂、越难，采购工作量也就越大。另外还要考虑供应商管理的工作量、进货的工作量、仓储管理的工作量、市场信息的工作量等。总之，工作量越大，采购管理组织机构相应就要大一点。

3. 确定采购管理组织机构

采购管理组织机构，就是采购管理的幅度和管理层次的总体组织结构框架，也就是采购管理系统的职能部门构成。其设置情况及设置规模等取决于采购管理组织的任务量大小。采购管理组织总的工作量越大，采购管理组织机构相应就要大一点；反之，则应小一点。

4. 设计管理作业流程

设计采购管理作业流程，即根据所确定的管理职能，对每一个管理职能的每一项任务设计一个作业流程，这个作业流程还要进行充分论证，并且要进行流程化分析。流程越短，将来工作也就越有效率。

5. 设定岗位

根据具体的管理职能、管理机制和管理任务的作业流程设定各个岗位。设置岗位包括对每一个岗位责任和权利的设置，以及对每个岗位的人数、工作条件等的设置。这些一定要设计好，并且要形成文件，或者制定出管理规范，作为招聘条件予以公布。

6. 岗位配备

为各个岗位配备合适的人选。选择人是非常关键的一环，要非常慎重，特别是对各级的重要岗位要选择好。在人员配备完成以后，把所配备的人和所规定的岗位职责、规章制度、管理职能等结合起来，就可以建成一个有效的采购管理组织系统。

三、采购组织的设计方法

由于不同的企业有着不同的管理方式，而且不同的企业有不同的采购组织机构，按照采购组织机构设计的原则，在充分考虑影响采购组织机构设计因素的前提下，通常有以下几种采购组织机构的设计方法。

（一）按采购地区设计采购组织

按照采购地区的不同，可以将采购分成不同的组织形式，这些采购组织有的负责国内采购，有的则负责国外采购，如图2-1所示。

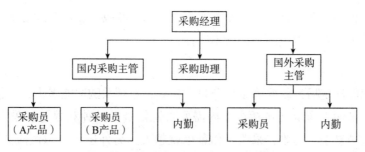

图 2-1　按采购区域设计的采购组织

（二）按物品类别设计采购组织

根据采购物品类别设计采购组织，将采购工作分为不同单位的人员办理。此种组织方式的特点是，能够通过各种物料的特征，让采购人员对其经办的物料熟能生巧地开展工作。这是许多物料种类繁多的企业首选的采购部门设计方式，如图 2-2 所示。

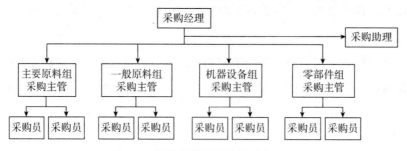

图 2-2　按物品类别设计的采购组织

（三）按业务分工或职能设计采购组织

根据采购流程的不同环节设置不同的采购人员，将采购计划的制订、询价、比价、签订合同、催货、提货、货款结算等工作，按照采购业务过程，交给不同人员办理，如图 2-3 所示。这种组织形式适合采购量大、采购物品品种较少、交货期长的企业，便于采购人员更好地熟悉业务，提高招标、谈判等技能；同时，有利于各个环节之间相互监督，避免浪费和腐败现象，减少内部审计成本，还有利于培养大家的团队合作精神。但这要求内部更好地协调和合作，否则会造成采购效率低下，管理混乱。

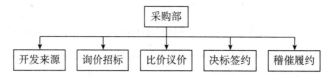

图 2-3　按业务分工或职能设计的采购组织

（四）单一采购组织设计

如果企业规模较小，产品结构较单一（典型的例子就是单一的工厂或企业，分公司距离较近的大公司也可以），那么设置单一的采购部门并直接向总经理汇报工作较好，如图 2-4 所示。

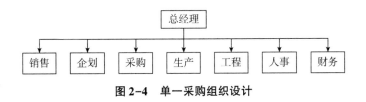

图2-4 单一采购组织设计

（五）混合采购组织设计

对于一些规模大、产品种类多、原材料需求差异性大、各子公司的地理位置距离远的企业，可采用混合式的采购设置形式。在公司总部设采购部，负责总公司采购战略和计划的制定，协调各子公司之间的采购行动，避免恶意竞争，集中采购总公司共性化的产品和服务，实现采购总成本最低。同时，在各子公司或某一地理区域分设采购部，便于各子公司满足个性化的需求，保持同供应商之间的密切联系，以此促进公司的发展，具体如图2-5所示。

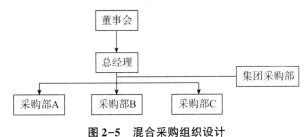

图2-5 混合采购组织设计

总之，不同的企业要根据采购组织机构设计的原则，充分考虑企业内外部影响因素，建立适合本企业的采购组织机构。同时，值得注意的是，采购组织机构建立后不是一成不变的，随着所面临的内外部环境的变化，企业要不断调整自身的采购组织机构，以便于更好地适应环境，完成采购任务，最终实现企业的目标。但就短期而言，采购组织机构是相对稳定的。

第四节 采购组织人员素质与能力要求

采购是一项相当复杂而且要求很高的工作，采购员应具备的基本工作能力也相当多样化。采购人员必须具备较高的分析能力、预测能力、表达能力和专业知识水平。

★导入案例

三福百货采购人员能力训练

三福百货是一家小型连锁百货公司，金鹰国际购物中心是一家高档百货店。两家企业都设有店面经理，相比之下，三福百货公司的店面经理会更多地控制部门采购和销售的商品，而金鹰国际购物中心的店面经理却要做更多的店面人力资源管理的工作。可见，相同的岗位在不同的企业中的工作不尽相同。三福百货公司在训练采购人员能力方面有着自己的一套方法，认为成功的采购人员应同时扮演以下角色及具备相应的能力：生意人、谈判者、技术人员、法律专家等；选择最佳供应商的能力、人际交往能力、成本核算能力、洞察企业和顾客需求的能力等。

  同时，为了使其采购人员都能有效地扮演上述角色并拥有上述能力，企业安排其采购人员参加相应的训练课程。例如，要成为成功的谈判者，就要接受谈判技巧的训练；要有选择供应商的能力，需要接受基本采购知识及 ISO 9000 相关认证的训练等。除了训练，企业采购人员的培训计划还包括采购人员的自我评估、采购技能鉴定与管理能力的发展等内容。经由自我评估模式，采购人员可以了解其现有采购能力的优缺点。最后，管理能力的发展是对具有潜力的采购人员施以管理能力的训练，使他们在不久的将来可以进入管理层，成为经理人才。

（案例来源：百度文库）

  问题：

  1. 你认为采购部经理的主要工作职责有哪些？

  2. 可从哪些方面来对采购人员进行训练？

一、采购人员应具备的知识要求

  采购员，特别是管理人员至少应具备专科以上的学历，因为接受过正式专科以上教育训练的学生所具备的专业知识与技巧较能满足采购工作的需求。除此之外，采购员最好具有商学知识，如企业管理、流通业管理、流行商品或行销等学科知识，曾修过商品资讯、统计、营销、业务人员管理的人员尤佳。

  1. 产品知识

  无论采购哪一种物料，采购人员都必须要对其所欲采购的标的物有基本的认识。例如，一个学化工机械并从事多年化工机械采购的人员，因工作需要转向电子元器件采购，尽管他从事采购已多年，但他仍会感到有些力不从心，如果他想尽快适应新角色就必须及时补充有关电子元器件方面的知识。补充的途径有很多，如自学、参加相关专业培训班等。一些观点认为，采购员不是搞研究、开发的，而且往往有本企业工程技术人员及品管人员的协助，故不需掌握太多的专业知识。持有这种观点的采购员必须认识到那些可以支持采购员的工程技术人员及品管人员并不是时时刻刻在他们身边，况且有时工程技术人员和品管人员因各种原因未必能帮助采购员。对于零售企业采购员来说，对商品的了解比其他行业的采购员还要深入，因为其必须担负起销售业绩的相关责任。以家电用品的采购员为例，他们必须了解产品的功能、技术层次、原料、制程、保修期限等。由于采购员采购的范围大小不一、物料种类繁多，科学技术发展迅速，采购员要持续性地拥有产品知识，可以参考以下几种常见方式：辅修大学课程，查看贸易性期刊、流行杂志，参观展览，与供应商保持联络等。

  2. 科学方法

  采购员在选择商品或商品组合时绝对不能凭自我的感觉，必须要利用科学的方法针对消费者需求与市场流行趋势进行合理的分析，并将分析结果客观地呈现出来，选择最有利益的商品，不因主观的偏见而左右采购策略的拟定。

3. 专注、投入

对于采购员来说，专注、投入相当重要，因为采购员必须要利用更多的时间去了解市场趋势与发掘更多的供应商，可能常常加班，尤其是生产的旺季，加班到深夜也时有所见。除此之外，采购员还必须协助高层主管规划采购策略，因此在每年开始时都会特别忙碌，采购员必须毫无怨言地投入其中。

二、采购人员应具备的品德要求

采购员必须具备以下良好的品德。

1. 廉洁

在采购活动中，无论是面对威迫（透过人际关系）还是利诱（回扣或红包），采购员都必须保持廉洁，维持平常心，不动心。以牺牲公司权益以利他人或自己的行为，终将误己。重利忘义的人，是难以胜任采购工作的。

2. 敬业精神

缺货或断货实为采购人员最大的失职。虽然造成短缺的原因有很多，但若采购人员能高度负责地采购所需的物料，企业的损失将会大大减少。

3. 虚心与耐心

采购员虽然在买卖方面较占上风，但对供应商必须公平，甚至不耻下问、虚心求教，不可趾高气扬、傲慢无礼。与供应商谈判或议价的过程，可能相当艰辛与复杂，采购员更需有忍耐、等待的修养，才能较好地进行工作。即使居于劣势，亦能忍让求全。

4. 遵守纪律

采购员是外出执行采购的人员，他们的一言一行都代表着企业，他们的工作好坏不仅影响企业的效益，而且影响企业的声誉。因此，企业对采购员规定了若干纪律，采购员必须自觉遵守，严格执行。

三、采购人员应具备的能力要求

1. 分析能力

由于采购员常常面临许多策略的选择与制定，例如，购买哪种规格、品种的物料，物料如何运输与储存，如何管理才能得到消费者的回应等，因此，采购员应具备使用分析工具的能力，并能针对分析结果制定有效的决策。首先，采购支出是构成企业制造成本的主要部分，因此，采购员必须具有成本意识，精打细算，不可大而化之。其次，必须具有"成本效益"观念，不可花一分冤枉钱，买品质不好或不具有使用价值的物品。然后，要随时将投入成本与回报使用状况、时效、损耗、维修次数等加以比较。此外，对报价单的内容，应有分析的技巧，不可以总价比较，必须在相同的基础上，逐项（如原料、人工、工具、税费、利润、交货时间、付款条件等）加以剖析判断。

2. 预测能力

在现代动态经济环境下，物料的采购价格与供应数量是经常调整变动的。采购员应能依据各种产销资料，判断货源是否充裕；通过与供应商的接触，从其销售的态度，揣摩物料可能供应的情况；从物料价格的涨跌，推断采购成本受影响的幅度。总之，采购员必须开阔视野，对物料将来供应的趋势能作出判断并预谋对策。

3. 表达能力

采购员无论是用语言还是用文字与供应商沟通，都必须能正确、清晰地表达采购的各种条件，如规格、数量、价格、交货期限、付款方式等，要避免语意含混，产生误解。面对忙碌的采购工作，采购人员必须具备长话短说、言简意赅的表达能力，以免浪费时间。通过"晓之以理，动之以情"来争取采购条件，更是采购人员必须锻炼的表达技巧。

四、采购人员的素质要求

采购工作作为企业生产经营管理过程中的一个基本环节，过去一直是"幕后英雄"。而随着国际、国内贸易的发展，现代企业逐步认识和理解到采购在生产和销售中的重要价值。国际化的贸易需要实现从供应商、厂家、分销商到最终用户之间的物流、信息流和资金流的一体化管理，因此，建立新型供需关系和采购经营模式成为企业运营的关键点之一。新商机带来新挑战，采购人员逐渐要从幕后走向前台。那么要成为一个合格的采购人员，需要哪些必备的素质呢？

1. 操守廉洁和对企业的忠诚

一个人做事的"态度"决定了他日后成就的"高度"。忠诚不仅是一种品德，更是一种能力，而且是其他所有能力的统率与核心。缺乏忠诚，其他的能力就失去了"用武之地"。忠诚是一种态度，与公司共命运。唯利是图、得过且过的做事态度，只能尝到一些小甜头；而脚踏实地、用心用情去做事，也许看似累了些，但往往会有意想不到的惊喜。可以说，拥有忠诚，就会拥有做事的动力，工作效率就会得到更大的提升，企业和个人都会从中受益。

现在大多数优秀企业都把忠诚作为识人、用人的首要标准，然后才是个人的能力和素质。所有公司无一例外地希望吸纳忠诚的职员，因为忠诚不仅仅是对道德的评判，而是对一个员工职业水准的衡量。没有任何一个组织愿意使用一个缺乏忠诚的人，只有忠诚的人，才有资格成为优秀团队中的一员。如果每个员工都能做到忠诚，在本职岗位上恪尽职守，领导在与不在都一样尽职尽责地做好每一项工作，这无疑是企业最大的福祉，也是员工走向职业生涯成功彼岸的起点。因此，无论在哪个岗位，肩负什么职务，都必须履行自己的职责，用忠诚书写成长的历史。当然，在采购环节，对企业的忠诚更加重要。面对各种供货商，有些供货商总会想方设法以金钱或其他方式来诱惑采购人员，以达其销售目的，采购人员若无法把持，可能不自觉地掉入供货商的陷阱而不能自拔，进而任由供货商摆布。

在采购人员所有的必备素质中，很高的道德素养是排在第一位的。在行业中做得顶尖的采购经理大多具备很高的道德素养及严谨的工作态度，例如：保持对企业的忠诚；不带个人偏见，在考虑全部因素的基础上，从提供最佳价值的供应商处采购；坚持以诚信作为工作和行为的基础；规避一切可能危害商业交易的供应商，以及其他与自己有生意来往的对象；拒绝接受供应商的赠礼；不断努力提高自己在方式方法、材料和影响采购工作的作业流程上的知识；在交易中采用和坚持良好的商业准则等。随着采购工作在企业战略中的地位越来越高，忠诚是成功的采购经理的第一种必备素质。

2. 基于供应链管理的采购全局观及国际化视野

实践证明，采购人员要在执行采购中最大限度地节约成本，不仅要考虑价格因素，还要了解供应链各个环节的操作，明确采购在各个环节中的特点、作用及意义。随着经济的发展和国际贸易的日渐频繁，现代企业的采购模式也在迅速向多元化方向发展，目前最明显的趋势就是全球化采购与本土化采购相结合。与此同时，企业对采购从业者的要求也开始提高。企业要避免大量的库存积压，减少库存占压资金，这就要求其采购流程科学化，保证采购体系的有序运作。另外，采购人员除了全面负责公司采购部门的日常管理与运作，对采购的管理也从商品扩大到外部资源及供应商的管理范围，要对供应链各个环节的采购工作予以合理安排和实施。建立在这种工作状况基础上，采购人员基于供应链的沟通协调能力十分重要。企业对所需人才的要求一般都要提及沟通协调能力，这与中国大企业日渐树立的供应链管理制胜观有很大关系。采购人员必须努力通过各种管道及方式了解市场需要及趋势，而非坐井观天；毕竟市场的变量太多，采购人员应尽量利用一切资源，掌握它们，做好知己知彼，则必能百战百胜。现在的采购已经是多元化、跨国家、跨地区的采购，随时关注供应链领域所发生的事件，如原材料价格波动、气候波动等，能够及时地做好预警及防范措施，并且还要了解国际上的最新技术及产品。通过对人才市场走势的分析，可以看出，目前最缺的是具有国际视野的管理人才，世界 500 强在中国投资的企业大多也列出了这类需求。

3. 通过各种采购技巧获得低成本及总成本优先原则

一次优秀的采购并不是只强调物品的成本，比如花 0.5 元买的笔用两天就坏，不如花 5 元买一支可以用上好几个月的笔。采购人员最主要的是要关注采购行为的总成本，而不是某个商品的价格。看似简单的道理实施起来却并不容易。要买到真正物美价廉还适合的商品，除了要求采购经理有较高的谈判水平，对于其眼光、对商品成本构成的了解及采购策略都提出了不低的要求。现在，许多大企业都打造了强大的采购部门和完善的采购制度，目的就是把采购部门也打造成一个利润点。可以尝试这样做：①把开发新供应商当成自己每年的常规工作，每次招标都要求有新面孔出现，主要商品、材料的供货商至少有 3 家，而且每年应至少再发展一家。这样做就是为了营造供应商之间的竞争局面，保证供货质量和降低成本。②可以让采购人员掌握一些供货商的成本信息，洽谈时有助于压低供货商的利润率。只有了解了供货商的成本构成才能放大自身利润，这是谈判时的主要武器。③招标采购。招标比价以后，采购员可以初步定价，由价格审计专家审计通过，招标比价使成本控制有章可循。目前，采购中比较流行的一种做法是要求投标方在投标书上列出单项成本，而不只是一个总价，以方便他们看出其中的水分。

4. 团结合作

表面上看，采购工作似乎是单独作业，但其实采购人员不可能脱离公司的整体而单独作业，必须与同事和谐共处，彼此合作，互相支持，只有这样，采购工作才可无往不利。采购人员应去除本位主义或独善其身的意识，凡事应以公司大局为重，待人处世，尤须注重团队的合作，并以公司的利益为前提。团结产生力量，这是很容易懂的，公司应发挥整体力量，与竞争对手在市场上一争长短。覆巢之下无完卵，公司每一位员工都应有此忧患意识。

有一则寓言以地狱和天堂的比喻来说明了协作的重要性。有人和上帝谈论天堂和地狱的问题，上帝决定分别带他到这两个地方看看。他们先去看地狱。这是一个房间，屋里有一群人围着一大锅肉汤，每个人看起来都营养不良，饥饿又绝望。他们每个人都有一只可以够到锅子的汤匙，但汤匙的柄足足有两米长，自己没法把汤送到嘴边来。上帝接着让这个人去看了天堂，一样的房间，同样的一锅汤，一样的长柄汤匙，也有一群人，可是他们看起来精神焕发，大家都在快乐地唱着歌。"为什么会这样？"这个人不解地问。上帝微笑着回答："其实很简单，天堂里的人会用自己的汤匙喂给别人，而地狱里的人不会这样做。"相互协作是衡量团队精神的重要指标之一，也是在供应链制胜时代企业立足市场、争取优势地位的不二法门。

5. 创新求进

现代企业需要采购人员能有创新（非标新立异）的思考力，力求突破现状，随时以新点子或创意来改善个人的工作方法与效率，同时在商品组合方面也力求创新，如此才可确保成功。

6. 适应性强

采购是个机动性很高的职位，对市场及供货商信息均须随时掌握，开发新的商品或供货商也是采购的重要职责之一，所以会经常东奔西走。采购人员必须要有很强的适应性，能够适应不同的环境、地区或国家，一直坐在办公室是不可能把工作做好的；采购人员对其所负责的利润预算负全责，其压力可想而知。这是一项劳心劳力的工作，劳心指竭尽脑力把工作做好，劳力指辗转各地的体力负荷。要做好采购工作，须事先有此心理准备。此外，还应具备以下能力和素养：

（1）语言能力。要求采购人员言语清晰、谈吐自如、条理分明、言简意赅。

（2）沟通能力。这也是团队协作的范畴，即与各种不同人的沟通能力，使其认知、认可并完全接受此项业务。采购部门的工作离不开与生产部门、技术部门、财务部门、销售部门等的协调与沟通，作为一名采购员，如果缺少沟通合作意识，那采购工作将无法顺利进行，并且会影响到整个公司的良好运转。

（3）理解能力。采购人员能迅速学习技术、精通业务、融会贯通、灵活运用。

（4）敬业精神。采购人员必须积极向上、乐观进取、勇于探索、不断增强自己接受新生事物的能力。

（5）良好的心态。采购人员要对公司充满信心，对自己的能力充满信心。没有坚定的意念、不够积极的人，即使拥有很高的学历，或是头脑很灵活，还是不能创造很好的业绩。采购人员要全心全意地投入工作，以积极的态度、强烈的责任感和百分之百的信心来开拓自己的工作领域。

综上所述，要成为一个优秀的采购人员，必须要成为多面手：战略者、分析者、公司外交大使、财务人员和销售人员。只有这样，才能在采购领域作出一定的成绩，为企业和个人的发展打下基础。

本章练习题

1. 采购部门的职能是什么？
2. 采购经理的职责有哪些？
3. 采购组织的类型有哪些？
4. 采购人员应当具备的能力有哪些？
5. 采购组织设计的步骤包括哪些？

案例讨论

沈阳汽车制造厂的组织结构

沈阳汽车制造厂是一汽金杯汽车股份有限公司所属主机厂，自1958年建厂以来，几经改造，不断发展壮大，现为我国汽车行业的骨干企业，占地面积41.7万平方米。该厂主要产品是轻型载货汽车，型号有1020（一吨级）、1043（二吨级）、1060（三吨级）三大系列七十余个品种。在采购管理方面，沈阳汽车制造厂的采购管理模式完全沿袭了传统国有大中型企业的管理模式。其组织机构如图2-6所示。

长期以来，在沈阳汽车制造厂，采购工作一直被认为是辅助性的工作，是附属于制造、科研、销售、财务等业务中的。尽管原材料采购的成本占汽车总成本的50%以上，但采购工作却一直不能得到关注。企业的领导层并没有认识到这些问题，随意干涉采购具体业务，采购程序不规范，而且没有约束机制。

从组织机构来看，配套和供销部门作为采购的职能部门，归口管理却是负责生产制造的副厂长，没有专职的负责采购质量和技术开发的人员与之配合，采购职能分散在全厂的多个部门。没有统一的采购系统，无法实行集中管理，从而难以提高采购质量，降低采购成本。

从采购程序和供应商管理程序来看，其具体采购方式不够完善。一方面，对大宗、中宗和小宗物资的采购没有具体的界定；对何时采取招标采购，何时采用密封报价，何时沿用竞价采购，没有明确的规定。另一方面，如何采用定点采购、定点定价定量采购及向直销商直接采购，也没有明确的要求；对供应商的选择与评估，没有按照 ISO/QS 9000 质量体系的要求建立科学的定期评审供应商质量保证能力的制度和配套生产审批程序。因此，无法推动整车质量水平的提高。

（案例来源：道客巴巴）

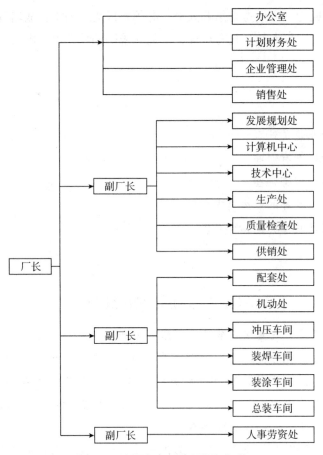

图 2-6　沈阳汽车制造厂组织机构

问题：请根据沈阳汽车制造厂的现有采购组织结构存在的问题提出合理的采购组织结构建设建议。

案例解析：

1. 确立采购在全厂工作中的地位与作用

从"人机料物法"的角度考虑，建立一个完整系统的关键就是做好人员的工作。环境给组织提供资源，吸收组织的产品，同时也给予组织许多约束。一个组织要保持持续的发展，就必须适合其周围的环境。组织与它的环境是相互作用的。采购任务的完成和采购策略的实施离不开科学高效的采购组织机构。

因此，为了最大限度地提高产品质量，降低采购成本，对中国汽车工业企业来说，建立机制健全的采购系统，把采购体系作为企业的经营过程和企业的主体核心来抓是非常重要的。

2. 通过调研确定采购机构模式

通过对汽车企业工作任务、技术特性和所处的内外部环境进行调查和分析之后，可以发现在较长的一段时期内，汽车企业面对的将是一个较为稳定的环境。因此，组织结构应相对较为正式化和集权化，采用遵循传统原则的机械性系统。

3. 确定采购组织内部各部门的工作内容及工作职责

（1）采购部。采购部经理主要负责整个采购系统的行政管理工作，其他3个采购子部门的制定与监控工作，并负责人员的调配及培训，同时也负责与生产部门的信息沟通（并参与生产计划的制订和修正）和技术支持的协调，负责所需采购零部件的品种和时间进度控制等。

（2）供应商开发部。供应商开发部主要负责对供应商的定期审核与认证，是一种持续监督供应商生产能力、质量、交付及解决问题、执行其他买主标准的重要部门。经过此部门验证过的供应商可使本企业消除大半或全部的检查、测试商品交付工作，比那些未经认证的供应商带来的风险少得多。

（3）采购物流部。采购物流部主要负责用公平且有竞争力的价格购买高质量的产品，并在适当的时间运送适当数量的产品到适当的地点；在合适的质量和有效的运作条件下，最大限度降低采购成本；保持最少的库存并消除供货短缺；与有关部门通力合作，发扬团队工作精神。

（4）供应商质量部。供应商质量部主要负责确保质量策略的实施；验证和开发供应商的质量基础工作，负责采购过程中供应商质量状况的评估与控制；零部件开发；支持采购、工程、制造及其他有关部门的工作。

4. 设计采购人力资源的开发渠道

采购人员应该具备良好的专业素质，并对工艺流程、验证规范有较好的理解，除此之外，还必须对各种标准的行业认证非常了解，同时还必须具有良好的沟通能力。采购人力资源可以来自以下几个方面：

（1）采购处现有人员的在职培训。在职培训的方法一般有两种：一种是公司有针对性地对员工进行培训，另一种是鼓励员工的自我培训。在职培训是最简捷的途径，但由于无法接触先进的技术和开发方法，效果不太好。

（2）采购处组织招聘。采用这种方式可以得到经过良好训练的开发人员，特别是对于IE人员的招聘。对于沈阳汽车制造厂这么大的企业来说，在吸引人才上是有优势的。

（3）送外培训。可以将现有的开发人员送到国内外的相关研究机构或技术领先的企业进行工作培训，也可参加某些不定期举行的供应商的技术培训。

总之，供应商开发人力资源的投入是长期的、不间断的，而且是短期内无法实现的。

实训设计

采购组织的设计

【实训目的】

加深学生对采购组织类型及各自优缺点和适用条件的认识，掌握采购组织设计的原则和方法。

【实训组织】

把学生按照每3人一组分成若干小组，每组选择一名负责人。小组负责人对成员进行任务分配，制订实训计划，并带领全组成员完成实训任务。每小组根据本章第一节导入案例中Devillier集团的现状分析，设计最适合该集团的采购组织。

【实训要求】

1. 小组负责人对小组成员进行合理的任务分工。

2. 做好相关准备工作。

3. 合理分析并给出合适的方案。

【实训考核】

1. 每个小组分析不同采购组织的类型，并将可能适合 Devillier 集团的类型与其他类型进行对比。

2. 最终讨论确定出适合 Devillier 集团的最优采购组织类型。

3. 本次实训成绩由个人表现、团队表现、实训成果各项成绩汇总而成。

第三章

采购计划和预算

本章学习目标

1. 掌握采购需求的分析方法、采购计划的编制方法与程序。
2. 掌握采购预算的编制内容与程序。
3. 能够把所学的理论知识应用于企业的采购实践并指导实践。

第一节　采购计划概述

★导入案例

某企业生产某种机械设备，很多原材料及零部件都需要外购。企业在生产过程中经常会出现原材料及零部件供应不足或库存积压现象，急需采购时，又出现资金困难等情况，严重地影响了企业生产的正常进行。经过分析，造成该企业这种现象的主要原因是企业的采购计划与预算没有编制好，计划需求量与企业生产实际需求量差距较大。

由此可见，采购计划与预算对企业是非常重要的，企业必须重视这项工作。

那么，如何做好这项工作呢？

（案例来源：道客巴巴）

一、采购计划的概念与分类

（一）采购计划的概念

计划是管理的首要职能，任何组织都不能没有计划。所谓计划，就是根据组织内外部的实际情况，权衡客观需要和主观可能，通过科学预测，提出在未来一定时期内组织所要达成的目标及实现目标的方法。换句话说，采购计划就是指管理人员对未来应采取的行动所做的谋划和安排。

采购计划是企业管理人员在了解市场供求情况、认识企业生产经营活动过程及掌握物品消耗规律的基础上，对计划期内的物品采购活动所做的预见性安排和部署。

广义的采购计划，指为保证供应各项生产经营活动的物料需要量而编制的各种采购计划的总称。

狭义的采购计划，指年度采购计划，即对企业计划年度内生产经营活动所需采购的各种物料的数量和时间等所做的安排和部署。其中，何时、何处取得合适数量的原材料是采购计划的重点所在。采购计划就是购入原材料的预见性的安排和部署，对于整个采购运作的成败有非常重要的作用。

（二）采购计划的分类

（1）按计划期的长短分类，采购计划分为年度物品采购计划、季度物品采购计划和月份物品采购计划等。

（2）按物品的自然属性分类，采购计划分为金属材料采购计划、机电产品采购计划、非金属材料采购计划。

（3）按物品的使用方向分类，采购计划分为生产产品用物料需求计划、维修用物品采购计划、基本建设用物品采购计划、技术改造措施用物品采购计划和科研用物品采购计划。

（4）按采购计划程序分类，采购计划分为采购认证计划和采购订单计划。

（5）按采购层次分类，采购计划分为战略采购计划、业务采购计划和部门采购计划。

此外，采购计划还可以分为物料采购计划、资金需求计划、采购工作计划（供应商开发计划、品质改善计划等都含在采购工作计划里）。

物料采购计划，是采购人员依据公司的生产经营状况及生产管理部门下达的物料需求计划拟订的，一般有季度、月度采购计划。

资金需求计划，是采购根据与供应商谈的付款期，统计到期应付的款项和采购人员预计临时需要的资金计划。

采购工作计划，又分年度计划（即采购人员对整年的工作方向的定位及要达成的成绩的展望）、月度计划、周计划，有的公司还有季计划、日计划。

在这些具体的采购工作计划中，要体现出采购人员在工作中做了哪些事，比如供应商开发、不良物料处理、订单下达、付款申请、内部培训等。

二、编写采购计划的目的和作用

1. 编写采购计划的目的

（1）预计采购物料所需的时间和数量，防止供应中断，影响产销活动。

（2）避免物料储存过多、积压资金及占用存储空间。

（3）配合企业生产计划与资金调度。

（4）使采购部门事先准备，选择有利时机购入物料。

（5）确定物料耗用标准，以便管制物料采购数量与成本。采购计划作为采购管理的第一步，起到指导采购部门的实际工作、保证产销活动的正常进行和提高企业经济效益的作用。

2. 编写采购计划的作用

"好的计划是成功的一半"，制订一个合理的采购计划对运作的成败有非常重要的作用，具体表现在以下几个方面：

（1）能有效地规避风险，减少损失。采购计划是面向未来的，企业在编制采购计划时，已经对未来因素进行了深入的分析和预测，能够做到有备无患，既保证了企业正常经营的需要，又降低了库存水平，减少了风险。

（2）为企业组织采购提供依据。采购计划具体安排了采购物料的活动，企业管理者按照这个安排组织采购就有了依据。

（3）有利于资源的合理配置，以取得最佳的经济效益。采购计划选择经营决策的具体化和数量化，保证资源分配的高效率，对未来物料供应进行科学筹划，有利于合理利用资金，能最大限度地发挥各种资源的作用，从而获得最佳效益。

三、编写采购计划的基础资料

由于影响采购计划的因素很多，所以采购部门在拟订好采购计划以后，还必须与生产部门经常保持联系，并根据实际情况的变化作出必要的调整与修订，以保证维持企业正常的产销活动，协助财物部门妥善规划资金收支。通常，在编制采购计划之前应掌握企业的年度销售计划、主生产计划、物料清单、设备维修计划和技术改造计划、基本建设计划和科研计划、存量管制卡等。

1. 销售计划

销售计划是各项计划的基础，年度销售计划是在参考过去年度自己本身和竞争对手的销售实绩的基础上列出的销售量及平均单价的计划，即表明各种产品在不同时间的预期销售数量和单价。销售计划的拟订受到外部不可控因素和内部可控因素的影响。具体而言，外部不可控因素包括国内外的政治、经济、文化及社会环境、人口增长、科技发展等因素，内部可控因素包括企业的技术水平、厂房设备、原材料供应情况、人力资源和财务状况等。一个好的销售计划一定要符合组织自身的特点，适用于本组织发展现状。要制订准确的采购计划，必须依赖于对销售因素的准确预测及销售计划的准确制订。

2. 主生产计划

主生产计划（Master Production Schedule，MPS）是 ERP（企业资源计划，主要包括经营规划、销售与运作规划、主生产计划、物料需求计划和能力需求计划）中重要的计划层次，是传统手工管理中没有的新概念。MPS 根据客户合同和预测，由生产规划转化而来，把生产规划中的产品系列具体化，确定出厂产品。

对主生产计划涉及的关键工作重心的生产能力进行估算，给出能力需求的概貌，用以评估主生产能力的可行性。

物料需求计划的全过程，即是在展望期内把最终项目的独立需求从主生产计划开始向下逐层分解为各个零部件需求的过程。在此过程中，一个关键问题是上属项目记录和下属项目记录之间的衔接问题：对一项物料的计划订货的下达就同时产生了其直接下属项目的毛需求，它们在时间上完全一致，在数量上有确定的对应关系。

能力需求计划（CRP）把 MRP 的物料数量转化为标准的负荷小时，把物料需求转化为能力需求。

3. 物料清单

生产计划只列出产成品数量，而无法知道某一产品所用的物料数量，因此，确定采购数量还要借助于物料清单。物料清单是由产品设计部门或研发部门制定的，根据物料清单可以精确地计算出每一种产品的物料需求数量。但在实际生产过程中，产品的规格、型号等变更非常频繁，物料清单很难随之及时调整，使得以此计算出来的所需物料与实际使用的物料在数量或规格方面不相符，造成采购数量过剩或不足。因此，要想制订准确的采购计划，必须依赖于最新、最准确的物料清单。

用电子计算机读出企业所制造的产品构成和所有要涉及的物料，并将用图示表达的产品结构转化成某种数据格式，这种以数据格式来描述产品结构的文件称为物料清单（Bill of Material，BOM）。物料清单是定义产品结构的技术文件，因此，它又称为产品结构表或产品结构树。在某些工业领域，可能称为"配方""要素表"或其他名称。

这里需要注意的是：物料清单表明了产品某一部件、某一组件、某一原材料之间的结构关系，以及每个组装所包含的下属部件的数量或提前期；"物料"一词有着广泛的含义，它是所有产品、半成品、在制品、原材料、毛坯、配套件、协作件和易耗品等与生产有关的物料的统称。

物料清单描述某一成品是由哪些原物料或半成品所组成的，且说明其彼此间的组合过程。如图 3-1 所示，成品 A 由 2 个原料 B 和 1 个半成品 C 组成，而半成品 C 又由 2 个原料 D 及 3 个原料 E 组成。

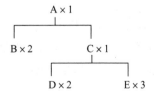

图 3-1　物料清单示例

依其组成关系，A 为 B、C 的母件，B、C 为 A 的子件；C 为 D、E 的母件，D、E 为 C 的子件。如果 A 之上再无母件，A 可称为成品，C 为自制或委外的半成品，B、D、E 则为采购件，采购件不可能是母件。A 对 B、C，或者 C 对 D、E 的上下关系，称为单阶。对整个结构而言,上中下各阶称为多阶或全阶。

4. 设备维修计划和技术改造计划

设备维修计划是规定企业在计划期内需要进行修理的设备的数量和修理的时间和进度等。技术改造计划是规定企业在计划期内要进行的各项技改项目的进度、预期的经济效果,以及实现技改所需要的人力、物资费用和负责执行的单位。这两个计划提出的物料需求品种、规格、数量和需要时间是编制物料采购计划的依据,采购计划要为这两个计划的实现提供保证。

5. 基本建设计划和科研计划

基本建设计划规定企业在计划期内的建设项目、投资额、实物工程量、开工日期、建设进度及采用的有关经济技术定额,这些都是编制采购计划的依据。科研计划规定企业在计划期内进行的科研项目,科研项目提出的物料需求是编制物料采购计划的依据,具有新、少、急、难的特点。

6. 存量管制卡

若产品有存货,则生产数量不一定要等于销售数量。物料需求计划的输入信息有主生产计划、物料清单和库存信息。如图3-2所示。

图3-2 物料需求计划

(1)主生产计划数据。作为MRP的输入数据项,主要解决"生产(含采购或制造)什么"以及"生产(含采购或制造)多少"的问题。主生产计划是MRP最重要和最基本的数据,开始编制物料需求计划时,必须首先得到一个有效的主生产计划。

(2)物料清单。物料清单主要解决"生产过程中要用到什么"的问题,MRP从物料清单中得到有关主生产计划项目的零部件和原材料的数据。

(3)库存信息。库存信息主要解决"已经有了什么"的问题,MRP从库存信息中得到物料清单中每个项目的物料可用数据和编制订单数据。

第二节 采购计划的主要环节

★导入案例

某企业2004年生产某型号轴承3 200套,共消耗钢材9 600千克,2005年预计生产该型号轴承5 000套,由于采取各种节约措施,预计钢材消耗可降低5%。那么,2005年该企业生产该轴承需要多少钢材呢?

(案例来源:道客巴巴)

一、认证的环节

采购计划程序是整个采购运作的第一步，应根据市场需求、企业生产能力和所需的采购量来确定。完整的采购计划包括采购认证计划和采购订单计划。这两部分必须综合平衡，才能保证物料的采购成功。

采购认证是企业采购人员对采购环境进行考察并建立采购环境的过程。

(一) 准备认证计划

1. 熟悉认证的物资项目

采购人员在拟订采购计划和与供应商接触之前，要熟悉认证的物料项目。要熟悉认证的物料项目如图 3-3 所示。

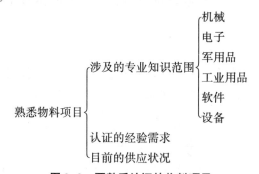

图 3-3　要熟悉认证的物料项目

采购人员在弄清采购项目属于哪个专业范围之后，就应尽快熟悉该领域专业知识，这样才能做到在进行认证工作时得心应手。

2. 熟悉采购批量需求

要想制订较为准确的认证计划，要做到以下两点。

(1) 必须熟知物料需求计划。物料需求计划确定了采购的规模、范围和时间。

(2) 熟悉采购环境。目前物料采购环境有两种：一是在目前采购环境中可以找到的货源供应；另一种是新货源，这种新货源是原来的采购环境无法提供的，需要寻找新的供应商，或者与供应商一起研究新货源提供或生产的可行性。

3. 掌握余量需求

随着市场需求的增加，旧的采购环境容量不足以支持货源需求；或者随着采购环境呈下降趋势，该货源的采购环境容量在缩小，满足不了需求。以上两种情况产生余量需求，从而要求对采购环境进行扩容，这就要求采购人员在市场调查的基础上选择新的采购环境。采购环境容量的信息可以由认证人员和订单人员提供。

4. 准备认证环境资料

采购环境的内容包括认证过程和订单。认证过程是供应商样件及小批量试制过程，需要有强大的技术力量支持，有时需要与供应商一起开发；订单过程是供应商的规模化生产过程，突出表现是自动化机器流水作业及稳定的生产，技术工艺已经固化在生产流程中，所以它的技术支持难度较前者小。

5. 制订认证计划说明书

制订认证计划说明书就是准备好认证计划所需要的资料，主要内容包括物料名称、需求数量、认证周期等，并附有需求计划、余量需求。

（二）评估认证需求

1. 分析需求

进行物料开发批量需求的分析，不仅要分析数量上的需求，而且要掌握物料的技术特征等信息。物料批量需求是各种各样的，计划人员应对开发物料需求进行详细分析，必要时与开发人员、认证人员一起研究开发物料的技术特征，按照已有的采购环境及认证计划经验进行分类。

2. 分析余量需求

余量认证的产生来源有两种：一种是市场销售量的扩大，另一种是采购环境订单容量的萎缩。这两种情况都导致了目前采购环境的订单容量难以满足用户的需求，因此需要增加采购环境容量。对于因市场需求原因造成的需求余量，可以通过市场需求计划得以了解各种货源的需求量及时间；对于因供应商萎缩原因造成的需求余量，可以通过分析现实采购环境的总体订单容量与原定容量之间的差别得到。将两种情况的余量相加即可得到总需求余量。

3. 确定认证需求

根据开发需求及余量需求的分析结果，确定认证需求。认证需求是指通过认证手段，获得具有一定订单容量的采购环境。

（三）计算订单容量

1. 分析项目认证资料

分析项目认证资料是计划人员的一项重要事务，不同的认证项目，其过程及周期也是千差万别的。机械、电子、软件、设备、生活日用品等物料项目，它们的加工过程各种各样，非常复杂。作为从事某行业的实体来说，需要认证的物料项目可能是上千种物料中的某几种，熟练分析几种物料的认证资料是可能的，但是对于规模比较大的企业，分析上千种甚至上万种物料，难度则要大得多。

2. 计算总体认证容量

在采购环境中，供应商订单容量与认证容量是两个不同的概念，有时可以互相借用，但绝不是等同的。一般在认证供应商时，要求供应商提供一定的资源用于支持认证操作，或者一些供应商只做认证项目。总之，在供应商认证合同中，应说明认证容量与订单容量的比例，防止供应商只做批量订单，而不愿意做样件认证。计算采购环境的总体认证容量的方法是把采购环境中所有供应商的认证容量叠加，但对有些供应商的认证容量需要加上适当的系数。

3. 计算承接认证量

供应商的承接认证量等于当前供应商正在履行认证的合同量。一般认为认证容量的计算是一个相当复杂的过程，各种各样的物料项目的认证周期也是不一样的，一般要求计算某一时间段的承接认证量。最恰当、最及时的处理方法是借助电子信息系统，模拟显示供应商已承接的认证量，以便认证计划决策使用。

4. 确定剩余订单容量

将某一物料所有供应商群体的剩余认证容量进行汇总，即可得到该物料的剩余认证容量。其公式为：

$$物料的剩余认证容量 = 物料供应商群体总认证量 - 承接认证量$$

例如，某电视机厂去年生产的某型号电视机销量达到 10 万台，根据市场反应状况，预计今年的销量会比去年增长 30%。为生产 10 万台电视，公司需采购某种零件 40 万件。公司供应此种零件的供应商主要有两家，A 的年产能力是 50 万件，已有 25 万件的订单；B 的年产能力是 40 万件，已有 20 万件的订单。求出认证过程。

第一步：分析认证需求。

今年销售预测：$10 \times (1+30\%) = 13$（万台）。

该种零件的需求量：$13 \div 10 \times 40 = 52$（万件）。

第二步：计算认证容量。

A 与 B 的供应量是：$(50-25) + (40-20) = 45$（万件）。

还需要的供应量是：$52-45 = 7$（万件）。

所以，公司再采购 7 万件才能满足需求。

（四）制订认证计划

1. 对比需求与容量

认证需求与供应商对应认证容量之间一般都会存在差异。如果需求小于容量，则无须进行综合平衡，直接按照认证需求制订认证计划；如果供应商容量小于认证需求量，则需进行认证综合平衡。对于剩余认证需求需要制订采购环境之外的认证计划。

2. 综合平衡

从全局出发，综合考虑市场、消费者需求、认证容量、商品生命周期等因素，判断认证需求的可行性，通过调节认证计划来尽可能地满足认证需求，并计算认证容量不能满足的剩余认证需求。

3. 确定余量认证计划

对于采购环境不能满足的剩余认证需求，应提交采购认证人员分析并提出对策，与之一起确认采购环境之外的供应商认证计划。

4. 制订认证计划

认证物料数量及开始认证时间的确定公式为：

$$认证物料数量 = 开发样件需求数量 + 检验测试需求数量 + 样品数量 + 机动数量$$
$$开始认证时间 = 要求认证结束时间-认证周期-缓冲时间$$

二、订单的环节

(一) 准备物料采购订单计划

1. 预测市场需求

市场需求是启动生产供应程序的原动力，要想制订比较准确的订单计划，首先必须掌握客户订单和市场需求计划。客户订单和市场需求计划的进一步分解，便得到生产需求计划。企业的年度销售计划一般在上一年的年末制订，并报送至各个相关部门，同时下发到销售部门、计划部门、采购部门，以便指导全年的供应链运转，然后再进行目标分解。

2. 确定生产需求

生产需求对采购来说可以称为生产物料需求。生产物料需求的时间是根据生产计划产生的，通常，生产物料需求计划是订单计划的主要来源。采购计划人员需要熟知生产计划及工艺常识，以利于理解生产物料需求。编制物料需求计划的主要步骤包括：决定毛需求，决定净需求，对订单下达日期及订单数量进行计划。

3. 准备订单环境资料

准备订单环境资料是准备订单计划中一个非常重要的内容。订单环境是在订单物料的认证计划完成之后形成的。订单环境的资料主要包括：订单物料的供应商消息、订单比例信息（对多家供应商的物料来说，每一个供应商分摊的下单比例称为订单比例，该比例由认证人员产生并给予维护）、最小包装信息、订单周期。

4. 制订订单计划说明书

制订订单计划说明书也就是准备好订单计划所需要的资料，其主要内容包括物料名称、需求数量、到货日期等，并有市场需求计划、生产需求计划、订单环境资料等。

(二) 评估物料采购订单需求

评估订单需求是采购计划中非常重要的一个环节，只有准确地评估订单需求，才能为计算订单容量提供参考依据，以便制订出好的订单计划。它主要包括以下三个方面的内容。

1. 分析市场需求

制订订单计划需要分析市场要货计划的可信度。因此，必须仔细分析市场签订合同的数量、还没有签订合同的数量（包括没有及时交货的合同）等一系列数据，同时考虑其他因素。对市场需求有一个全面的了解，才能制订出一个满足企业远期发展与近期实际需求的订单计划。

2. 分析生产需求

分析生产需求是评估订单需求要做的工作，要先研究生产需求的产生过程，再分析生产需要量和要货时间。

3. 确定订单需求

根据市场需求和生产需求的分析结果，可以确定订单需求。订单需求的内容是指通过订单操作手段，在未来指定的时间内，将指定数量的合格物料采购入库。

（三）计算订单容量

若不能准确地计算订单容量，就不能制订出准确的订单计划。计算订单容量主要有以下四个方面的内容。

1. 分析供应资料

对于采购工作，在目前的采购环境中，所要采购物料的供应商信息是一项非常重要的资料，如果没有供应商供应物料，那么无论是满足生产需求还是紧急的市场需求，都无从谈起。可见，有供应商的物料供应是满足生产需求和紧急市场需求的必要条件。

2. 计算总体订单容量

总体订单容量是多方面内容的组合，一般包括两方面内容：一是可供给的物料数量；二是可供给物料的交货时间。

例如，供应商金城公司在2019年11月30日之前可供应6万个特种开关（A型3万个，B型3万个），供应商佳华公司在2019年11月30日之前可供应10万个特种开关（A型6万个，B型4万个），那么2019年11月30日之前，A和B两种开关的总体订单容量为16万个，A型开关的总体订单容量为9万个，B型开关的总体订单容量为7万个。

3. 计算承接订单量

商品供应商在指定时间内已经签下的订单量，称为承接订单量。有时，供应商各种物料容量之间进行借用，并且在存在多个供应商的情况下，其计算比较复杂。

仍以上一个例子来说明。若供应商金城公司在11月30日之前承接A型开关0.8万个、B型开关1.5万个，供应商佳华公司在11月30日之前承接A型开关1.3万个、B型开关1.2万个，那么在11月30日之前，A、B型开关的总体承接订单量为4.8万个，其中A型开关2.1万个、B型开关2.7万个。

4. 确定剩余订单容量

某商品所有供应商群体的剩余订单容量的总和，称为该物料的订单容量，其计算公式如下：

物料剩余订单容量 = 物料供应商群体总体订单容量−已承接订单量

如上例，A型开关剩余订单容量=9−2.1=6.9（万个）。

（四）制订订单计划

1. 对比需求与容量

在需求量小于容量的情况下，依据需求制订订单计划；在容量小于需求量的情况下，要求物料平衡，就需要对剩余物料需求制订认证计划。

2. 综合平衡

综合考虑市场、销售、订单容量等因素，分析物料订单需求的可行性，必要时调整订单计划，计算容量不能满足的剩余订单需求。

3. 确定余量认证计划

对于剩余需求，要求提交认证计划的制订者处理，并确认能否按照需求规定的时间及数量交货。为了保证货源及时供应，此时可简化认证程序，由具有丰富经验的认证计划人员操作。

4. 制订订单计划

制订订单计划是采购计划的最后一个环节，也是最重要的环节，主要包括对比需求与容量、综合平衡、确定余量和认证计划。订单计划做好之后就可以按照计划进行采购工作。一份订单包含的内容有下单数量和下单时间两个方面，其计划公式分别如下：

下单数量＝生产需要量–计划入库量–现有库存量＋安全库存量

下单时间＝要求到货时间–认证周期–订单周期–缓冲时间

制订订单计划是开展采购工作的基础，是采购工作及时、有序进行的有利保证，企业应当充分重视。

第三节　采购需求分析

★导入案例

明日制造公司针对某型号产品制订了销售计划，经过总经理批准后交给生产计划部门，生产计划部门依据销售计划制订生产计划。采购部门依据企业销售预测、成品库存要求、物料清单确定该产品的所有零部件的采购需求计划。

（案例来源：道客巴巴）

问题：明日制造公司如何通过销售计划、销售预测、成品库存、物料清单等确定采购需求？

一、需求分析概述

1. 传统企业采购存在的问题

（1）物料采购与物料管理为一体。目前，绝大多数企业行使采购管理的职能部门为供应部（科），也有企业将销售职能与采购职能并在一起，称为供销科。在这种模式下，其管理流程是：需求部门提出采购要求→制订采购计划/订单→询价/报价→下发运通知→检验入库→通知财务付款。

上述是一个完整的采购业务流程，在实际操作中，有些流程，如询价/报价在很多企业中不是每次都进行的。该流程的主要缺点是物料管理、采购管理、供应商管理由一个职能部门来完成，缺乏必要的监督和控制机制。同时，在这种模式下，供应部（科）担负着维系生产用原材料供给的重任，为保证原材料的正常供应，必然会加大采购量，尤其是在原料涨价时，这样容易带来不必要的库存积压和增加大量的应付账款。

（2）业务信息共享程度弱。由于大部分的采购操作和与供应商的谈判是通过电话来完成的，没有必要的文字记录，采购信息和供应商信息基本上由每个业务人员自己掌握，信息没有共享，这样必然会带来一些影响：业务的可追溯性弱，一旦出了问题，难以调查；采购任务的执行优劣在相当程度上取决于个人，人员的岗位变动对业务的影响大。

（3）采购控制通常是事后控制。其实不仅是采购环节，许多企业的大部分业务环节基本上是事后控制，无法在事前进行监控。虽然事后控制也能带来一定的效果，但事前控制能够为企业减少许多不必要的损失，尤其是当一个企业横跨多个区域时，其事前控制的意义将更为明显。现在很多企业都不再使用这种方法，而是改用需求分析方法。

2. 需求分析方法

要进行采购，首先要弄清采购管理机构所代理的全体需求者究竟需要什么、需要多少、什么时候需要，从而明确应当采购什么、采购多少、什么时候采购及怎样采购，进而得到一份确实可靠、科学合理的采购任务清单。这个环节的工作就叫作采购需求分析。需求分析是采购工作的第一步，是制订采购计划的基础和前提。

在极简单的情况下，需求分析是很简单的。例如，在单次、单一品种需求的情况下，需要什么、需要多少、什么时候需要非常明确，不需要进行复杂的需求分析。

在较复杂的采购情况下，需求分析就变得十分必要了。例如，一个汽车制造企业有上万个零部件，有很多的车间、很多的工序，每个车间、每个工序生产这些零部件都需要不同品种、不同数量的原材料、工具、设备、用品，在各个不同时间需求各个不同的品种。这么多的零部件，什么时候需要什么材料，需要多少？哪些品种要单独采购？哪些品种要联合采购？哪些品种先采购？哪些品种后采购？采购多少？对这些问题不进行认真的分析研究，就不可能进行科学的采购工作。

什么是科学的采购？就是在正确的时间采购正确数量的正确品种。为了达到这个目的，需要有合理的和科学的需求分析方法才行。进行采购需求分析有多种方法，如统计分析法、推导分析法等。

二、统计分析法

1. 概念

统计分析法是指运用统计的方法对采购的原始资料进行分析，找出各种物料需求的规律。

2. 原始资料

原始资料包括各单位的采购申请单、销售日报表、领料单和生产计划任务单等。

3. 企业采购的模式

（1）对采购申请单位进行汇总统计。目前，很多企业都采取这样的模式：要求下属各个单位每月提交一份采购申请表，提出每个单位下月的采购品种和数量；然后由采购部门对这些表进行统计汇总，即将相同品种的需求数量相加，得出下月总的采购任务表；再根据此表制订下个月的采购计划。

这种模式简单易行，但也存在一些问题：一是市场响应不灵敏；二是库存负担重，风险大。因为一个月采购一次，必然会使采购批量增大，物资供应时间长，如果市场需求变化很快，有可能采购时是畅销的物资，物资到达时就变成不畅销的物资了。这样既占用了大量物资资金，又增加了经营成本，影响企业的经济效益。

（2）对各个单位销售日报表进行统计。对于流通企业来说，每天的销售就是用户对企业物资的需求，需求速率的大小反映了企业物资消耗的快慢，因此，由每天的销售日报表就可以统计得到企业物资的消耗规律。消耗的物资需要补充，也就需要采购，因此，物资消耗规律也就是物资采购需求的规律。

三、推导分析法

推导分析法是指根据企业生产计划来进行需求分析，求出各种物料的需求计划的过程，它必须要进行严格的推导计算，不能凭空估计，其主要步骤如下。

1. 制订主产品生产计划

主产品生产计划包括数量和时间两个要求，即生产多少和什么时候生产。

2. 零部件的生产计划

零部件主要用来组装产品，但企业生产和采购还有另外一个次要依据，就是社会维修企业对社会上处于使用状态的主产品进行维修、保养所需要的零部件的需求计划。这些零部件的生产或采购也需要企业承担。比如，电视机厂商不仅仅要生产整台的电视机，还要生产维修电视机所需的常用维修零件。

3. 确定主产品的结构文件

这一步要求出装配主产品需要哪些零件、部件、原材料，各需要多少，哪些要自制，哪些要外购，自制或外购需要多长时间（即生产提前期或采购提前期）。这样逐层分解，一直到最底层的原材料层次。

4. 确定库存文件

所谓库存文件，就是主产品及主产品所属所有零部件、原材料的现有库存量清单文件，即主产品零部件库存一览表。

第四节　影响采购计划的因素

★导入案例

明日制造公司目前正在进行一个新的项目，为此，公司的采购部专门成立了一个采购小组负责采购项目中所需要的设备和物资。

新项目是一条生产线，主机采购已经确定下来，但是配套辅助工作机器因供应商报价过高，公司决定自行采购配套。同时，项目中所需要的一批电缆也到了要采购的时间。除了保证新项目顺利进行，采购部还亟待解决一批电脑的采购和办公设备采购问题。

（案例来源：百度文库）

问题： 明日制造公司采购商品前需要考虑哪些问题？

制订采购计划和预算的第一步是确定并分析影响采购计划编制的主要因素。而影响采购计划编制的因素很多，具体有以下几项。

一、采购环境

这里的采购环境主要指广义上较为间接的环境，它包括内部的不可控因素，如企业的声誉、技术水准、人力资源、财务状况、厂房设备、原料和零件供应情况等，以及外界的不可控因素，如国内外经济发展状况、社会环境、政治体制、文化、人口增长、技术发展、法律法规、竞争者状况等，这些因素的变化都会对企业的采购计划和预算产生影响。所以，采购经理要能够意识到采购环境的变化，并能很好地利用这些变化。

二、年度销售计划

除非市场出现供不应求的状况，否则企业的年度经营计划多以销售计划为起点。而销售计划的拟订，又受到销售预测的影响。销售预测的决定因素包括外界的不可控制因素和内部的可控制因素。

三、年度生产计划

一般而言，生产计划源于销售计划。若销售计划过于乐观，将使产量变成存货，造成企业的财务负债；若销售计划过度保守，将使产量不足以供应市场所需，丧失了创造利润的机会。因此，生产计划常常因为销售人员对市场的需求量估算失当，造成生产计划朝令夕改，也使得采购计划与预算常常调整、修正，物料供需长久处于失衡状况。

四、用料清单

企业中，特别是高科技企业，产品工程变更层出不穷，致使用料清单难以作出及时的反应与修订，以致根据产量所计算出来的物料需求数量（或规格）与实际的使用量（或规格）

不相符，造成采购数量过多或不及，物料规格过时或不易购得。因此，采购计划的准确性，必须依赖最新、最准确的用料清单。

五、存量管制卡

由于应该采购数量必须扣除库存数量，因此，存量管制卡记载是否正确将是影响采购计划准确性的因素之一。这包括实际物料与账目是否一致，以及物料存量是否全为优良品。若账目上数量与仓库架台上的数量不符，或存量中并非全数为规格正确的物料，这将使仓储的数量低于实际的可取用数量，采购计划中的应该采购数量将会偏低。

六、物料标准成本

在编定采购预算时，因对将来拟采购物料的价格预测不易，故多以标准成本替代。若此标准成本的设定，缺乏过去的采购资料为依据，也没有工程人员严密精确地计算其原料、人工及制造费用等组合或生产的总成本，则其正确性充满疑问。因此，标准成本与实际购入价格的差额，即是采购预算正确性的评估指标。

七、生产效率

生产效率的高低将使预计的物料需求量与实际的耗用量之间产生误差。产品的生产效率降低，会导致原物料的单位耗用量提高，而使采购计划中的数量不能满足生产所需。过低的产出率也会导致作业经常被修改，从而使零组件的损耗超出正常需用量。所以，当生产效率有降低趋势时，采购计划必须将此额外的耗用率计算进去，才不会发生原物料的短缺现象。

由于影响采购计划的因素很多，故采购计划拟订之后，必须与企业各部门保持经常的联系，并针对现实情况作出必要的调整与修订，才能维持企业的正常运转，并协助财务部门妥善规划资金来源。

第五节 采购预算

★导入案例

某装修公司采购一批花岗石，已知该花岗石出厂价为每平方米 1 000 元，当地供销部门手续费率为 1%，当地造价管理部门规定材料采购及保管的费率为 1%。

（案例来源：学小易平台）

问题： 该花岗石的预算价格为每平方米多少元？

一、预算与采购预算的概念

所谓预算，就是一种用数量来表示的计划，是将企业未来一定时期经营决策的目标通过有关数据系统地反映出来，是经营决策的具体化、数量化。

采购预算是指采购部门在一定计划期间（年度、季度或月度）编制的材料采购的用款计划。采购预算应以付款的金额来编制。

预算的时间范围要与企业的计划期保持一致，绝不能过长或过短。长于计划期的预算没有实际意义，徒然浪费人力、财力和物力，而过短的预算则不能保证计划的顺利执行。

二、预算的作用和类型

（一）作用

预算可以保障战略计划和作业计划的执行，确保组织向同一个方向迈进，具体表现在以下几个方面：

（1）协调组织经营。

（2）在部门之间合理安排有限资源，保证资源分配的效率。

（3）控制支出。预算通过审批和拨款过程及差异分析控制支出。

（4）监视支出。管理者用目前的收入和支出与预算的收入和支持相比较，找出变化最大的地方，无论是有利的还是不利的，可能就是管理者应高度重视的地方，以确定这些差异的原因和应对方法。

（二）预算的种类

预算的种类可以按时间的长短和所涉及的范围进行划分。

1. 根据时间的长短划分

（1）长期预算。长期预算是指时间跨度在一年以上的预算，主要涉及固定资产的投资，是一种规划性质的资本支出预算。长期预算对企业战略计划的执行有着重要意义。

（2）短期预算。短期预算是指在一年内对经营财务等方面所进行的总体规划的数量说明。短期预算是一种执行预算，对作业计划的实现影响重大。

2. 根据预算所涉及的范围划分

（1）全面预算。全面预算又称为总预算，是短期预算的一种，涉及企业的产品或服务的收入、费用、现金收支等各方面的问题。总预算由分预算综合而成，它的特点和具体范围将随着部门和单元特性的不同而有所变化。

（2）分类预算。分类预算种类多种多样，有基于具体活动的过程预算，有各分部门的预算（对于分部门来说，这一预算又是总预算，因此分预算与总预算的划分是相对的、相互关联的）。

（三）采购中涉及的预算

采购部门中主要有四个领域受到预算的控制：原料、MRO 供应、资本预算，以及采购运作预算。

1. 原料

原料预算的主要目的是确定用于生产既定数量的成品或者提供既定水平的服务的原材料的数量和成本。原料预算的时间通常是一年或更短。预算的大小是基于生产或销售的预期水平及来年原材料的估计价格来确定的。这就意味着实际有可能偏离预算，这使得在很多组织中详细的年度原材料预算不是很切合实际。因此，很多组织采用灵活的预算来调整实际的生产和实际的价格。

准备充分的原料预算可以为组织提供以下好处：使得采购部门能够设立采购计划以确保原料需要时能够得到；确定随时备用的原材料和成品部件的最大价值和最小价值；建立一个财产或财政部门确定与评估采购支出的财务需求的基础。

尽管原料预算通常基于估计的价格和计划的时间进度，但原料预算要做好下面的工作：为供应商提供产量计划信息和消耗速度计划信息；为生产和材料补充的速度制订恰当的计划；削减运输成本；提供工作量计划的基础；帮助提前采购。另外，原料预算还可以提前告知供应商一个估计的需求数量和进度，从而改进采购谈判。

2. MRO 供应

MRO（Maintenance、Repair、Operation）即维护、维修、运行，通常是指在实际的生产过程中不直接构成产品，只用于维护、维修、运行设备的物料和服务。MRO 项目的例子有：办公用品、润滑油、机器修理和门卫。MRO 项目的数目可能很大，对每一项都作出预算并不可行。MRO 预算通常由以往的比例来确定，然后根据库存和一般价格水平的预算变化来调整。

3. 资本预算

固定资产的采购通常是支出较大的部分，好的采购活动和谈判能为组织节省很多成本。通过研究可能的来源及与关键供应商建立密切的关系，可以建立既能对需求作出积极响应又能刚好满足所需花费的预算。固定资产采购的评估不仅要根据初始成本，还要根据维护、能源消耗及备用部件等的生命周期总成本。由于这些支出的长期性质，通常用净现值算法进行预算和作出决策。

4. 采购运作预算

采购职能的运作预算包括采购职能业务中发生的所有费用。通常，这项预算是根据预期的业务和行政的工作量来制定的。这些费用包括工资、供热费、电费、电话费、邮政费、办公设施费用、办公用品费用、技术费用、差旅与娱乐费用、教育费用及商业出版物的费用。

三、预算的分类和编制

（一）预算的分类

按业务量基础的数量特征不同，预算可分为固定预算、弹性预算。

按出发点特征不同，预算可分为增量预算、零基预算。

按预算期时间特征不同，预算可分为定期预算、滚动预算。

1. 固定预算与弹性预算

（1）固定预算（静态预算）。它是根据未来固定不变的业务量水平，即不考虑预算期内生产活动可能发生的变动而编制的一种预算。适用于业务量较为稳定的企业及非营利性组织。缺点是过于机械、呆板，可比性差。

（2）弹性预算（变动预算、滑动预算）。弹性预算通常随着销售量的变化而变化，主要用于费用预算。其基本思路是按固定费用（在一定范围内不随产量变化的费用）和变动费用（随产量变化的费用）分别编制固定预算和可变预算，以确保预算的灵活性。变动费用主要根据单位成本来控制，固定费用可按数额进行控制。正是由于这种预算可以随着业务量的变化而反映该业务量水平下的支出控制数，具有一定的伸缩性，因而称为弹性预算。

这种方法适用于各项随业务量变化而变化的项目支出，如学校的货物采购项目。由于学校的招生规模变化很大，因而可以根据预算年度计划招生人数、在校学生人数测算应添置的课桌凳、床的数量，以及教学楼防护维修或其他采购项目。

弹性预算的优点在于：一方面能够适应不同经营活动情况的变化，扩大了预算的范围，更好地发挥预算的控制作用，避免了在实际情况发生变化时，对预算做频繁的修改；另一方面能够使预算对实际执行情况的评价与考核建立在更加客观可比的基础上。其缺点在于：运用多水平法（列表法）编制的弹性预算在评价和考核实际成本时，往往需要使用插补法来计算实际业务量的预算成本，比较麻烦。

2. 增量预算与零基预算

（1）增量预算。增量预算是指以基期成本费用水平为出发点，结合预算期业务量水平及有关降低成本的措施，调整有关费用项目而编制预算的方法。它的三项假设是：现有业务活动是必需的，原有开支是合理的，增加的费用是值得的。其缺点是：保护落后；平均主义，简单化；不利于未来发展。

（2）零基预算。零基预算是指在编制预算时，对所有的预算支出均以零为基础，从实际需要与可能出发，逐项审议各种费用开支的必要性、合理性及开支数额的大小，从而确定预算成本的一种方法。

零基预算编制有以下五个步骤：

第一步，划分和确定基层预算单位。企业里各基层业务单位通常被视为能独立编制预算的基层单位。所谓的预算单位，并不等同于日常生活意义上的单位，它指的是需要钱的地方、部门、项目、活动等。预算单位到底如何确定，零基预算的设计者并没有作出硬性规定，关键是看在哪一层次上编制预算。预算单位确定后，接下来是制定一系列决策。

第二步，编制本单位的费用预算方案。由企业提出总体目标，然后各基层预算单位根据企业的总目标和自身的责任目标，编制本单位为实现上述目标的费用预算方案。在方案中必须详细说明提出项目的目的、性质、作用，以及需要开支的费用数额。

第三步，进行成本—效益分析。基层预算单位按下达的预算年度业务活动计划，确认预算期内需要进行的业务项目及其费用开支，管理层对每一个项目的所需费用和所得收益进行比较分析，权衡轻重，区分层次，划出等级，列出先后。基层预算单位的业务项目一般分为三个层次：第一层次是必要项目，即非进行不可的项目；第二层次是需要项目，即有助于提高质量、效益的项目；第三层次是改善工作条件的项目。进行成本效益分析的目的在于判断基层预算单位各个项目费用开支的合理程度、先后顺序，以及对本单位业务活动的影响。

第四步，审核分配资金。根据预算项目的层次、等级和次序，按照预算期可动用的资金及其来源，依据项目的轻重缓急分配资金，落实预算。

第五步，编制并执行预算。资金分配方案确定后，就制定零基预算正式稿，经批准后下达执行。执行中遇有偏离预算的地方要及时纠正，遇有特殊情况要及时修正，遇有预算本身问题要找出原因，总结经验加以提高。

零基预算的优点主要表现在以下四个方面：

第一，有利于提高员工的"投入—产出"意识。零基预算是以"零"为起点观察和分析所有业务活动，并且不考虑过去的支出水平。因此，需要动员企业的全体员工参与预算编制，使得不合理的因素不能继续保留下去，从投入开始减少浪费，通过成本—效益分析，提高产出水平，从而能使员工的"投入—产出"意识增强。

第二，有利于合理分配资金。每项业务经过成本—效益分析，对每个业务项目是否应该存在、支出金额多少都要进行分析，精打细算，量力而行，使有限的资金流向富有成效的项目，使所分配的资金更加合理。

第三，有利于发挥基层单位参与预算编制的创造性。编制零基预算，企业内部情况易于沟通和协调，企业整体目标更趋明确，多业务项目的轻重缓急容易形成共识，有助于调动基层单位参与预算编制的主动性、积极性和创造性。

第四，有利于提高预算管理水平。零基预算极大地增加了预算的透明度，预算支出中的人员经费和专项经费一目了然，各级互相推责的现象可能缓解，预算会更加切合实际，会更好地起到控制作用，整个预算的编制和执行也能逐步规范，预算管理水平会得以提高。

尽管零基预算法和传统的预算方法相比有许多好的创新，但在实际运用中仍存在一些问题。零基预算的缺点主要体现在以下三个方面：

第一，由于一切工作从"零"做起，因此采用零基预算法编制预算的工作量大、费用相对较高。

第二，在分层、排序和资金分配时，可能会受到主观影响，容易引起部门之间的矛盾。

第三，任何单位工作项目的轻重缓急都是相对的，过分强调项目，可能使有关人员只注重短期利益，忽视本单位作为一个整体的长远利益。

3. 定期预算与滚动预算

（1）定期预算（阶段性预算）。定期预算是指在编制预算时以不变的会计期间（如日历年度）作为预算期的一种编制预算的方法。

定期预算的唯一优点是能够使预算期间与会计年度相配合，便于考核和评价预算的执行结果。它的缺点比较明显，主要体现在盲目性、滞后性和间断性上。

第一，盲目性。由于定期预算往往是在年初甚至提前两三个月编制的，对于整个预算年度的生产经营活动很难做出准确的预算，尤其是后期的预算只能进行笼统的估算。数据笼统含糊，缺乏远期指导性，给预算的执行带来很多困难，不利于对生产经营活动的考核与评价。

第二，滞后性。由于定期预算不能根据情况的变化及时调整，当预算中所规划的各种活动在预算期内发生重大变化时（如预算期临时中途转产），就会造成预算滞后，使之成为虚假预算。

第三，间断性。受预算期间的限制，经营管理者的决策视野局限于本期规划的经营活动，通常不考虑下期。例如，一些企业提前完成本期预算后，以为可以松一口气，其他事等来年再说，形成人为的预算间断。因此，按定期预算方法编制的预算不能适应连续不断的经营过程，不利于企业的长远发展。

为了克服定期预算的缺点，在实践中可采用滚动预算的方法编制预算。

（2）滚动预算（连续预算、永续预算）。滚动预算是指在编制预算时，将预算期与会计年度脱离开，随着预算的执行不断延伸补充预算，逐步向后滚动，使预算期始终保持为一个固定期间的一种预算编制方法。按照滚动的时间单位不同，可以分为逐月滚动、逐季滚动和混合滚动。

滚动预算适用于规模较大、时间较长的工程类或大型设备采购项目，其优点主要表现在以下几个方面：

第一，能保持预算的完整性、继续性，从动态预算中把握企业的未来。

第二，能使各级管理人员始终保持对未来一定时期的生产经营活动进行周详的考虑和全盘规划，保证企业的各项工作有条不紊地进行。

第三，由于预算能随时间的推进不断调整和修订，能使预算与实际情况更相适应，有利于充分发挥预算的指导和控制作用。采用滚动预算的方法，预算编制工作比较繁重。为了适当简化预算的编制工作，也可采用按季度滚动编制预算。

第四，有利于管理人员对预算资料作经常性的分析研究，并根据当前的执行情况及时加以修订，保证企业的经营管理工作稳定而有秩序地进行。

滚动预算的缺点包括：①预算期较长，难于预测未来预算期的某些活动，从而给预算的执行带来种种困难；②事先预见到的某些活动，在预算执行过程中往往会有所变动，而原有预算却未能及时调整，从而使原有预算与实际情况不相适应；③由于受预算期的限制，管理人员的决策视野局限于剩余的预算期间的活动，缺乏长远的打算，不利于企业长期、稳定、有序地发展。

（二）采购预算的编制步骤

采购预算的编制同其他类型预算的编制过程一样，也包含以下几个步骤：

（1）审查企业及部门的战略目标。预算的最终目的是保证企业目标的实现，企业在编制部门预算前首先要审视本部门和企业的目标，以确保它们之间相互协调。

（2）制订明确的工作计划。管理者必须了解本部门的业务活动，明确它的特性和范围，制订出详细的计划，从而确定本部门实施这些活动所带来的产出。

（3）确定所需要的资源。有了详细的工作计划表，管理者可以对支出作出切合实际的估计，从而确定为实现目标所需要的人力、物力和财力资源。

（4）提出准确的预算数字。管理者提出数字且应当保证其准确性。可以通过以往的经验作出准确判断，也可以借助数学工具和统计资料通过科学分析提出准确数字。

（5）汇总。最初的预算总是来自每个分单元，而后层层提交、汇总，最后形成总预算。

（6）提交预算。采购预算通常是由采购部门会同其他部门共同编制的，编制后要提交企业财务部门及相关管理部门，为企业资金筹集和管理决策提供支持。

本章练习题

一、选择题

1. （　　）规定企业在计划期内（年度）销售产品的品种、数量、质量和交货期，以及销售收入、销售利润等。

A. 销售计划　　　B. 生产计划　　　C. 经营计划　　　D. 工作计划

2. 采购计划编制主要包括两部分内容：采购认证计划的制订和（　　）。

A. 采购数量计划的制订　　　　　　B. 采购订单计划的制订

C. 采购商务计划的制定　　　　　　D. 采购质量计划的制订

3. （　　）就是一种用数量来表示的计划，是将企业未来一定时期内经营决策的目标通过有关数据系统地反映出来，是经营决策具体化、数量化的表现。

A. 计划　　　　　B. 方案　　　　　C. 预算　　　　　D. 战略

4. 总预算根据其内容的不同可以分为财务预算、决策预算和（　　）三类。

A. 物流预算　　　B. 物料预算　　　C. 采购预算　　　D. 业务预算

二、简答题

1. 采购预算的编制步骤有哪些？
2. 编制采购预算的注意事项有哪些？
3. 编制采购计划的基础资料有哪些？
4. 编制预算的原则是什么？

案例讨论

某手机制造厂去年某款手机的销量为 20 万部，并根据市场反应，今年比上年增长 30%，拟于五一节上市。为生产 20 万部手机，需购某零件 60 万件，若原零部件供应商难以达到要求的供应量，问如何制订该零件认证计划？

相关资料：供应商主要有两家，A 提供 70%，B 提供 30%，A 年生产能力为 100 万件，已有其他 40 万件订单；B 年生产能力为 50 万件，已有其他 24 万件订单。

依据经验，新供应商认证测试数量为样品数量的 0.1%，样品数量和机动数量均为 0.05%。认证周期为 15 天，缓冲时间为 15 天，采购生产周期为 30 天。

案例解析：

1. 分析需求量和增量

需求量 = 20×(1+30%)×(60÷20) = 78（万件）。

增量 = 78−60 = 18（万件）。

2. 根据需求量分别计算 A、B 供应商的供应量和可供生产能力

A 供应量 = 78×70% = 54.6（万件）。

B 供应量 = 78×30% = 23.4（万件）。

可供生产能力 = (100−40)+(50−24) = 86（万件）。

3. 制订认证计划

物料数量 = 开发样件需求数量+检验测试需求数量+样品数量+机动数量

= 10+10×0.1%+10×0.05%+10×0.05% = 10.02（万件）

时间 = 15+15+30 = 60（天），提前 60 天开始认证。

（案例来源：百度文库）

实训设计

采购计划与预算编制

【实训目的】

1. 了解采购计划的编制过程和方法。

2. 了解采购预算的编制过程和方法。

3. 认识采购计划和预算的编制对整个采购流程的重要意义。

【实训组织】

以实地调查为主，同时通过互联网、现场走访查找资料，分析采购计划与采购预算编制的过程。学生以小组为单位进入物流企业调研物流设备使用情况，到采购部门获取一些采购计划与预算编制的实例，并由教师组织对各个实例进行分析。

【实训要求】

1. 各小组成员先到物流公司进行调研，查看现在的物流公司运用物流设施设备的情况，

结合自己的目标，写出创办物流公司的策划书，包括公司业务规模、业务范围、机构人员设置等内容。

2. 结合物流公司的策划方案，列出需要采购的物流设备。

3. 到采购部门获取采购计划与预算编制的实例，了解编制采购计划与预算的方法与流程。

【实训考核】

1. 每小组分工协作，写出采购计划与预算表，并制作成PPT，向大家展示实训成果。

2. 本次实训成绩由个人表现、团队表现、实训成果各项成绩汇总而成。

第四章

采购价格和成本管理

1. 了解一般的定价方法。
2. 熟悉影响供应价格（采购价格）的主要因素。
3. 掌握采购成本的构成。
4. 了解一般的采购成本分析方法。
5. 掌握降低采购成本的途径。

第一节　采购价格的确定

确定最优的采购价格是采购管理的一项重要工作，采购价格的高低直接关系到企业最终产品或服务价格的高低。因此，在确保其他条件满足的情况下，力争最低的采购价格是采购人员最重要的工作。

★导入案例

国际采购商的定价策略

在 16 个国家有超过 2 900 家零售商店的 Kingfisher，是欧洲最主要的零售集团之一。该公司主要销售两种产品：家具装潢类和电器。翠丰亚洲有限公司是 Kingfisher 在亚洲的办事处，总部设在中国香港。他们采购的主要产品有：家庭用品（如家具、建材、电动工具、灯具）和电器类产品（如音响设备、DVD 等）。

翠丰亚洲有限公司在上海设立了代表处，主要负责在内地的采购业务。代表处有 20 多位员工，采购地点主要集中在华东、华中和华北地区。他们有关采购定价策略的具体做法如下。

一、与供应商合作的重要因素

在决定是否同一个供应商合作时，需要综合考虑其他同样重要的因素。一个可靠的供应商必须满足产品质量优良、价格有竞争力，并且交货期准时的条件。所以，买家在做决定时，会平衡价格和其他因素。一般大型采购商都有一套严格的评估供应商体系，其中重要的一个要求是关于社会责任的。在决定是否同一家供应商合作前，Kingfisher会实地考察该工厂的生产条件、工人的生活条件，以及是否雇用非法劳工和童工、生产过程是否会对环境造成污染等。

二、产品定价的方法

Kingfisher决定采购某种产品时，会对采购价格做一些调查。俗话说"货比三家"，Kingfisher会比较3~4家供应商的报价，同时权衡这些报价以外的其他因素，并不是谁报价低谁就能获得订单。

在与供应商接洽之前，先确定一个目标零售价。比如，Kingfisher准备销售中国制造的某种产品，他们会调查出市场上其他商家的零售价格，据此确定一个有意义的促销价，如某种产品正常的市场价格可能是22元，但降低一点利润率，Kingfisher可确定19.9元的零售价。然后按照这个目标零售价减去预期利润、海运费、陆运费、分销中心的成本、进口关税等就得出一个FOB价格（Free on Board，离岸价），最后拿着这个价格去寻找合适的供应商。

三、影响采购价格的因素

作为大型零售商的供应商，应该对零售业的营销管理有一些了解，这种了解可以让双方更好地理解和满足彼此的需求。零售商经常会通过印发一些广告目录册的方式来进行促销和推广，Kingfisher也不例外，它的这种广告册印数高达数百万份，对出现在上面的商品的销售会有很大的促进作用。这对供应商来说意味着更多的订单，所以，如果供应商能承担一些这种促销成本，那么采购价格就会比平常低一些。这是一种互利的合作方式，对双方都有好处。

（案例来源：知网，引文经整理、改编）

问题：Kingfisher采用了哪些定价策略？

一、采购价格的概念

所谓采购价格，是指采购方对外采购产品所支付的成本。影响采购价格的因素主要有成本结构和市场结构两个方面。成本结构是影响采购价格的内在因素，受生产要素的影响，如原材料价格、劳动力价格、产品技术要求、产品质量要求、生产技术水平等；而市场结构是影响采购价格的外在因素，包括经济、社会政治及技术发展水平等，具体有宏观经济条件、供应市场的竞争情况、技术发展水平及法规制约等。市场结构对采购价格的影响直接表现为供求关系。市场结构会强烈影响成本结构，反过来，供应商自己的成本结构往往也会对市场结构产生影响。

二、采购价格的种类

依据不同的交易条件，采购价格可分为送达价（到厂价）、出厂价、现金价、期票价、净价、毛价、现货价、合约价、定价、实价等。

（1）送达价。送达价指在供应商的报价中，负责将商品送达时，期间所发生的由供应商承担的各项费用。如国际贸易中，到岸价加上运费（包括在出口厂商所在地至港口的运费）和货物抵达买方之前的一切运输保险费，以及其他进口关税、银行费用、利息、报关费等。这种送达价通常由国内的代理商以人民币报价方式（形同国内采购），向国外原厂进口货品后售与买方，一切进口手续皆由代理商办理。

（2）出厂价。出厂价指供应商的报价，但不包括运送责任。这种情形通常出现在销售商拥有运输工具或供应商加计的运费偏高时，或当市场为卖方市场时，供应商不再提供免费的运送服务。

（3）现金价。现金价指以现金或相等的方式支付货款，但是"一手交钱，一手交货"的方式并不多见。按零售行业的习惯，月初送货，月中付款或月底送货，下月中付款，都可视同现金交易，并不加计延迟付款的利息。现金价可使供应商免除交易风险，企业亦享受现金折扣。例如，在美国零售业的交易条件若为"2/10，N/30"，即表示 10 天内付款可享受 2% 的折扣，否则 30 天内必须全额付款。

（4）期票价。期票价指企业以期票或延期付款的方式来采购商品。通常，企业在售价中会加计迟延付款期间的利息。如果卖方希望取得现金周转，会使加计的利息高于银行现行利率，以使供应商舍期票价取现金价。另外，从现金价加计利息变成期票价，用贴现的方式计算价格。

（5）净价。净价指供应商在实际收到货款时，不再支付任何交易过程中的费用。这点在供应商的报价单条款中通常会写明。

（6）毛价。毛价指供应商的报价可以因为某些因素加以折让。例如，供应商会因为企业采购金额较大，而给予企业某一百分率的折扣。如采购空调设备时，商家的报价已包含货物税，只要买方能提供工业用途的证明，即可减免增值税 50%。

（7）现货价。现货价指每次交易时由供需双方重新议定的价格。若有签订买卖合约，现货价在完成交易后即告终止。在企业众多的采购项目中，采用现货交易的方式最频繁。买卖双方按交易当时的行情进行，不必承担预约后价格可能发生的巨幅波动的风险或困扰。

（8）合约价。合约价指买卖双方按照事先议定的价格进行交易，涵盖的期间依契约而定，短则几个月，长则一两年。由于价格议定在先，经常造成与时价或现货价的差异，使买卖时发生利害冲突。因此，合约价必须有客观的计价方式或定期修订，才能维持公平、长久的买卖关系。

（9）定价。定价指物品标示的价格。

（10）实价。实价指企业实际支付的价格。特别是供应商为了达到促销的目的，经常提供各种优惠的条件给买方，如数量折扣、免息延期付款、免费运送等，这些优惠都会使企业的采购价格降低。

二、采购价格分析

（一）采购价格影响因素

具体来说，影响采购价格的因素主要有以下几个方面：

（1）供应商成本的高低。这是影响采购价格最根本、最直接的因素。供应商进行生产，目的是获得一定利润，否则生产无法继续。因此，采购价格一般在供应商成本之上，两者之差即为供应商的利润。供应商的成本是采购价格的底线。

（2）规格与品质。采购企业对采购品的规格要求越复杂，采购价格就越高。

（3）采购数量。如果采购数量大，采购企业就会享受供应商的数量折扣，从而降低采购的价格。因此，大批量、集中采购是降低采购价格的有效途径。

（4）交货条件。交货条件也是影响采购价格非常重要的因素。交货条件主要包括运输方式、交货期的缓急等。

（5）付款条件。在付款条件上，供应商一般都规定有现金折扣、期限折扣，以刺激采购方提前用现金付款。

（6）采购物品的供需关系。当企业所采购的物品供不应求时，供应商就处于主动地位，可以适当调高价格；当企业所采购的商品供过于求时，采购企业处于主动地位，可以获得最优的价格。

（7）生产季节与采购时节。当企业处于生产的旺季时，对原材料需求紧急，不得不承受较高的采购价格。避免这种情况最好的办法是提前做好生产计划，并根据生产计划制订出相应的采购计划，为生产旺季的到来提前做好准备。

（8）供应市场中竞争对手的数量。供应商通常会通过参考竞争对手的价位来确定自己的价格，除非它处于垄断地位。

（9）客户与供应商的关系。与供应商关系好的客户通常都能拿到好的价格。

有些产品的采购价格几乎全部取决于成本结构（如塑胶件），而有些产品的价格则几乎全部依赖于市场（如短期内的铜等原材料）。对于后一类产品，供应商处于完全竞争的市场，对产品价格的影响无能为力。当然，不少产品的采购价格既受市场结构影响，同时也受供应商通过成本结构来进行的控制。表 4-1 给出了不同种类产品的采购价格影响因素构成。

表4-1　不同种类产品的采购价格影响因素构成

产品类别	成本结构为主	侧重于成本结构	50%成本结构，50%市场结构	侧重于市场结构	市场结构为主
原材料				√	√
工业半成品			√	√	
标准零部件		√	√	√	
非标零部件	√	√	√		
成品	√	√	√		
服务	√	√	√	√	√

（二）价格折扣

折扣是工业企业产品销售常用的一种促销方式。了解折扣有助于采购商在谈判过程中降低采购价格。折扣概括起来大体有以下几种形式：

（1）付款折扣。现金付款比月结付款的采购价格通常要低，现金付款比其他货币付款具有价格优势。

（2）数量折扣。数量小的订单，其单位成本较高，因为小数量订单所需的订单处理、生产准备等时间与大数量订单并无太大区别。此外，有些行业生产本身具有最小批量要求。以印刷为例，每当印刷品的数量增加一倍，其单位产品的印刷成本可降低多达50%。

（3）地理折扣。跨国生产的供应商在销售时实行不同地区不同价格的地区差价，对地理位置有利的客户给予折扣优惠。此外，如果供应商的生产场地或销售点接近顾客，往往可以因交货运输费用低等原因获得较优惠的价格。

（4）季节折扣。许多消费品（包括工业消费品）都具有季节性，相应的原材料和零部件的供应价格也随着季节的变化而上下波动。在消费淡季时将订单下给供应商往往能拿到较低的价格。

（5）推广折扣。许多供应商为了推销产品、刺激消费、扩大市场份额或推广新产品、降低市场进入障碍，往往会采取各种推广手段，如在一定时期内降价促销。有策略地利用推广折扣是降低采购成本的一种手段。

三、采购价格的确定

（一）采购价格调查

在大型企业里，原材料可能多达上万种，由于采购物资种类繁多、规范复杂，有关采购价格资料的搜集、调查、登记、分析十分困难。采购材料规格有差异，价格就可能相差悬殊，而且世界各地商业环境变化莫测，要做好国际商业环境调查也是不易的。

1. 调查的主要范围

企业要做好采购价格调查，就要了解帕累托定理所说的"关键的少数"，就是通常数量上仅占10%的原材料，而其价值却占总价值的70%～80%，假如企业能掌握住80%左右价值的"关键的少数"，就可以达到控制采购成本的真正目的，这就是重点管理法。

结合一些企业的实际操作经验，可以把下列六大项目列为主要的采购调查范围：①主要原材料的20～30种；②属于大量采购项目的常用材料、器材；③一旦供应脱节，可能导致生产中断的和性能比较特殊的材料、器材（包括主要零配件）；④突发事件需紧急采购的；⑤波动性物资、器材；⑥计划外资本支出、设备器材的采购，数量巨大、对经济效益影响深远的。

上面所列六大项目，虽然种类不多，但所占数值的比例很大，会对经济效益产生较大影响。其中①②⑤这三项，应将其每日行情的变动记入记录卡，并于每周或每月做一个周期性的行情变动趋势分析。由于项目不多，而其金额又占全部采购成本的一半以上，因此必须做详细的调查记录。至于③④⑥这三项，则属于特殊性或例外性采购范围，价格差距极大，也应列为专业调查的重点。

在一个企业中，为了方便地了解占总采购价值80%的"关键的少数"的原材料价格变动行情，应当随时记录。久而久之，对于相关的项目，它的主要原料一旦涨价，企业就可以预测到成品价格的上涨情况。

2. 信息的搜集方式

根据统计，采购人员约有27%的时间会从事信息搜集工作，足见采购信息的重要性。信息的搜集方式可分为上游法、下游法和水平法。

（1）上游法，即了解拟采购的产品是由哪些零部件或材料组成的，换言之，就是查询制造成本及产量资料。

（2）下游法，即了解采购的产品用在哪些地方，换言之，就是查询需求量及售价资料。

（3）水平法，即了解采购的产品有哪些类似产品，换言之，就是查询替代品或新供应商的资料。

3. 信息的搜集渠道

常用的信息搜集渠道有：杂志、报纸等媒体；信息网络或产业调查服务业；供应商、顾客及同业；参观展览会或参加研讨会；加入协会或公会。由于最近几年对国外采购信息的需要越来越迫切，除依赖常用渠道和公司派人亲赴国外搜集外，亦可利用外贸协会信息处资料搜集组的书刊（名录、电话簿、统计资料、调查报告等）、期刊、非书资料（录音带、录像带、磁盘、统计微缩片等）及其他小册子、宣传品、新书通告、DM单等。

由于范围广阔、来源复杂，加之市场环境变化迅速，因此必须筛选正确有用的信息以供决策。

4. 调查所得资料的处理方式

企业可将采购市场调查所得到的资料加以整理、分析，在此基础上提出报告及建议，即根据调查结果，编制材料调查报告及商业环境分析报告，对本企业提出有关改进建议（如提供采购方针的参考，以求降低成本，增加利润），并根据调查结果，研究更好的采购方法。

（二）采购价格确定方式

1. 询价采购方式

所谓询价采购，即采购方根据需采购物品向供应商发出询价或征购函，请其正式报价的一种采购方法。通常，供应商寄发报价单，内容包括交易条件及报价有效期等，有时自动提出信用调查对象，必要时另寄样品及说明书。报价经采购方完全同意接受后，买卖契约才算成立。

2. 招标确定价格

招标是采购方确定价格的重要方式，其优点在于公平合理。因此，大批量的采购一般采用招标的方式。但采用招标的方式受两个条件的限制：①所采购的商品的规格要求必须能表述清楚、明确，易于理解；②必须有两个以上的供应商参加投标。这是采用招标方式的基本条件。

3. 谈判确定价格

谈判是确定价格的常用方式，也是最复杂、成本最高的方式。谈判方式适合于各种类型的采购。

第二节　采购成本的分析

运用科学的采购方法，可以大大地降低企业的生产成本，给企业带来很高的经济效益和利润。采购成本的下降不仅直接体现在产品成本的下降、利润的增加上，而且体现在企业现金流出的减少上，以及企业竞争力的增强上。运用科学的采购理论方法进行采购分析，还可以提高决策的科学性、准确性。

★导入案例

某公司的采购成本分析及改进

某生产婴儿食品的大型公司过去每年花在采购方面的开支接近 8 亿美元。由于处在一个高利润的行业，因此该公司对采购成本的管理并不当回事，而且这种详细的审查在一个蒸蒸日上的经济环境中显得也没什么必要。然而，当经济开始回调、市场增长减慢时，该公司终于意识到，它现在不得不花更大的力气以保住利润。由于过去几年的采购过程未经严格的管理，因此现在看来，采购方面无疑是挖潜的首要方向了。

该公司首先从保养、维修及运营成本入手，很快作出决定：请专家制定一套电子采购策略。这一做法有助于通过集中购买及消除大量的企业一般行政管理费用来达到节省开支的目的。然而在最后的分析中，节省的效果却并未达到该公司的预期。

为了寻求更佳的节省效果，该公司开始转向其主要商品，如原料、纸盒、罐头及标签。公司分析了可能影响到采购成本的所有因素，包括市场预测、运输、产品规格的地区差异、谈判技巧及与供应商的关系等。通过深入的调查，一些问题开始浮出水面。结果显示，在材料设计、公司使用的供应商数量和类型、谈判技巧及运输方面均存在着相当明显的缺陷。

（1）公司采购谈判的效率极低。谈判人员对是否该争取有利的谈判地位并不关心，而且公司对供应商所处行业的经济状况或成本结构的研究也几乎是空白的。因此，采购经理极少对现状质疑。采购经理通常习惯于在一个垂直一体化的卖家手中购买各种原料，而不是去寻找每种原料最佳的供应商。

（2）公司几乎从不将自己的采购成本与竞争对手的采购成本进行比较。

（3）公司缺乏将营销及购买部门制度化地集合在一起的机制。这也就意味着，公司没有对市场营销所需要的材料的成本和收益进行评估的系统。

（4）公司节省成本的机制不灵活。即使当采购经理发现了节省成本的机会（可能需要改变机器规格或操作流程），他们也很难让整个企业切实地实施自己的想法。任何一次对系统的调整所耗去的时间都会比实际需要的时间长得多。

当意识到未能进行采购成本管理而造成的诸多损失时，公司开始对这个问题进行全面的处理。

第一步，设定了商品的优先次序，随后进行了一系列成本收益的统计，并运用6个西格玛指标对竞争对手的情况进行了比较。例如，按照营销部门对包装材料的规格要求，公司在制作包装盒时使用的纸材比竞争对手的纸材更厚而且昂贵得多。这样的规格要求其实并无道理，因为高质量的纸材并不会给公司带来任何额外的好处。公司还发现，在给铁罐上色的过程中，整个流程需要四道工序，而事实上一道工序就足够了，这样的话自然也会减少很多开支。除此以外，公司在低价值品牌的产品包装上使用了两张标签（前后各一张），事实上只用一张也已足够。最后，由于公司下属的品牌及规格品种繁多，并且考虑到地区性推广的时间问题及不同地区所采用的不同标签内容，公司所印制的标签的流通周期显得较短。比较而言，延长印刷标签的周期会给公司节省很多钱。事实上，公司高达80%的标签是用作短期运作的，而主要竞争对手80%的标签却是用作长期运作的。

第二步，建立了一套积极的谈判方式。这需要对现有及潜在供应商的成本及生产能力进行详细的评估，包括对供应商成本结构的分析。尽管大多数的经理认为他们在谈判桌上已经足够强硬，但是几乎没有人真正在谈判中保持了应有的一丝不苟的态度。结果，过去的商务谈判通常显得过于轻松惬意。为了克服这种思想上的松懈，采购经理在进行谈判前应做好准备，充分做好供应商成本的相互比较，并对供应商的成本结构做深入分析，对于大多数商品而言，70%的成本是由产品特质决定的，30%才是由供应商的竞争力决定的。

例如，公司发现在购买一种主要原料时，其供应商的要价是最高的。在对供应商的成本结构进行分析后，公司发现供应商是在其自身相对较高的成本基础上给产品定价的，对于该供应商而言，这一定价确实已是不能再低了。于是，公司对其他供应商的成本结构也进行了研究。研究中除了涉及一些普通的要素，还将诸如农场位置、精炼设施、电力和劳动力成本及企业规模等因素考虑在内。研究结果显示，有一些企业的成本结构使他们能够以较低的价格出售产品，从而占据有利的市场地位。

公司同样对它的一家"一站式"供应商进行了研究，这家供应商不仅供应纸盒，而且还生产纸盒用的纸材并承揽纸盒印刷业务。经过对其他纸业及印刷业厂家成本的研究，公司发现，其实它能够以低得多的价格买到纸材并进行印刷。当公司在谈判中指出这一点时，供应商不得不降低产品价格，否则它就将失去该公司的生意。事实证明，解剖纵向供应链以研究分散的成本是一种有价值的谈判手段。

这些工作的结果使公司原料成本节省了12%，节省下来的这些钱被平分至产品规格的改进及谈判技巧的完善工作上。此外，为了控制流失的采购成本，公司需要一个整体采购战略，这一战略将包括优化的规格及强硬的供应商谈判。

（案例来源：豆丁网）

问题：该公司的采购成本是如何降低的？

一、采购成本的构成

采购成本是指企业经营中因采购物料而发生的费用，也就是在采购物料过程中的购买、包装、装卸、运输、存储等环节所支出的人力、物力、财力的总和。

采购成本主要包括以下几个方面的内容：从事采购的工作人员的工资、资金及各种补贴；采购过程中的各种物质损耗，如包装材料、电力的消耗、固定资产的磨损等；材料在运输、保管等过程中的合理损耗；再分配项目支出，如支付银行贷款的利息等；采购管理过程中发生的其他费用，如办公费用、差旅费等。根据成本分析的方法，可以将以上各项归纳为三种成本：材料成本、采购管理成本、存储成本。采购成本的计算公式为：

采购成本＝材料成本＋采购管理成本＋存储成本

1. 材料成本

材料成本也就是材料的价格成本。它的计算公式为：

材料的价格成本＝单价×数量＋运输费＋相关手续费、税金等

在材料的价格成本中，材料的买价是最重要也是所占比重最大的。可以说，物资采购控制的核心是采购价格的控制，降低采购成本的关键也是控制采购价格。

2. 采购管理成本

采购管理成本是组织采购过程中发生的费用。其计算公式为：

采购管理成本＝人力成本＋办公费用＋差旅费用＋信息传递费用

要降低采购成本，关键是要加强对采购人员的管理，具体来说就是要招聘在才能和品德方面都优秀的高素质采购人员。

3. 存储成本

存储成本是物资在存储过程中发生的费用，一般与库存量成正比关系，其计算公式为：

存储成本＝贷款利息＋仓储保管费用＋存货损坏费用＋其他费用

在存储成本中，仓库保管费用占了很大的比例。要对其进行控制，可采用存货管理的

ABC 分类法，即将货物分为 A、B、C 三类，通过合理安排企业的人、财、物，达到节约、降低存储成本的目的。

二、质量成本

质量成本是采购人员审核供应商成本结构、降低采购成本所应看到的一个方面。目前，质量成本尚无统一的定义，其基本含义是指工业企业针对某项产品或者某类产品，因产品质量、服务质量或工作质量不符合要求而导致的成本增加，其实质意义是不合格成本，主要包括退货成本、返工成本、停机成本、维修服务成本、延误成本、仓储报废成本等。

三、整体采购成本

在采购过程中，原材料或零部件的采购价格固然是很重要的财务指标，但作为采购人员，不只要看到采购价格本身，还要将采购价格与交货、运输、包装、服务、付款等相关因素结合起来考虑，衡量采购的实际成本。在实际中，采购价格与采购成本常常有很大的差距。

整体采购成本又称为战略采购成本，是除采购成本之外考虑到原材料或零部件在本企业产品的全部生命周期所发生的成本，它包括采购在市场调研、自制或采购决策、产品预开发与开发中供应商的参与、交货、库存、生产、出货测试、售后服务等整体供应链中各环节所产生的费用对成本的影响。作为采购人员，其最终目的是降低整体采购成本。整体采购成本主要发生在以下过程或环节中。

1. 开发过程中，因供应商介入或选择导致可能发生的成本

（1）因原材料或零部件影响产品的规格与技术水平而增加的成本。

（2）对供应商技术水平的审核产生的费用。

（3）原材料或零部件的认可过程产生的费用。

（4）原材料或零部件的开发周期影响本公司产品的开发周期而带来的损失或费用。

（5）原材料或零部件及其工装（如模具）等不合格影响本公司产品开发而带来的损失或费用。

2. 采购过程中可能发生的成本

（1）原材料或零部件采购费用或单价。

（2）市场调研与供应商考察、审核费用。

（3）下单、跟单等行政费用。

（4）文件处理费用等。

3. 企划（包括生产）过程中可能因采购而发生的成本

（1）收货、发货（至生产使用点）费用。

（2）安全库存仓储费、库存利息。

（3）生产过程中的原材料或零部件的库存费用。

（4）企划与生产过程中涉及原材料或零部件的行政费用等。

4. 质量体系中可能发生的采购成本

（1）供应商质量体系审核及质量水平确认产生的费用。

（2）检验成本。

（3）因原材料或零部件不合而导致的对本公司的生产、交货方面造成的损失等。

5. 售后服务过程中因原材料或零部件而发生的成本

（1）零部件失效产生的维修成本。

（2）零部件服务维修不及时造成的损失。

（3）因零部件问题严重而影响本公司的产品销售造成的损失等。

在实际采购过程中，整体采购成本分析通常要依据采购物品的分类模块，按二八原则选择主要的零部件，而不必运用到全部的物料采购中。

四、降低采购成本的途径

降低采购成本是采购部门的一项基本职责，应着眼于供应商和供应市场。企业可以从以下几个方面来考虑。

1. 优化整体供应商结构及供应配套体系来降低采购成本

优化整体供应商结构及供应配套体系主要包括：通过供应商市场调研等寻找更好的新供应商；通过市场竞争招标采购；与其他单位合作实习集中采购；减少现有原材料及零部件的规格品种进行大量采购；与供应商建立伙伴型合作关系取得优惠价格。

2. 通过对现有供应商的改进来降低采购成本

对现有供应商的改进主要包括：促使供应商实施即时供应；改进供应商的产品质量以降低质量成本；组织供应商参与本企业的产品开发及工艺开发；降低产品与工艺成本；与供应商实行专项共同改进项目以节省费用并提高工作效率。

3. 通过 JIT 采购降低采购成本

JIT 采购是一种准时化采购模式，可以最大限度地减少浪费，降低库存，实现"零库存"。利用 JIT 采购可以在四个方面降低采购成本：降低库存，减少库存成本；提高质量水平，降低质量成本；减少采购环节，降低采购成本；降低采购价格，减少采购成本。

4. 通过网上采购降低采购成本

随着互联网技术的普及和网络优势的发挥，电子商务的优势可以达到降低成本的目的，采购也不例外，可以通过网上采购来降低采购成本。如何利用网上采购来降低采购成本呢？具体有五种途径：统一订货获得折扣；适时订购降低库存；科学管理减少损失；发布公开信息获取最低价格；减少中间环节降低交易成本。

五、降低采购成本的方法

1. 价值分析（Value Analysis，VA）/价值工程（Value Engineering，VE）

价值分析是对产品或服务的功能加以研究，以最低的生命周期成本，通过剔除、简化、变更、替代等方法，来达到降低成本的目的。价值分析适用于新产品工程设计阶段。价值工程是针对现有产品的功能或成本，做系统化的研究与分析。但现今价值分析与价值工程已被视为同一概念使用。

2. 谈判（Negotiation）

谈判是买卖双方为了各自目标，达成彼此认同的协议的过程。谈判能力也是采购人员应具备的最基本能力。谈判并不只限于价格，也适用于某些特定需求。使用谈判的方式，通常所能期望达到价格降低的幅度为 3%～5%。如果希望达成更大的降幅，则需运用价格与成本分析、价值分析与价值工程等方法。

3. 目标成本法（Target Costing）

管理学大师彼得·德鲁克（Peter Drucker）在《企业的五大致命过失》一文中提到，企业的第三个致命过失是定价受成本的驱动。大多数美国公司，以及几乎所有的欧洲公司，都是通过成本加上利润来制定产品的价格。然而，他们刚把产品推向市场，便不得不开始削减价格，重新设计那些花费太大的产品，并承担损失。而且，他们常常因为价格不正确而不得不放弃一种很好的产品。产品的研发应以市场乐意支付的价格为前提，因此必须假设竞争者产品的上市价，然后再来制定公司产品的价格。丰田和日产把德国的豪华型轿车挤出了美国市场，便是采用价格引导成本的结果。

4. 早期供应商参与（Early Supplier Involvement，ESI）

早期供应商参与是在产品设计初期，选择让具有伙伴关系的供应商参与新产品开发。通过早期供应商参与的方式，新产品开发小组对供应商提出性能规格的要求，借助供应商的专业知识来达到降低成本的目的。

5. 杠杆采购（Leverage Purchase）

杠杆采购避免了各自采购造成的组织内不同事业单位向同一个供应商采购相同零件，价格却不同且彼此并不知情的情形，平白丧失节省采购成本的机会。它是通过集中扩大采购量而增加议价空间的方式。

6. 联合采购（Consortium Purchasing）

联合采购主要发生于非营利事业单位的采购，如医院、学校等，统合不同采购组织的需求量，以获得较好的数量折扣价格。这也被应用于一般商业活动之中，应运而生的新兴行业有第三者采购，专门替那些 MRO 需求量不大的企业单位服务。

7. 价格与成本分析（Cost and Price Analysis）

价格与成本分析是专业采购的基本工具，了解成本结构的基本要素对采购者是非常重要的。如果采购者不了解所买物品的成本结构，就不能了解所买物品的价格是否公平合理，同时也会失去许多降低采购成本的机会。

8. 标准化（Standardization）

实施规格的标准化，为不同的产品项目、夹治具或零件使用共同的设计或规格，或降低定制项目的数目，以规模经济量达到降低制造成本的目的。但这只是标准化的其中一环，组织应扩大标准化的范围至作业程序及制程上，以获得更大的效益。

六、建立和完善企业的采购制度

采购工作涉及面广，并且主要是和外界打交道，因此，如果没有严格、健全的采购制度和程序，不仅采购工作无章可依，还会给采购人员提供暗箱操作的温床。因此，建立完善的采购制度是做好采购成本控制的基础工作，也是调节各方行为、落实责任的依据，并能调动广大职工的工作积极性。完善采购制度要注意以下几个方面。

1. 建立严格的采购制度

建立严格、完善的采购制度，不仅能规范企业的采购活动、提高效率、杜绝部门之间相互推诿，还能预防采购人员的不良行为。采购制度应规定物料采购的申请、授权人的批准许可权、物料采购的流程、相关部门（特别是财务部门）的责任和关系、各种材料采购的规定和方式、报价和价格审批等。比如，可在采购制度中规定采购的物品要向供应商询价、列表比较、议价；然后选择供应商，并把所选的供应商及其报价填在请购单上；还可规定超过一定金额的采购须附上 3 个以上的书面报价等，以供财务部门或内部审计部门稽核。

2. 建立供应商档案和准入制度

对企业的正式供应商要建立档案，除编号、详细联系方式和地址外，还应有付款条款、交货条款、交货期限、品质评级、银行账号等。每一个供应商档案应经严格的审核才能归档，企业的采购必须在已归档的供应商中进行。供应商档案应定期或不定期地更新，并由专人管理。同时要建立供应商准入制度，重点材料的供应商必须经质检、物料、财务等部门联合考核后才能进入，如有可能，要实地到供应商生产地考核。企业要制定严格的考核程序和指标，要对考核的问题逐一评分，只有达到或超过评分标准者才能成为归档供应商。

3. 建立价格档案和价格评价体系

企业采购部门要对所有采购材料建立价格档案，对每一批采购物品的报价，应首先与归档的材料价格进行比较，分析价格差异的原因。如无特殊原因，采购的价格原则上不能超过档案中的价格水平，否则要作出详细的说明。对于重点材料的价格，要建立价格评价体系，由公司有关部门组成价格评价组，定期搜集有关的供应价格资讯来分析、评价现有的价格水平，并对归档的价格档案进行评价和更新。这种评议视情况可一个季度或半年进行一次。

4. 建立材料的标准采购价格，对采购人员根据工作业绩进行奖惩

财务部对重点监控的材料应根据市场的变化和产品标准成本定期定出标准采购价格，促使采购人员积极寻找货源，货比三家，不断地降低采购价格。标准采购价格亦可与价格评价体系结合起来，并提出奖惩措施，对完成降低公司采购成本任务的采购人员进行奖励，对没有完成采购成本下降任务的采购人员，分析原因，确定对其惩罚的措施。

通过以上四个方面的工作，虽然不能完全杜绝采购人员的暗箱操作，但对采购管理、提高效率、控制采购成本有较大的成效。

本章练习题

1. 采购价格的影响因素有哪些？
2. 控制和降低采购成本的主要途径有哪些？

案例讨论

IBM 公司采购成本的降低

全球 IT 业巨头 IBM 公司过去也是用"土办法"采购：员工填单子→领导审批→投入采购收集箱→采购部定期取单子。企业的管理层惊讶地发现，这是一个巨大的漏洞——烦琐的环节、不确定的流程、质量和速度无法衡量和提高，非业务前线的采购环节已经完全失控了，甚至要降低成本。虽然发现了漏洞，但不知如何下手。

一、剖析 1 元钱的成本

摆在 IBM 公司面前的问题是运营成本如何减少，以及可能降低哪部分成本。于是公司剖析每 1 元钱的成本，看看它到底是如何构成的。这一任务经过 IBM 公司全球各机构的统计调查和研究分析，在采购、人力资源、广告宣传等各项运营开支中，采购成本凸显了出来。

管理层不得不反思，IBM 公司到底是如何采购的呢？那时，IBM 不同地区的分公司、不同业务部门的采购大都各自为政，实施采购的主体分散，重复采购现象普遍。以生产资料为例，键盘、鼠标、显示器，甚至包装材料，大同小异，但采购流程自成体系，权限、环节各不相同，合同形式也五花八门。

而自办采购的问题很明显：对外缺少统一的形象；由于地区的局限，采购人员不一定能找到最优的供应商，而且失去了大批量购买的价格优势。

二、由专家做专业的事

在深入挖掘出采购存在的问题后，IBM 公司随即开始了变革行动，目标就是电子采购。从后来 IBM 公司总结的经验看，组织结构、流程和数据这三个要素是改革成功的关键。电子采购也正是从这三方面着手的。

变化首先发生在组织结构。IBM 公司成立了全球采购部，其内部结构按照国家和地区划分，开设了 CPO（Chief Procurement Officer，全球首席采购官）的职位。组织结构的确立，意味着权力的确认。全球采购部集中了全球范围生产性和非生产性的采购权力，掌管全球的采购流程的制定，统一订单的出口，并负责统一订单版本。

经过全球采购部专家仔细的研究，IBM 公司把全部采购物资按照不同的性质分类，生产性的分为 17 个大类，非生产性的分为 12 个大类。每一类成立一个专家小组，由工程师组成采购员，他们精通该类产品的情况，了解每类物资的最新产品、价格波动、相应的供应商资信和服务。在具体运作中，全球采购部统一全球的需求，形成大订单，寻找最优的供应商，谈判、压价并形成统一的合同条款。以后的采购只需按照合同"照章办事"就可以了，这种集中采购的本质就是"由专家做专业的事"。

三、工程师、律师、财务总监审定流程

看似简单的采购流程，前期准备工作异常复杂。IBM公司采购变革不在于订单的介质从纸张变为电子、人工传输变为网络，而在于采购流程的梳理。

制定流程首先遇到的一个问题是采购物资如何分类才能形成一张完整而清晰的查询目录。于是，通过调查反馈，IBM公司汇总全球各地所有采购物资，有上万种。采购工程师们坐在一起，进行长时间的细致工作。依靠专家们的才智、经验和耐心才形成"17类生产性和12类非生产性"的详尽的目录。这一步工作的目标是使来自不同地区、具有不同习惯、使用不同语言的员工能方便、快捷地查找到所需要的物资。

经过工程师们讨论后，律师们也要"碰头"统一合同和统一全球流程，从法律角度考虑怎样设计流程更可靠而且合法，怎样制定合同才能最大限度保护公司的利益，又对供应商公平，还要对不同国家的法律和税收制度留有足够的空间，适应本地化的工作。全球的财务总监还要商计采购的审批权限如何分割，财务流程与采购流程如何衔接。

四、突破顽固势力

目前，IBM公司电子采购主要由五大系统构成，即采购订单申请系统、订单中心系统、订单传送系统（与供应商网上沟通）和寻价系统（OFQ），以及一个相对完善的中央采购系统。但系统在推广过程中并不是一帆风顺的，特别是在IBM公司电子采购变革刚刚开始阶段。据调查，60%员工不满意现存的采购流程，原因是订合同平均长达40页，需要30天时间的处理。低效率的结果是IBM公司有1/3的员工忙于独立采购，以绕过所谓标准的采购流程，避免遇到官僚作风，而这种官僚往往导致更高的成本。

推广中，难度在于地区和部门之间的协调。制定的订单新标准与老系统冲突怎么办？问题陷入僵局。于是各地区的财务总监、系统总监、采购总监一起分析：各地区正在使用的"土"系统有哪些；与新系统相比，数据的输入、输出是怎样的。一个一个的数据处理掉，形成统一的标准。最后，CPO手里握住一张"时间表"，左边一栏是老系统退出历史舞台的时间，右边一栏是新系统登场的时间。CPO不停地追问生产总监"为什么老系统还不下"。

新旧系统更替过程中，传统势力很顽固，因为他们毕竟面临着新的采购系统与原有生产系统衔接的问题。如何保障生产正常运转？如何更新原有的数据？公司认为提供过渡方案帮助解决具体问题，才能稳定地平滑过渡。IBM公司普通员工的感受很能说明问题，"不知不觉中发生了变化，没有引起内部任何动荡"。

就技术而言，IBM公司的电子采购系统已经到了能在国内广泛推行的地步，IBM中国公司已经与供应商开始了订单的网上交易。但由于国家法律及相关流程的限制，电子发票尚未实施。为此，IBM公司已经与国家相关部门在探讨如何就此推行。

五、一个季度成本降低2亿多美元

当中央采购系统进入IBM公司内部并平稳运转后，效果立竿见影。以2000年第3季度为例，IBM公司通过网络采购了价值277亿美元的物资和服务，降低成本2.66亿美元。大概有2万家IBM供应商通过网络满足IBM公司的电子采购。基于电子采购，IBM公司降低

了采购的复杂程度，采购订单的处理时间已经降低到 1 天，合同的平均长度减少到 6 页，内部员工的满意度提升了 45%，独立采购也减少到 2%。电子采购使 IBM 公司内部效率的迅速提升。

与此同时，供应商最大的感受之一是更容易与 IBM 公司做生意了。统一的流程、标准的单据，意味着更公平的竞争。集中化的采购方式更便于发展战略性的、作为合作伙伴的商业关系，这一点对生产性采购尤为重要。从电子采购系统的推广角度而言，供应商更欢迎简便快捷的网络方式与 IBM 公司进行商业往来，与 IBM 公司一起分享电子商务的优越性，从而达到一起降低成本、一起增强竞争力的双赢战略效果。

简化业务流程方案实施后，在 5 年的时间里，总共节约的资金超过了 90 亿美元，其中 40 多亿美元得益于采购流程方案的重新设计。现在，IBM 公司全球的采购都集中在该中央系统之中，而该部门只有 300 人。IBM 公司采购部人员总体成本降低了，员工出现了分流：负责供应商管理、合同谈判的高级采购的员工逐渐增多，而执行采购人员逐渐电子化、集中化。新的采购需求不断出现，改革也将持续下去。

(案例来源：百度文库)

问题： IBM 公司几亿美元的采购成本降低策略对你有什么启发？

案例解析： 从全球 IT 巨头 IBM 的采购成本控制案例中，凸显出由专业的采购部门和人员来管理采购成本的重要性。采购变革不在于订单的介质从纸张变为电子、人工传输变为网络，而是整个采购流程的梳理，这才是重中之重。

实训设计

供应商成本分析

【实训目的】

1. 加深学生对供应成本的构成及影响因素的理解。

2. 巩固课程所学知识。

【实训组织】

教师提出实训任务，对实训作出具体的要求；学习相关理论知识，完成实训项目要求的各项工作。

【实训要求】

1. 学习价格的影响因素及相关定价方法等知识，掌握供应成本的构成。

2. 利用供应成本的构成及影响因素，核算供应成本。

【实训考核】

1. 实训过程中职业素养和专业能力得到体现。

2. 选择评判标准得当。

3. 计算正确。

4. 结论正确。

【实训素材】

某企业生产水杯，有 A 与 B 两种材料可供采购选择，详细信息见表 4-2。综合考虑后，应选 A 材料还是 B 材料？

表 4-2　材料成本项目明细

序号	成本项目	A 材料	B 材料
1	每千克材料的价格/元	40	50
2	每个产品的加工费/元	2	1
3	每个产品需要的材料/个	0.01	0.02
4	生产工人每小时的工资/元	9	8
5	产品的小时产量/个	60	55
6	设备每小时的维护费用/元	5	4

第五章

供应商管理

1. 掌握供应商管理的含义及意义。
2. 熟悉供应商开发的渠道。
3. 掌握供应商选择的含义与分类。
4. 掌握供应商调查与选择的基本内容和方法。
5. 理解供应商管理的基本内容和方法。
6. 理解供应商关系的分类。

第一节　供应商调查与开发

在 21 世纪的今天，企业之间的竞争已经逐步成为供应链之间的竞争。企业不仅需要拥有比竞争对手更强的竞争力，同时还要致力于提高供应伙伴的竞争力，最终在市场上实现强强联手、合作共赢的局面。供应商作为供应链系统中的重要环节，重要性日益突出。而供应商管理的首要工作，就是要了解供应商，对供应商基本资信情况进行调查，尤其是初次接触、未经考核评价的供应商。

越来越多的企业已经开始采取供应商开发的方式来帮助供应商解决问题，以提高双方的能力和绩效。所谓供应商开发，是指运用现代信息技术和各类信息传媒寻找与企业业务相关的供应商，然后通过相应的工作流程和营销策略，对供应商进行详细、系统的考察、分析、商务谈判、评估和审定，从而发掘优秀的供应商伙伴。供应商开发的理念层面在于：开发的是优秀的供应商伙伴，而不是纯粹的买卖交易关系的供应商，也不是没有以客户为中心的价值取向的供应商。供应商开发的技术层面在于：要有科学的评判准则、合理的开发流程、恰当的技术手段。两者的结合完成供应商开发及选择过程，从而发掘和获得优秀的供应商合作伙伴。

★ 导入案例

华为改造供应商

华为是中国电信市场的主要供应商之一，并已成功进入全球电信市场。在电信设备的采购者眼里，华为是一个优秀的供应商。

一、华为对供应商的要求

为了满足相应顾客的需求，华为对每一家供应商的要求为管理必须更高效、生产组织更灵活、伸缩性更大。例如，华为会尽量减少自己的库存但要求供货商备货；即便产品规格有改动，供应商也要做到交货迅速；技术条件改变以后也要按照同样价格进行交易。这些要求不仅影响了华为的直接供应商，也通过供应链直接传递给了末端的间接供应商。在这些供应商看来，为了在华为的供应链中生存，做这样的改变是值得的。在过去数年中，这些公司的规模随着华为的成长而迅速扩大。2005 年，正是这数百家华为供应商组成的产业生态体系支撑着华为 86 亿美元的全球销售额。

华为希望他的供应商也能像它对待客户那样重视成本和研发，并因客户的需求改变自己的管理和服务。这样的事情的确有发生：那些与华为合作多年的供应商，混合着利益、畏惧、警惕、尊重、效仿等多重复杂感情，似乎已变成了另一个"小华为"——迅速反应、注重质量、对价格敏感，并保持低调、神秘。

二、供应商眼中的华为

成为华为的供应商，要承受的最大的压力是价格。华为并不讳言这一点，因为它自己就是靠有策略地打价格牌起家的。例如，法国电信运营商 NEUF 准备在法国全境建一个骨干光传输网络，为了跟老牌运营商抢市场，NEUF 不但动作更快、更激进，价格也更便宜。为此，华为提出颇具诱惑力的条件，承诺以非常优惠的价格为 NEUF 建设两个城市的网络并负责运营 3 个月，然后再交给 NEUF 评估。结果，华为进入 NEUF 的六大供应商之列，随后牢牢占据第一的位置。华为会把这样的成本压力均摊到华为供应链上的每一家供应商身上——从直接供应商到最基础的原料供应商。

多年来，华为给其供应商留下的印象主要有两方面。

1. 采购管理专业

华为的采购都是通过招标进行的，在供应链管理内部专设采购专家团，负责评估供应商的资质和产品质量。专家团的权限很大，既能决定合格供应商的名单和等级，又能确定采购份额，而一般的采购人员更多只是负责下单等具体操作。这两个部门相对独立，因此被某个供应商一起"搞定"的可能性降低了很多。这其实符合这些供应商的期望，他们可以忍受无休止的砍价，可以忍受更激烈的恶性竞争，也可以忍受华为"千奇百怪"的要求，但他们希望大家能够站在同一条起跑线上竞赛，规则公开透明，这样至少结果是相对公平的。

2. 付款及时

"最好的客户不一定要给现款，但是付款要及时准确。"一位华为的供应商说，他宁可跟华为这样说话算话的客户以 90 天的账期结算，也不愿意跟一个没有信用的公司签约 30 天的付款合同。这位供应商曾经也试图与多家电信设备制造商保持供货关系，但他最后还是铁了心要跟华为合作，原因就是"我们和华为在谈判时无论如何争执，一旦谈妥，华为的结算一般都非常及时"。

华为从一开始就遵循公平透明的原则，尽量降低在供应链里的人为作用，防止某一个人在这个链条里权限过大。

（案例来源：IT 社区和媒体平台）

问题：

（1）华为公司的供应商管理有什么特别之处？

（2）华为公司如何严格要求供应商？为什么供应商还愿意和华为合作？

一、供应商管理概述

1. 供应商管理的含义

供应商是指可以为企业生产提供原材料、设备、工具及其他资源的企业，可以是生产企业，也可以是流通企业。供应商管理，就是对供应商的了解、选择、开发、控制和使用等综合性的管理工作的总称。其中，了解是基础，选择、开发、控制是手段，使用是目的。供应商管理的目的就是要建立起一个稳定、可靠的供应商队伍，为企业生产或销售提供可靠的物资供应。

2. 供应商管理的意义

（1）供应商及其组成的资源市场是企业不可或缺的资源来源，直接关系到企业生产（或销售）经营的正常进行，也关系到企业经营的成本、质量、效率和效益。

（2）有效的供应商管理，可以增加供应商对整个供应链业务的共同责任感。

（3）供应商客观上既可能成为采购企业的利益冲突方，也可能成为采购企业的利益合作方，这完全取决于采购企业的供应商管理水平。

（4）采购企业搞好供应商管理，就可以选择建立起一支优秀的供应商队伍，既为企业提供质优价廉的产品和服务，又为企业提供一个宽松的环境和友好的合作关系，为企业高效率、低成本运作提供有力的保障。

3. 供应商管理的基本环节

供应商管理的基本环节主要包括：①供应商调查；②资源市场调查；③供应商开发；④供应商考核；⑤供应商选择；⑥供应商使用；⑦供应商激励与控制。

二、供应商调查

如前所述，供应商管理的首要工作，就是要了解供应商、了解资源市场，而要了解供应商的情况，就要进行供应商调查。供应商调查在不同的阶段有不同的要求。供应商调查可以分成三种：第一种是初步供应商调查；第二种是资源市场调查；第三种是深入供应商调查。

（一）初步供应商调查

所谓初步供应商调查，是对供应商基本情况的调查，主要是了解供应商的名称、地址、生产能力，能提供什么产品、提供多少，价格如何，质量如何，市场份额有多大，运输进货条件如何等。初步供应商调查的目的是了解供应商的一般情况，一是为选择最佳供应商做准备；二是了解、掌握整个资源市场的情况，因为许多供应商基本情况的汇总就是整个资源市场的基本情况。

初步供应商调查的特点：一是调查内容浅，只需了解一些简单的、基本的情况；二是调查面广，最好能够对资源市场中各个供应商都有所调查、了解，从而掌握资源市场的基本状况。

一般来说，初步供应商调查有两种基本方法：一是访问调查法，如通过访问销售代表或其他有关人员、访问网站、查阅资料（商品目录、行业期刊、商业介绍）等；二是征集供应商法，如开产品展示与采购大会、媒体广告征集、网上广告征集等。初步供应商调查在实际操作中，通常采用访问调查法，通过访问有关人员获得信息，建立起供应商卡片，如表5-1所示。

表5-1 供应商卡片

公司基本情况	名称					
	地址					
	营业执照号			注册资本		
	联系人			部门、职务		
	电话			传真		
	E-mail			信用度		
产品情况	产品名	规格	价格	质量	可供量	市场份额
运输方式		运输时间			运输费用	
备注						

表5-1也可以作为调查表的形式，由供应商填写。供应商卡片是采购管理的基础工具。在采购工作中，经常要选择供应商，就可以利用供应商卡片来进行选择。当然，对供应商卡片也要根据情况的变化经常进行更新。

此外，在初步供应商调查的基础上，要利用初步供应商调查的资料进行供应商分析，比较各个供应商的优劣，以便于企业选择适合企业实际情况的供应商。供应商分析通常应包括：产品的品种、规格、质量及价格；企业的实力、规模、生产能力和技术水平；企业的信用度及管理水平；产品是竞争性还是垄断性的；供应商相对于本企业的地理位置、交通状况等。

（二）资源市场调查

资源市场调查至少应该包括以下基本内容：资源市场的规模、容量、性质；资源市场的环境和市场发展前景；资源市场中各个供应商的情况。

资源市场的调查目的就是要进行资源分析，以帮助企业制定采购策略及产品策略、生产策略等。在实际操作中，至少应落实以下问题：确定资源市场是紧缺型市场还是富余型市场，是垄断性市场还是竞争性市场；确定资源市场是成长型市场还是没落型市场；确定资源市场总体水平，并根据整个市场水平来选择合适的供应商。

（三）深入供应商调查

深入供应商调查，是指经过初步调查后，对准备发展为自己的供应商的企业进行更加深入仔细的考察活动。这种考察是深入供应商企业的生产线、各个生产工艺、质量检验环节甚至管理部门，对现有的设备工艺、生产技术、管理技术等进行考察，看看所采购的产品能不能满足本企业所要求的生产工艺条件、质量保证体系和管理规范要求。有的甚至要根据所采购的产品的生产要求进行资源重组，并进行样品试制，试制成功以后，才算考察合格。只有通过这样深入的供应商调查，才能发现可靠的供应商，建立起比较稳定的物资供需关系。

深入的供应商调查需要花费较多的时间和精力，调查的成本非常高，因此并不需要对所有的供应商都进行调查。它只是在以下两种情况下才需要：准备发展成为紧密关系的供应商；寻找关键零部件的供应商。

三、供应商开发的含义与分类

1. 供应商开发的含义

每一个供应商都必须经过开发的过程，然后开始正式供货。但是供应商的开发活动绝非仅此而已，此处所说的供应商开发是一个复杂而全面的过程。它包含以下两个方面的含义：一是新的潜在供应商的开发，这是由潜在供应商转变为正式供应商的过程；二是现有供应商的关系开发，供需双方都希望合作开始后彼此关系越来越好，但好的关系不会自发生成，需要双方尽心培育。企业对现有供应商关系的一系列维系、促进活动就是供应商的关系开发。

2. 供应商开发的分类

依据不同的分类标准，供应商开发有不同的分类。按产品分类，可分为原产品供应商的开发和替代品供应商的开发；按对象分类，可分为供应商的价格开发、供应商的质量开发和供应商的服务开发；按性质分类，可分为供应商的数量开发和供应商的关系开发，这和供应商开发的含义是一致的。这里重点介绍供应商的数量开发和供应商的关系开发。

（1）供应商的数量开发。企业所需的供应商一般不止一个，否则会承担较大的供应关系破裂风险和缺货风险，而且使用的供应商也要根据考核结果实行动态管理。因此，企业要经常性地开发一定数量的潜在供应商，以加强供货保证或替代可淘汰的供应商。

（2）供应商的关系开发。它是指供应商关系从疏忽向密切逐步升级，是供应商关系从不重要到重要再到紧密的伙伴关系的促进过程。供应商的关系开发一般不是独立进行的，它还要涉及供应商的价格、质量、服务、交货柔性等方面的开发。供应商关系开发的成功必须建立在供应商的价格、质量、服务、交货柔性等方面能够达到改进要求的基础之上。

四、供应商开发的渠道

供应商开发的渠道即企业寻找合适供应商和据以加强供应商关系的媒介和凭依。根据供应商开发的分类，下面从数量和关系两个方面就供应商开发的可能渠道予以说明。

（一）对供应商数量的开发

寻找潜在供应源是供应商开发的初步工作，可通过多种渠道了解、探查和获得有关供应商的信息。

（1）各种媒体。通过视听器官获得供应商的信息是最方便、最常用的方法，可通过报纸、杂志、电视、网络等媒体获得供应商视觉信息，还可通过广播、公众介绍等媒体获得供应商听觉信息。

（2）各种商品展销会所。各种商品展销会所是吸引各类企业集中发布信息和招商的地方。一般各大中城市都建有综合性的或者专业性的商品展览中心，企业也会召开商品销售信息会，每隔一定时期举行一次。

（3）企业管理统计部门、相关咨询服务机构。企业管理统计部门是依法对所辖行政区的企业实施管理监督的部门，集中负责区域所有企业的较详细名录。有关咨询服务机构经常和各类企业打交道，熟悉许多企业的基本情况。

（4）内部采购人员。内部采购人员有多年和供应商打交道的经验，并且在业务采购的过程中经常参加各种商品展览会，积累了较多的供应商信息。

（二）对供应商关系的开发

供应商关系的开发关系到现有供应商的供货积极性和双方合作的满意程度，可通过信息交流、人员交流、债券或股票、协约等联系双方的渠道和纽带加强关系开发。

（1）信息交流。信息交流的多少是双方关系的一个重要量度，可以加强信息交流、充分共享信息，或加强信息传递的硬软件建设，如建设 EDI 系统和 EOS（Electronic Ordering System，电子自动订货）系统并配备信息处理的专职人员等。

（2）人员交流。人员交流不论是单方派人或是双方互派人员，都是双方人员交流或合作的一种情况。此时双方有三方面联系：产品供求关系、信息沟通联系关系和人事合作关系。

（3）债券或股票。通过购买债券或股票，可对供应商产生不同程度的影响，从而加强双方关系的紧密程度。特别当债券或股票购买量较大时，会成为供应商的大债主和大股东，对供应商的生产经营决策会产生巨大的作用。

（4）协约。通过签订供货协议和约定或者伙伴关系协议，把双方的责任义务和有效沟通方式明文规定下来，对双方行为进行规范和约束，从而对双方关系产生影响。

五、供应商开发的主要内容

供应商开发牵涉对供应商许多方面的探查和评价，需要企业许多部门的通力合作，是一个从计划到准备再到具体执行和评价的过程，是一个复杂的系统工程。因此一定要认真准备，严格执行，否则供应商开发就会流于形式，既浪费了人、财、物力，企业也得不到合格的供应商。供应商开发包括以下三方面内容。

1. 明确供应商数量或关系开发，制订开发及其衡量的计划和措施

在供应商开发前，要做好开发的所有准备工作，制订详尽周密的开发计划，主要有以下几方面内容：

（1）明确开发目标。明确开发目标，首先要明确开发类型是数量还是关系开发。类型不同，开发过程和组织就有很大差异。然后要明确数量开发或关系开发应达到的程度，如供应商的产品质量、价格等应符合何等标准，供应商关系是否向伙伴关系促进等。

（2）明确开发小组的组成及其职责。供应商开发涉及许多方面的专业知识，因此要安排企业各个部门的人员进入开发评价小组。下面以某企业的开发小组为例，说明开发小组的组成部门及相应职责规定。

1）采购供应部：负责向潜在供应商发放相关文件；负责组织对潜在供应商实地调查；负责维护合格供应商目录；负责样件和小批量零件的检验；参加质量认证；参加工艺评审；负责供应商的日常管理。

2）规划研发部：负责与潜在供应商签订试制技术协议；负责向潜在供应商发放产品图纸及相关技术文件；负责样件评审和小批量试用的结论；负责将开发的合格供应商纳入工艺路线；负责组织工艺评审；参加对潜在供应商的实地调查；参加质量认证；配合日常管理。

3）生产质量部：负责组织质量认证；负责组织小批量试用；组织签订质量保证协议书；参加实地调查；参加工艺评审；配合日常管理。

4）计划财务部：负责确定协作配套产品的价格；配合日常管理。

5）综合管理部：负责对供应商的法人主体资格进行调查；参加实地调查；配合日常管理。

（3）设计供应商开发的科学性流程。科学的流程可以保证开发过程沿着正确的轨道进行。流程设计应遵循一定的原则，如时间原则或最小费用原则。时间原则即按照开发活动发生的先后顺序循序渐进设计流程；最小费用原则要求流程必须节约费用。

（4）设计供应商评价的指标和标准。对供应商开发达到程度的衡量必须提前制定，以便对照评价。这些评价指标和标准应该全面设计，有产品方面的质量、价格、生产灵活性等指标和标准，也有关系衡量方面的双方信息、人员、参股和协约签订情况等指标和标准。

（5）开发相关文件和表格的制定。供应商开发需要制定相应的规章制度，包括开发组织成员的行为约束制度，供应商的调查、评价规章等。下面是某企业的开发相关文件和表格：

1）开发相关文件：产品试制管理制度；协作配套产品采购通则；质量信息管理制度；亮牌管理制度；供应商综合评级、升降级管理制度；供应商淘汰管理制度；供应商供货份额综合评定管理制度；质量保证协议书。

2）开发相关表格：潜在供应商推荐表、潜在供应商调查表、供应商调查评价结论；询价单、试制技术协议、初始样件评审结论表；小批量试用申请表、供应商工艺评审结论表、小批量试用结论表；供应商质量体系认证结论表；合格供应商目录；协作配套产品合格承包方通知书；采购合同；供应商质量体系开发计划表。

2. 进行供应商的认证或关系评判

做好供应商开发的充分准备工作之后，就开始了供应商的产品认证或关系衡量的具体执行过程。在产品认证时，关键是发现合适的供应商，然后按照产品开发流程严格执行检测和评定规定；在关系衡量时，主要是要排除思想上的主观成见，对现有供应商进行一视同仁的客观评价，也需要对双方在信息、技术、人员等方面的联系进行分析。

3. 对供应商的结果反馈或开发总结

经过供应商产品认证和关系衡量后，得出产品和双方关系的评价，对供应商是否选用或供应商关系的分类分级作出决定，标志着供应商开发的一个周期的完成。但是开发结论一定要对不论选上的还是落选的供应商进行反馈，让他们明白自己的优缺点，这样既可督促选用的供应商在供货和合作时发挥自己的优势，又可使落选的供应商明确自身劣势，经改进后加入企业的下一轮开发活动。每一次开发不会是完美无缺的，因此每次开发结束后要对结果、过程和准备进行得失总结，以备下次参考借鉴。

六、供应商开发的流程

供应商开发的流程是开发活动的路径和时间顺序安排，它包括供应商的数量开发流程和关系开发流程，如图5-1所示。供应商关系的开发是对正在使用的供应商就双方联系的各种纽带进行加固和升级的活动，它涉及联系形式的确定和该种联系的内容设计、实施及评价。此处主要讲述供应商数量开发的流程。

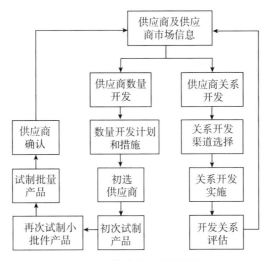

图 5-1　供应商开发的流程

1. 数量开发计划和措施

在选用潜在的供应商时，要做好计划和活动安排，包括开发步骤、组织实施和时间要求、开发数量等，也包括开发前的准备计划和活动安排。这些开发前的准备工作主要包括以下几个方面：

（1）资源市场的调查计划和安排。了解资源市场的基本情况，包括供应量、需求量、可供能力、政策、发展趋势等。

（2）产品 ABC 分类计划和安排。将所需的各类原材料、零部件和半成品等物品，按所占采购金额的比重分成 A、B、C 三类，以此找出关键物资、重点物资和非关键、非重点物资。其中，A 类物资金额总采购金额的 70% 左右；B 类物资占 20% 左右；C 类占 10% 左右。

（3）供应商调查计划和安排。针对每类需求物品，搜集可能的一定数量的供应商，填写在供应商调查表上。

2. 初选供应商

就调查搜集和圈定的供应商进行初次的简略评价，可通过资料或者实地考察的形式明确供应商生产经营的大致情形，也可派员与供应商有关人员进行质量、价格、交货条件等方面的谈判，将在生产、供应、价格、服务等方面明显不符合要求的供应商筛除。

3. 初次试制产品

对通过初选的供应商，签订初次试制产品合同，让供应商开始单件产品试制。试制时要求供应商提供有关试制资料，并对其试制生产过程和技术手段进行监评，结合试制后样本的性能评价决定初次试制产品是否成功。

4. 再次试制小批件产品

对通过初次试制的供应商，签订再次试制产品合同，让供应商开始小批件产品的试制。同样要求供应商提供对应的试制资料，并对试制过程和技术进行检测，结合试制后小批件产品的性能评价决定再次小批件试制产品是否成功。

5. 试制批量产品

如果再次试制小批件产品获得成功，就进一步签订批量试制合同，让供应商开始批量产品的试制。同样通过生产过程的监评和产品性能的评估判定试制批量产品是否成功。

6. 供应商确认

试制批量产品成功后，双方就可以签订长期供货合同，供应商就正式进入了企业的供货渠道。但供应商开发活动并未随之结束，变为使用供应商后，双方关系的促进和提高仍是一个无休止的过程。

第二节　供应商的选择

供应商的选择和评价是供应和采购管理中的重要内容，供应商选择的基本要素是供应商所提供的产品的适用性和成本。供应商评估是供应商开发规范化操作程序之一，通过一系列分值决定。因此，怎样确定分值的定义、权重和范围等是供应商评估的基础。

★导入案例

IBM 的供应商行为准则

IBM 对供应商进行了严格的选择和评估，而且还提出了一个监督供应商表现的通用方法，不是考察采购商品的供应情况、能否按时交货或者服务情况，而是考察供应商的社会责任感。

为此，IBM 制定了一个供应商行为准则，为监督供应商在劳工和招聘、健康与安全、道德和环境保护等方面的表现提供了一个标准。IBM 要求供货商满足这个行为准则。

一、供应商行为准则的宗旨

IBM 的供应商有义务遵守 IBM 的供应商行为准则（以下简称"准则"）。准则也可以帮助供应商测评他们现有的行为表现，并制订内部的改进计划。IBM 希望他们的一级供应商以准则作为指南，与他们相应的分包商和供应商（包括合同雇员的提供商）一起履行他们自己的准则。这些准则与 IBM 的准则相同或相当。

二、供应商行为准则的内容

供应商行为准则主要包括以下 12 个方面的内容。

1. 强制性劳工

IBM 供应商不可雇用任何类型的强制性的或非资源的劳工（如强制性的、抵押的、契约的或非自愿的监狱劳工），雇佣关系应该是自愿的。

2. 童工

IBM 供应商不可雇用童工。IBM 支持实行合法的工厂学徒计划，这些计划应当遵守所有使用此类学徒计划的法律和法规。

3. 薪酬及福利

IBM 供应商应遵守所有法律与法规（包括与最低工资、计件工资和其他补偿部分相关的法律和法规），并提供法律要求的福利。

4. 工作时间

IBM 供应商的工作时间不得超过当地规定的工作时间，对加班应适当进行补偿；不得要求工人每周工作时间超过 60 小时（包括加班），获得他们同意的特别业务情况除外；每周 7 天，必须允许雇员至少休息 1 天。

5. 反歧视

IBM 供应商不得在聘用中存在以下方面的歧视：种族、宗教、年龄、国际、社会或民族背景、性倾向、性别、婚姻状况、怀孕、政治背景或残疾。

6. 尊重他人

IBM 供应商须尊重他们的所有雇员，不得对雇员采用体罚、暴利威胁或其他形式的人身限制或迫害。

7. 集会自由

IBM 供应商须尊重其员工选择或拒绝参加工人组织（包括工会）的合法权利。供应商有权建立良好的雇佣条件，以及保持有效的员工沟通程序，作为积极促进员工关系的方式，使员工减弱对第三方代表的需要。

8. 健康和安全

IBM 供应商须为其雇员提供符合所有适用法律和法规的安全且健康的工作场所。为履行这些义务，IBM 供应商不许制定并执行围绕以下几方面的有效计划：人身安全、事故调查、化学品安全、人类工程学等。供应商须努力建立满足这些要求的管理系统。

9. 环境保护

IBM 供应商须以环保的方式进行经营。供应商必须遵循所有使用的环境法律、法规和标准，如关于化品和废品的管理与处理、工业废水处理和排放、废气排放以及其他环境许可和环境报告方面的要求。供应商还必须遵守 IBM 的产品或服务的任何附加的环境要求，这些要求和规定存在于设计与产品规范和合同文档中。供应商需努力建立管理系统以满足这些要求。

10. 法律

IBM 供应商必须遵循他们业务所在地的所有法律和法规。

11. 道德行为

IBM 希望其供应商依照最高的道德标准开展他们的业务。供应商必须严格遵守有关反贿赂、腐败的商业行为的法律和法规。

12. 监督/记录

IBM 计划监督供应商对供应商行为准则的遵守情况。此类措施可能包括预先选定供应商，或 IBM 代表对供应商地点的事先声明和未声明的现场视察。供应商必须保留证明遵守 IBM 供应商行为准则所必需的文档，并且必须根据 IBM 的要求为 IBM 提供对该文档的查看权。供应商必须向 IBM 代表提供对生产设施、雇用记录和雇员的合理查看权，以便进行与监督访问有关的秘密谈话。供应商必须立即回答 IBM 代表源于 IBM 供应商行为准则对设施的操作提出的合理询问。

（案例来源：中国管理加油站）

问题： IBM 供应商管理与其他公司相比，有什么特别之处？

一、供应商选择的含义与分类

（一）供应商选择的含义

供应商选择是供应商管理的一项重要活动，是根据供应商及其产品的市场和使用信息，依据一定的标准和指标，运用定性和定量分析的方法，对供应商作出综合评价并进行选择的决策活动。供应商选择在供应商管理过程中是多次和反复进行的，对潜在供应商不断挖掘，使其变为现有供应商，离不开供应商选择这一活动；现有供应商队伍成员的更替也是供应商选择的结果。

（二）供应商选择的分类

根据供应商选择时决策对象的性质、决策环境的要求和决策过程的共同性程度，供应商选择分为供应商一般选择和供应商特殊选择。

1. 供应商一般选择

供应商一般选择是指对每一个供应商的使用都要进行选择，考察供应商达到评价标准的程度。该决策要素和决策评价标准具有相对稳定性，一经确定，在市场稳定和企业产品策略保持不变的情况下，可较长时间沿用。最典型的供应商一般选择是不同产品供应商选择和不同关系重要程度供应商选择。供应商按供应产品的不同，主要分为原料供应商、半成品供应商和零部件供应商；按关系密切程度不同，可分为不重要供应商、重要供应商、优先供应商和战略合作伙伴关系供应商。

2. 供应商特殊选择

供应商特殊选择是指在选择时主要考察除供应产品和供应商关系外的供应商的性质、条件和数量。供应商特殊选择在供应商选择时出现的频次相对较少，整个决策过程也少有重复性，却是供应和采购策略的一个重要方面，对供应和采购结果有着不可忽视的影响。供应商特殊选择主要有以下几类：

（1）单一供应商和多个供应商的选择，这是按选用供应商的个数进行分类。

（2）生产商和分销商的选择，这是按供应商的身份分类。

（3）本地供应商和外地供应商的选择，这是按供应商所在地理位置分类。

（4）大型供应商、中型供应商和小型供应商的选择，这是按供应商的规模分类。

还有其他的一些特殊选择，如是否选用间接供应商，是选用一级供应商还是多级供应商等。

二、供应商一般选择的程序

供应商选择是复杂的决策活动，因为企业自身情况各不相同，供应商也存在着多样性，产品市场环境又常常存在着企业无法控制的约束因素，企业决策目标的差异往往也非常大，因此，在选择时要注意各方面的约束条件，结合企业实际有计划、有步骤地周密进行。不论是一般选择还是特殊选择，其一般程序都如图 5-2 所示。

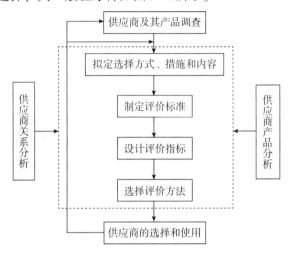

图 5-2　供应商选择的一般程序

（一）供应商及其产品调查

供应商及产品调查是供应商选择的基础和准备，是一项费时、费力的工作，主要包括以下三方面的内容：

（1）确定调查渠道。通常，供应商及其产品信息来源于新闻媒体的广告、行业期刊、互联网、以往的采购记录、设计部门和使用部门的推荐等，企业也可通过派员登门进行讯问、相关资料收集和现场考察获得供应商及其产品的有关信息。

（2）初次供应商及其产品调查。这是对供应商及其产品生产经营的一般调查，以了解供应商及其产品的基本情况，如企业名称、地址、生产经营规模、产品价格、质量、信誉、客户和供应商、职工及其组成等信息。初次供应商调查表也有简单和复杂之分，简单的可只写出供应商的名称、位置、资金和产品的名称、规格、价格等情况，因简单方便，常称为供应商卡片。

（3）深入的供应商及其产品调查。这是在初次供应商及其产品调查的基础上，对于有选用意向的供应商所进行的详尽的实地调查。这是全面的调查，但也有详简之分。其主要内容除包含对初次供应商调查内容的证实外，还包括供应商详尽的基本情况、管理制度、生产经营能力，尤其是对产品质量监管等情况的调查。供应商详尽的基本情况主要有企业的发展历史、主要负责人的资历和信誉、企业财务状况等；管理制度主要有内容是否明晰、规范、科学，组织职能设置及作业现场安排计划是否合理等；生产经营能力主要包括生产设备的先进性、生产能力的弹性、生产流程的合理性、现场作业的高效性、信息传输手段的现代化和经营场所的空间面积情况等；产品质量监管主要是指企业是否有较完善的质量保证体系，包括质量管理政策、质量检测部门和人员及获得质量认证的情况等。

（二）拟定选择方式、措施和内容

决策目标决定选择方式，不同的选择方式又对应着不同的选择过程和结果。不同的企业选择供应商时，决策目标各不相同，有的认同低价，有的在意质量，而有的看重综合测评。常用的供应商选择方式有以下三种：

（1）绩效选择。它是根据指定的评价指标和标准，对供货的整个过程和结果进行考核，根据综合成绩决定供应商的选择。这是一种全面合理的选择方法，适合于规范经营的企业，但较复杂。

（2）招标选择。它是通过向有关供应商发布商品招标公告，然后对各个供应商的投标书开标和评标，选择合适的供应商。招标如果选择标准性的商品，一般看重价格；如果选择大型设备或高科技仪器，则重视质量。招标有严密的程序，从招标前的准备到最终供应商的确定需要很长的时间，因此，招标选择费时、费力、花费高。

（3）成本选择。它是以包括价格在内的商品购置总费用的多少为标准来选择供应商，这些费用除价格外，还有运费、采购费等。成本选择利用数据决策，直观、可信、方便。

（三）制定评价标准

在评价供应商时，要对结果作出判断和衡量，就需要评价标准。评价标准可以根据需要自行制定，一般可使用下面两类标准：

（1）满意标准。该标准分为满意、一般和不满意，对这三种情况都要规定相应评价结果要达到的程度和要求，常用于对一个供应商评价决定是否选用。

（2）分级标准。一个企业一般需要多个关系和势力各不同的供应商，这就要对选择的供应商分级。分级标准是根据供应商的产品和关系情况，估计对企业生产经营的影响程度而对供应商评价结果规定的应达到的要求，可按数字分为一、二、三、四级供应商，或按字母分为 A、B、C、D 级供应商。

（四）设计评价指标

供应商选择要作出合理的评价，就要制定全面的评价指标体系，一般可就企业经营的经营环境、生产能力、质量体系、经营业绩、物流与服务这五个一级指标展开，再拟定二级评价指标，如图 5-3 所示。

图 5-3　供应商选择的评价指标

这些二级指标是可以细化的，其具体含义分别如下：

（1）政治经济情况：主要指企业所在国的政治经济政策的内容及稳定性、基础设施、进出口限制条件等情况。

（2）自然地理情况：指企业所在国的气候、地形，以及港口和站场与本公司的距离等情况。

（3）企业的管理组织情况：主要是企业管理组织的结构和功能、质量管理组织的设置和功能、生产部门的设置和功能、环境管理机构的设置和功能等组织情况。

（4）财务状况：指各种财务会计报表、银行报表、企业经营报告、年度财务报告等方面的情况。

（5）员工情况：指员工的文凭、学历和职称、出勤率、平均工资水平、流失率、生产工人占员工总数的比例等。

（6）设备状况：指设备的数量、单台生产能力、利用率、新旧程度、更新、故障排除难易、自动化水平和先进程度等。

（7）制造生产状况：指生产工艺的灵活性和科学性、生产能力、生产现场管理、生产报表及信息控制、生产现场环境和清洁等。

（8）工程技术人员情况：指其理论和实际经验掌握程度、文化程度、产品开发能力和水平、工艺设计开发能力和水平、流失等情况。

（9）产品开发与设计情况：指开发和设计的实验和试验、与顾客的共同开发、与供应商的共同开发、开发和设计程序、对外保密等情况。

（10）质量检测情况：指检测机构和人员的配置、检测记录的完整性、检测制度、检测人员的素质和培训等情况。

（11）质量体系内容的完整性：指质量保证文件的完整性和正确性、质量审核的系统性、质检人员专业素质提高计划和培训考核的完整性及周期性等。

（12）产品的质量水平：指产品质量等级、供应商提供的零部件质量、客户质量投诉等情况。

（13）质量改进情况：指与顾客和供应商的质量协议、顾客和供应商参与质量改进、接受顾客对质量的审核等情况。

（14）企业信誉：指企业质量体系认证是否通过 ISO 9000 认证、企业的名气和品牌、交货和货款结算的可靠性等。

（15）产品销售情况：指产品销售量及其趋势、人均销售额、市场占有率、产品销售对象和分布等。

（16）成本情况：指产品成本构成、产品成本纵向降低、和同类产品横向的成本比较等情况。

（17）物流管理系统状况：指机构设置和功能、运输和仓储条件、信息化水平、发货交单的灵活性和快速程度等。

（18）交货情况：指交货与付款的条件，正常和紧急交货的时间周期，正常交货的数量、次数和质量等。

（19）顾客服务机构情况：指是否有专设机构、人员组成，企业高层重视程度，售后服务部门的设置等。

（20）价格和沟通情况：指价格态度、降低成本的态度、与客户的联系及其手段、收单与发货沟通等。

（21）顾客投诉处理情况：指顾客投诉的处理程序、顾客的投诉情况和反应时间、顾客的满意程度等。

（五）选择评价方法

企业要根据自身实际，在做好定性分析的基础上，尽可能地获取有关数据或把定性因素数量化，即注意把定性分析和定量分析结合起来选择合适的供应商。具体的评价方法有下面两种。

1. 权重法

权重法是通过比较赋予权重后的综合分值的大小而选择供应商的方法。应用时，首先确定选择评价的各项评价指标；其次确定各项评价指标的具体数值或进行适合的量化；再次用一定方法赋予各项评价指标一定的权重值；最后比较各项评价指标的数值和权重值的综合值，一般选用综合值较大的。权重法有线形权重法和综合权重法两种形式。线形权重法直接将各项评价指标的数值和相应权重值相乘再求积的和，即求各项评价指标数值的加权和。综合权重法较复杂，一般经过一定的过程得到各项评价指标的权重值，而后求加权和，如层次分析法。

2. 成本法

成本法与成本选择方式对应，是通过比较商品购买的所有相关费用选取供应商。如采购某商品 5 吨，有 A、B 两个供应商，报价分别为 52 元/吨和 50 元/吨，相应运费分别为 9 元/吨和 6 元/吨，相应的采购费分别为 62 元和 33 元，则：

$$采购 A 的总费用 = 5×52+5×9+62 = 367 （元）$$
$$采购 B 的总费用 = 5×50+5×6+33 = 313 （元）$$

因 B 的总费用较低，故合适的供应商为 B。

供应商选择的方法还有线性规划法、矩阵点数法（矩阵评价法）、决策树法、层级分析法与模糊 AHP 法等，如表 5-2 所示。

表 5-2 供应商选择方法

方法名称	方法简介
线性规划法（Linear Programming）	在一定成本水准之下，寻找品质分数最大的供应商
矩阵点数法（矩阵评价法）（Matrix Model）	不同因素，给予不同权数，寻找点数和最大的供应商
决策树法（Decision Tree）	分析各供应商可能的表现及该绩效表现的概率，再决定最恰当的人选
层级分析法（Analytical Hierarchy Process）	利用层级结构帮助采购人员寻找合适的供货商，最上一层为目标，其次为评选准则，最低层为方案或候选供应商。其中，评选准则可以因果关系区分为好几层，最后选出分数最高的候选供应商
模糊 AHP 法（Fuzzy Analytical Hierarchy Process）	改善了 AHP 法的不明确性与模拟性等决策问题，更能反映出真实世界的环境

（六）供应商的选择和使用

根据上面制定的评价标准和评价指标，运用一定的评价方法，就可以选出需要的供应商了，然后经过双方协商，供应商进入供货渠道。对于供应商在使用过程中的表现，还要继续测评，决定取舍和级别。因此，供应商选择是一个不停顿的决策过程。

三、供应商特殊选择的程序

供应商特殊选择和一般选择具有相同的步骤，但决策目标、评价标准、评价指标和评价方法没有统一性，其决策有一定的非科学性，如迫于当地政府政策和居民的就业压力而选用当地供应商。但优秀的供应商是企业采购成功的决定因素，即使特殊选择决策也要尽量注意科学性。在选择和评估供应商时，必须对诸多因素进行综合考虑，如交货速度、产品质量、批量柔性、技术能力、应变能力、采购价格等。但也可突出某一个评价指标，如企业为确保生产需要的关键部件的质量，就会考虑供应商的货物品质，选用间接供应商。

第三节　供应商关系管理

★导入案例

本田公司（Honda）与其供应商的合作伙伴关系

位于美国俄亥俄州的本田美国公司，强调与供应商之间的长期战略合作伙伴关系。本田公司总成本的约80%都是用在向供应商的采购上，这在全球范围内是最高的。因为它选择离制造厂近的供应源，所以与供应商能建立更加紧密的合作关系，能更好地保证JIT供货。制造厂库存的平均周转周期不到3小时。1982年，27个美国供应商为本田美国公司提供价值1400万美元的零部件；1990年，有175个美国的供应商为它提供超过22亿美元的零部件。大多数供应商与它的总装厂距离不超过150千米。在俄亥俄州生产的汽车的零部件本地率达到90%（1997年），只有少数的零部件来自日本。强有力的本地化供应商的支持是本田美国公司成功的原因之一。

本田美国公司与供应商之间是一种长期相互信赖的合作关系。如果供应商达到本田美国公司的业绩标准就可以成为它的终身供应商。本田美国公司也在以下几个方面提供支持帮助，使供应商成为世界一流的供应商。

（1）2名员工协助供应商改善员工管理。

（2）40名工程师在采购部门协助供应商提高生产率和质量。

（3）质量控制部门配备120名工程师解决进厂产品和供应商的质量问题。

（4）在塑造技术、焊接、模铸等领域为供应商提供技术支持。

（5）成立特殊小组帮助供应商解决特定的难题。

（6）直接与供应商上层沟通，确保供应商产品的高质量。

（7）定期检查供应商的运作情况，包括财务和商业计划等。

（8）外派高层领导人到供应商所在地工作，以加深本田公司与供应商相互之间的了解及沟通。

本田与Donnelly公司的合作关系就是一个很好的例子。本田美国公司从1986年开始选择Donnelly为它生产全部的内玻璃，当时Donnelly的核心能力就是生产车内玻璃，随着合作的加深，相互的关系越来越密切（部分原因是相同的企业文化和价值观），本田美国公司开始建议Donnelly生产外玻璃（这不是Donnelly的强项）。在本田美国公司的帮助下，Donnelly建立了一个新厂生产本田的外玻璃。他们之间的交易额在第一年为500万美元，到1997年就达到6 000万美元。

在俄亥俄州生产的汽车是本田公司在美国销量最好、品牌忠诚度最高的汽车。事实上，它在美国生产的汽车已经部分返销日本。本田美国公司与供应商之间的合作关系无疑是它成功的关键因素之一。

（案例来源：上学吧平台）

问题：试分析本田美国公司与 Donnelly 公司之间的供应链合作关系是如何取得成功的？

一、供应商关系管理概述

供应商关系管理（Supplier Relationship Management，SRM）是企业供应链上的一个基本环节，它在对企业的供方（包括原料供应商、设备及其他资源供应商、服务供应商等）及与供应相关信息完整有效的管理与运用的基础上，对供应商的现状、历史、提供的产品或服务、沟通、信息交流、合同、资金、合作关系、合作项目，以及相关的业务决策等进行全面的管理与支持。

供应商关系管理能够帮助企业降低产品成本，改善与供应商之间的关系，加快产品推向市场的时间，加快批量生产，促进产品创新，提高整个扩展供应链的过程效率，加快产生价值的过程，迅速获得投资回报。SRM 能实现提高 BOM 处理速度、解决零件的重复使用问题、缩短新品研制周期、缩短与供应商的业务洽谈时间、大幅减少采购成本等目标。

由于企业不可能与所有的供应商都保持伙伴关系，对于消耗量大的关键性原材料供应商，企业应该努力与其建立相互信任的伙伴关系，所以应当针对不同情况对供应商关系进行分类、分级：对于专用件、进口件等企业需求量少，但是对企业最终产品质量影响大的瓶颈物资，企业应该努力寻找替代的供应商；对于标准件、办公品等需求频繁，但是每次需求的数量不大、单项产品占用资金不大的物资，企业可以寻找第三方供应商；对于需求量大的一般性原材料的供应商，企业可以公开招标，寻求物资的价格优势。

二、供应商关系的分类

由于采购量的大小和采购物资对企业生产的重要程度是决定供应商与企业关系的首要因素，所以根据采购量的大小和采购物资对企业生产的重要程度，可以用一个矩阵来对企业物资进行分类，如图 5-4 所示。

图5-4　企业物资分类矩阵

在该矩阵中，消耗量大的关键性原材料被放在象限Ⅰ内，企业对该类物资需求量大，采购该类物资占用的资金较多，其质量好坏对企业的最终产品质量影响很大；某些专用件、进口件等瓶颈类物资在象限Ⅱ内，企业对该类物资需求量不大，但是其质量的好坏对企业的生产影响很大，而且企业对该类物资没有多少讨价还价余地；办公用品、标准件在象限Ⅲ内，企业对这类物资需求频繁，但是每次需求的数量不大，单项产品占用资金不大；一般性的原材料（如一些辅助原材料、燃料等）在象限Ⅳ内，企业对该类物资需求量大，占用资金多，供应商的数量多，企业的选择余地大，并且其质量好坏对企业最终产品的质量影响不大。

针对上述四象限中的四类物资特性，企业可以采用相应的供应商关系管理模式，如图5-5所示。

Ⅱ类物资	Ⅰ类物资
寻找替代商	建立关键性的伙伴关系
Ⅲ类物资	Ⅳ类物资
寻找集成供应商	建立一般的伙伴关系

图5-5　供应商关系管理模式

许多企业选择供应商并与其建立紧密合作关系时，尤其重视象限Ⅰ内的物资供应商。因为企业的采购量较大，双方共同的利益点很多，因此，供应商也乐于与企业进行较为密切的合作。

企业一般愿意与Ⅰ类物资供应商签订长期合作协议，与供应商保持良好的合作关系，定期与供应商沟通，必要时帮助和辅助供应商，希望供应商能够与企业一起成长，与供应商建立伙伴关系。一般来说，企业开发和更换此类供应商的成本较高，这就要求企业与较少的供应商建立较为固定的关系。

许多企业的采购经理针对Ⅰ类物资，一般寻找2~3家供应商，并且强调这样做主要是为了企业风险管理的需要。某通信设备制造商的做法有一定的代表性，他们将Ⅰ类物资的3家供应商划分为A、B、C三个等级：与A级供应商签订长期合作协议，建立伙伴关系，对于A级供应商，公司的采购量达到该类物资需求量的70%；对于B级供应商，公司的采购量达到需求量的20%；对于C级供应商，公司的采购量达到需求量的10%，因为对C级供应商的采购量不大，每年集中采购1~2次。这有点类似于存货管理中的ABC分类法。

处理与Ⅱ类物资供应商的关系是制造性企业最为头痛的问题。处理与这类供应商的关系时，企业一方面需要事先寻找供应商的多个供应渠道，另一方面要设法减少该类供应商的数量，努力寻找替代品或者替代厂家。

相比而言，企业处理与Ⅲ类物资供应商的关系较为容易。企业比较容易寻找到一般通用件、标准件、办公用品及零星物资的供应商，由于企业对此类物资的需求量不大，因此企业与此类物资的供应商很难建立伙伴关系，与他们建立一般的契约式关系是一种可行的方法。企业对Ⅲ类物资的供应商可以分品种按照流量招标，寻找第三方供应商，即以每年的需求量招标，价格一年或半年议定一次。例如，可以年初逐项议定，一年内基本保持不变，年内采购按照合同价定点采购，不再单独询价。企业按照采购计划单采购，每月结账一次。企业应努力寻找信誉好、资金实力雄厚的此类供应商。对于此类供应商，企业将服务水平要求放在第一位，将产品的价格放在次位，要求供应商能够提供送货、退货、换货等服务，保证产品质量。企业处理与此类供应商的关系非常简单，只需要签订一般性的契约即可。

企业对Ⅳ类物资的供应商一般采用公开招标的方式，寻找价格合适的供应商。制造性企业往往对某些一般的辅助性原材料及燃料等的供应商的品质、差异性等要求不高，由于需求量大，所以企业具备对Ⅳ类物资供应商的价格控制力。这时的供应商处于被动的消极地位，如果企业愿意，能够比较容易地与供应商形成伙伴关系。选择此类供应商时可以将价格放在首位考虑，在供应商声誉、生产能力相当的情况下适当压低价格。企业可以充分利用现代网络技术、电子商务等寻找供应商。

三、供应商关系的转变

（一）传统的供应商关系管理

传统的企业与供应商的关系是一种短期的、松散的、竞争对手的关系。在这样一种基本关系之下，采购方和供应商的交易如同"0-1"对策，一方所赢则是另一方所失，与长期互惠相比，短期内的优势更受重视。采购方总是试图将价格压到最低，而供应商总是以特殊的质量要求、特殊服务和订货量的变化等为理由尽量提高价格，哪一方能取胜主要取决于哪一方在交易中占上风。制造商比较典型的做法是多源采购，即同时向许多供应商购货，通过供应商之间的价格竞争获得好处，通过在供应商之间分配采购数量对供应商加以控制，与供应商保持的是一种短期合同关系。采购的重点放在如何和供应商进行商业交易的活动上，重视供应商的价格比较，从中选择价格最低的作为合作者。这种模式如图5-6所示。

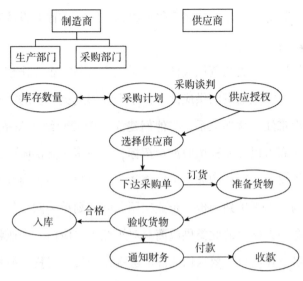

图 5-6　传统的采购—供应模式

传统的采购—供应模式具有以下缺点。

1. 企业与供应商之间信息不能有效沟通

制造商为了能从多个竞争性的供应商中选择一个最佳的供应商，往往会保留私有信息以减少供应商的竞争筹码。

2. 制造商与供应商之间的竞争多于合作

供应商与需求方之间的关系是临时性或者短时性的，双方之间缺乏合作和协调，各种抱怨和扯皮的事情比较多，很多时间消耗在解决日常问题上，没有更多的时间用来做长期性预测与计划工作，增加了运作中的许多不确定性，造成经营上的风险加大。

3. 采购品的验收检查是事后控制，质量控制难度较大

在传统的采购模式下，由于制造商很难参与供应商的生产组织过程和有关质量控制活动，相互的工作是不透明的，只能采取事后把关的做法，导致对采购品的质量与交货期的控制难度加大。

4. 对用户需求的响应迟钝

在市场需求变化的情况下，制造商与供应商之间对用户需求的响应不能同步进行，缺乏应付需求变化的能力。而世界经济一体化、企业经营全球化，以及高度竞争造成的高度个性化与迅速改变的客户需求，令企业与顾客、企业与供方的关系发生了变化，企业常常需要与遍布全球的对象进行合作或服务，在增加合作的深度与广度、建立战略联盟的同时，还需要处理更多并快速的变化，更迅速地作出反应，以及在广泛的地域分布和不同语言文化之间进行准确和有效的沟通与信息交流。传统的企业与供应商的关系明显不适应市场的变化，企业与供应商的关系从短期的、竞争对手的关系开始向长期互惠的、视对方为伙伴的关系转变。

（二）现代的供应商关系管理

在供应链管理环境下，供应商和生产商之间是合作伙伴关系，它强调在合作的供应商和生产商之间共同分享信息，通过合作和协商协调的行为，以达到双赢的目的。合作关系的采购—供应模式如图5-7所示。

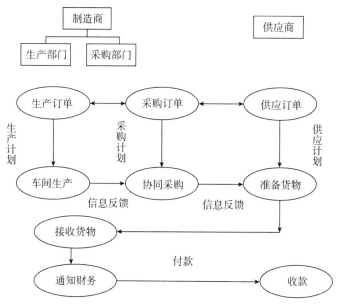

图5-7　合作关系的采购—供应模式

现代的采购—供应模式具有以下特点。

1. 较好的信息沟通和及时的信息反馈

制造商和供应商通过比较多的信息交流，提高了双方共同应付市场需求变化的能力。

2. 长期的信任合作取代短期的合同关系

供应链管理环境下的制造商和供应商之间是相互信任、相互合作的长期伙伴关系，这大大减少了双方交易谈判的时间和次数，降低了交易管理成本。

3. 制造商和供应商相互合作

制造商会协助供应商改进产品质量、降低产品成本、加快产品开发进度，提高供应商的快速反应能力。

因此，现代企业的制造商和供应商是一种以合作为基础的战略伙伴关系，它的最终目的是要达到双赢，共同发展，共同壮大。

从供应商角度来讲，供应商与制造商之间的合作关系增加了对整个供应链业务活动的共同责任感和利益的共享；增加了对未来需求的可预见性和可控能力；长期的合同关系使供应计划更加稳定；成功的客户有助于供应商的成功；高质量的产品增加了供应商的竞争力。从制造商角度来讲，合作关系增加了对采购业务的控制能力；通过长期的、有信任保证的订货合同保证了采购的要求；减少和消除了不必要的对购进产品的检查活动。

本章练习题

1. 供应商管理的含义及意义是什么？
2. 供应商开发的渠道有哪些？
3. 供应商选择的含义与分类有哪些？
4. 供应商选择的方式、措施和内容有哪些？
5. 供应商关系管理的含义和作用有哪些？
6. 供应商关系的分类有哪些？

案例讨论

供应商选择

C集团公司的采购员老王，正面临着一项困难的供应商抉择——复印机租赁合同的竞争者只剩下最后的A和B这两家公司。A公司给出了更为有利的报价，但是老王对与A公司以前的合作并不满意。

C集团使用的225台复印机，其中的100台是根据一份4年期的合同从A复印机公司租赁的。

2015年，C集团与A复印机公司供应商签订了一份为期4年的租赁复印机合同。A复印机公司是一家大型的跨国公司，在市场中占主导地位，它以每次复印大约0.07元/张的投标价格获得了合同。但在合同的执行过程中，A公司表现得很一般，它所提供的所有复印机不仅都没有放大功能而且不能保证及时的维修。

2019年，合同期满，需要重新签订合同。这一次当地一家小公司B获得了合同。激烈的竞争和生产复印机成本的降低，使B公司提供了复印每次0.05元/张的价格。另外，B公司提供了多种规格和适应性很强的机型，有放大、缩小等多种功能。老王对B公司比较满意，并准备与其总经理签订4年的合同，该总经理承诺将提供关于每一台复印机的服务记录，还允许老王决定何时更换同类型的复印机。

在C集团与A公司过去的4年合作期间，A复印机公司曾不断地向C集团介绍A公司的其他系列产品，老王对此很反感，这是因为：①老王从事采购工作的6年间，A公司曾先后更换了13位销售代表；②C集团明确规定所有采购都要由采购总部来完成，而A公司的代表虽然也明知这项规定却有时仍直接与最终的使用者进行联系而不通过C集团的采购总部。

老王曾进行过招标，共收到了19份复印机租赁合同的投标。老王把范围缩小到5家，其中包括A和B，最后再经筛选，确定为A和B两家公司。

淘汰其他投标者的主要理由是：①那些供应商缺乏供应的历史记录，不能满足C集团的业务要求；②没有计算机化的服务系统，也没有计划要安装。

这次A公司的投标中包括了重新装备的复印机，并提供了与B公司相似的服务，而且价格竟比B公司还要低20%。

老王在考虑这些影响他短期内作出决策的因素时，感到有些忧虑：显然A公司提供了一个在价格方面很有吸引力的投标，但在其他方面又会如何呢？另外又很难根据过去的表现来确定 A 公司的投标合理性。同时，B 公司是家小公司，对老王来说又是新的供应商，又没有足够的事实能确定它的确能提供它所承诺的服务。

如果签订的采购合同不公平，很可能会带来日后势必出现的一些消极的影响。老王必须权衡许多问题，并被要求在 3 天内向采购部提出一份大家都能接受的建议。

（案例来源：爱问办公）

案例解析：

（1）A 公司存在以下问题：合同的执行过程中，它一直表现得很一般，服务也不太好。当竞争者 B 出现时才有所改善，包括比 B 更低的价格同时承诺提供较好的服务，但是这一切是在存在竞争的情况下出现的。而且 A 公司还有个问题就是更换销售代表的频率很高，一般来说经常更换业务的厂家都不是好供应商，会严重影响业务的连续性，最好不要与这样的公司合作。

（2）B 公司的问题是：虽然说它提供的价格和相应的服务都非常诱人，但是作为 C 集团新的供应商，C 集团没有足够的事实能确定它是否有提供符合要求的能力以及后续的发展能力。

（3）解决办法：可以尝试采用 A、B 双角的方法。先考核 B 公司，确认其是否有提供符合要求的能力和各方面的条件。在确认 A 和 B 公司都有这样的能力时，将 80% 的业务给 A 公司做，其余的给 B 公司。合同时间以一到两年为准，这期间需要进行一到两次的供应商考核评估，合格的续签合同，不合格的限期整改，逾期不改的，解除合同。

实训设计

供应商的选择

【实训目的】

加深学生对供应商开发与选择的认识，理解供应商选择过程中应从哪些方面搜集信息。

【实训组织】

把学生按照每 3 人一组分成若干小组，由小组负责人对成员进行任务分配，制订实训计划，并带领全组成员完成实训任务。每小组负责调查本地一家知名企业，可以是连锁超市、餐饮等企业，然后分析该企业是如何对其上游供应商进行选择的。

【实训要求】

1. 小组负责人对小组成员进行合理的任务分工。
2. 能够做好调查企业供应商之前的相关准备工作。
3. 搜集供应商选择的有关信息。
4. 对搜集到的相关信息进行合理分析。

【实训考核】

1. 调查结束，每个小组要对选取企业的供应商选择标准与方法进行阐述，总结对供应商选择的认识和理解，上交讨论结果。
2. 本次实训成绩由个人表现、团队表现、实训成果各项成绩汇总而成。

第六章

采购谈判与采购合同

1. 掌握采购谈判的含义、目的与特点。

2. 掌握采购谈判的内容。

3. 明确采购谈判的原则和程序，能正确实施采购谈判工作。

4. 熟悉采购谈判的策略，掌握采购谈判的技巧。

5. 掌握采购合同的含义及特征。

6. 掌握采购合同的内容。

7. 熟悉采购合同签订的程序与形式。

8. 明确采购合同发生纠纷时的解决办法与索赔的主要手段和途径。

第一节　采购谈判

当今世界，以经济为内容的谈判最为广泛。报价、讨价、还价、成交，一次商品交易过程就是一次谈判。一个合适的采购价格的获取需要通过采购人员的谈判来确定，采购人员要提高自己的谈判能力，必须明确采购谈判的步骤、内容和特点，把握采购谈判的原则及影响因素。

★导入案例

保留式开局策略

保留式开局策略是指在谈判开始时，对谈判对手提出的关键性问题不做彻底、确切的回答，而是有所保留，从而给对手造成神秘感，以吸引对手步入谈判。

江西省某工艺雕刻厂原是一家濒临倒闭的小厂，经过几年的努力，产值发展到 200 多万元，产品进入日本市场后战胜了其他国家在日本经营多年的厂家。

有一天，日本三家株式会社的老板到该厂订货。其中一家资本雄厚的大商社，要求原价包销该厂的佛坛产品。这应该说是好消息，但该厂老板想到这几家商社原来都是经销韩国产品，为什么不约而同到本厂来订货？他查阅了日本市场的资料，得出的结论是本厂的木材质量上乘、技艺高超。于是该厂采用了"待价而沽""欲擒故纵"的谈判策略，先不理那家大商社，而是积极抓住两家小商社求货心切的心理，把自己的产品与其他国家的产品做比较。在此基础上，将产品当金条一样争价钱、论成色，使其价格达到理想的高度，先与小商社拍板成交，造成那家大商社产生错失货源的危机感。因此，那家大商社不但更急于订货，而且想垄断货源，于是大批订货，以致订货数量超过该厂现有生产能力的好几倍。

（案例来源：豆丁网）

问题：试分析企业在与供应商谈判时，开局应该注意的细节有哪些？

一、采购谈判概述

（一）采购谈判的含义

采购谈判是指企业在采购时与供应商进行的贸易谈判。采购方想以自己比较理想的价格、商品质量和供应商服务条件来获取供应商的产品，而供应商则想以自己希望的价格和服务条件向购买方提供自己的商品。当双方不完全统一时，就需要通过谈判来解决，这就是采购谈判。另外，在采购过程中，由于业务操作失误发生的货损、货差，引起货物质量和数量问题，并在赔偿问题上产生争议时，也要进行谈判，这也属于采购谈判。

采购谈判一般都误以为是"讨价还价"，谈判在《韦氏大词典》中的定义是"买卖之间商谈或讨论以达成协议"。故成功的谈判是一种买卖双方之间经过计划、检讨及分析的过程达成互相可接受的协议或折中方案。这些协议或折中方案里包含了所有的交易条件，而非只有价格。

（二）采购谈判的目的与特点

1. 采购谈判的目的

（1）希望获得供应商质量好、价格低的产品。

（2）希望获得供应商比较好的服务。

（3）希望在发生物资差错、事故、损失时获得合适的赔偿。

（4）当发生纠纷时，能够妥善解决，不影响双方的关系。

2. 采购谈判的特点

（1）采购谈判是为了最终获取本单位或部门所需物资，保障本单位或部门及时、持续的外部供应。

（2）采购谈判讲求经济效益。在谈判中，买卖双方争议最激烈的问题往往是商品的价格问题。对采购者来说，当然是希望以最低的价格或者最经济的价格获得所需商品。

（3）采购谈判是一个买卖双方通过不断调整各自的需要和利益而相互接近，最终争取在某些方面达成共识的过程。

（4）采购谈判蕴含了买卖双方"合作"与"冲突"的对立统一关系。双方都希望最终能够达成协议，这是合作的一面；但各方同时又希望通过协议能够获得尽可能多的利益，这是冲突的一面。正是由于买卖双方的这种对立统一关系，才体现出采购谈判的重要性，以及在谈判中选用适当策略和技巧的必要性。

（5）在采购谈判中，最终达成的协议所体现的利益主要取决于买卖双方的实力和当时的客观形势。另外，谈判结果还在一定程度上受主观条件的制约。例如，谈判人员的素质、能力、经验和心理状态，以及双方在谈判中所运用的谈判策略和技巧。

（6）采购谈判既是一门科学，又是一门艺术。掌握谈判的基本知识和一些常用策略、技巧能使谈判者有效驾驭谈判的全过程，为己方赢得最大的利益。可见，采购谈判技术是实现采购行为的关键环节。

在采购谈判的实际组织实施中，要综合考虑采购谈判的上述特点，并结合实际情况，制定合适的谈判计划、方案和策略等。

（三）采购谈判的适用条件

采购谈判主要适用于下列几种情况：

（1）结构复杂、技术要求严格的成套机器设备的采购，在设计制造、安装、试验、成本价格等方面需要通过谈判，进行详细的商讨和比较。

（2）多家供应商互相竞争时，通过采购谈判，使愿意成交的个别供应商在价格方面作出较大的让步。

（3）采购的商品供应商不多，但企业可以自制或向国外采购，或可用其他替代商品，通过谈判，可帮助企业作出有利的选择。

（4）需要的商品经公开招标，但开标结果在规格、价格、交货日期、付款条件等方面无供应商能满足要求时，可通过谈判再作决定。但在公开招标时，应预先声明开标结果达不到招标要求时，须经谈判决定取舍。

（5）需用的商品，原采购合同期满、市场行情有变化，并且采购金额较大时，应通过谈判提高采购质量。

二、采购谈判的内容

在采购谈判中，谈判双方主要就商品的质量条件、商品的价格条件、商品的数量条件、商品的包装条件、交货条件、货物保险条件、货款的支付条件、商品的检验与索赔条件、不可抗力条件、仲裁等交易条件进行磋商。

（1）商品的质量、价格、数量和包装条件是谈判双方磋商的主要交易条件。只有明确了商品的质量条件，谈判双方才有谈判的基础。也就是说，谈判双方首先应当明确双方希望交易的是什么商品。在规定商品质量时，可以用规格、等级、标准、产地、型号、商标、商品说明书和图样等方式来表达，也可以用一方向另一方提供商品实样的方式表明己方对交易商品的品质要求。

（2）在国内货物买卖中，谈判双方在商品的价格问题上主要就价格的高低进行磋商。而在国际货物买卖中，商品价格的表示方式除了明确货币种类、计价单位，还应明确以何种贸易术语成交。2020 年最新发布的《国际贸易术语解释通则》总体上沿袭了 2010 年《国际贸易术语解释通则》的传统，介绍并解释了 2 类、4 组、11 个术语，更加接近当前贸易实践。它们清楚地表达了买卖双方各自应当承担的风险、手续责任和相关的费用。

（3）在磋商数量条件时，谈判双方应明确计量单位和成交数量，在必要时订立数量的机动幅度条款。在货物买卖中，大部分货物都需要包装，因此，谈判双方有必要就包装方式、包装材料、包装费用等问题进行洽谈。

（4）商品的交货条件是指谈判双方就商品的运输方式、交货时间和地点等进行的磋商。而货物的保险条件的确定则需要买卖双方明确由谁向保险公司投保、投何种险别、保险金额如何确定，以及依据何种保险条款办理保险等。

（5）货款的支付问题主要涉及支付货币和支付方式的选择。在国际货物买卖中使用的支付方式主要有汇付、托收、信用证等。不同的支付方式，买卖双方可能面临的风险大小不同，在进行谈判时，应根据情况慎重选择。

（6）商品的检验与索赔、不可抗力和仲裁条件，有利于买卖双方预防和解决争议，保证合同的顺利履行，维护交易双方的权利，是国际货物买卖谈判中必然要商议的交易条件。

三、采购谈判的准备

采购谈判准备是谈判成功的基础，准备工作在很大程度上决定着谈判的进程及结果。有经验的谈判者都十分重视谈判前的准备工作。一些规模较大的重要谈判，往往提前几个月甚至更长的时间就开始着手进行精心的准备。

总体上说，前期的准备工作主要从谈判有关资料的搜集、谈判方案的制定、谈判队伍的组选等方面展开。

（一）采购谈判资料的搜集

要分析自己和对手的优劣势，需要搜集信息。如果买方和卖方原先有过采购合同的谈判，这个过程就不那么困难。在这种情况下，买方可能已经对许多重要问题有了答案，比如双方会发生什么、谈判的人员情况如何、对供应商来说重要的问题是什么、意见不同的领域有哪些、谈判规则里有没有想要改进的地方等。采购谈判资料的搜集包括以下内容。

1. 需求信息的搜集

（1）采购需求分析。采购需求分析就是要在采购谈判之前弄清楚企业需要什么、需要多少、什么时候到货，最好能够列出企业物料需求分析清单。

（2）了解企业在市场竞争中的地位和发展规划。企业在市场竞争中的地位和发展规划是采购谈判中不可缺少的筹码。

（3）正确理解上级的谈判授权。正确理解上级领导授权，利用授权同供应商展开谈判，必要时利用权力限制方式，取得谈判的主动权。

（4）资源市场调查。在分析采购需求之后，就要对资源市场进行一番调查，获得市场上有关物资的供给、需求等信息资料，为采购谈判的下一步决策提供依据。目标市场调查通常包括以下内容：

第一，原材料供应、需求情况。企业通过对所需原材料在市场上的总体供应状况的调查分析，可以了解该原材料目前在市场上的供应情况。买方应根据市场供求关系变化，制定不同的采购谈判方案和方式。例如，当该原材料在市场上供大于求时，买方采购谈判筹码就多，议价能力就强。

第二，原材料供求情况。作为采购方，在调查原材料市场供求情况时要了解的信息包括该类原材料各种型号在过去几年的供求及价格波动情况，该类原材料的需求程度及潜在的供应渠道，其他购买者对此类新老原材料的评价及对价格走势的预期等，使自己保持清醒的头脑，在谈判桌上灵活掌握价格谈判的主动权。

2. 对方情报搜集

（1）资信情况。调查供应商的资信情况，包括以下两个方面：

第一，要调查对方是否具有签订合同的合法资格。在对对方的合法资格进行调查时，可以要求对方提供有关的证明文件，如成立地注册证明、法人资格等，也可以通过其他的途径进行了解和验证。

第二，要调查对方的资本、信用和履约能力。对对方的资产、信用和履约能力的调查，资料可以是公共会计组织对该企业的年度审计报告，也可以是银行、资信征询机构出具的证明文件或其他渠道提供的资料。

（2）对方的谈判作风和特点。谈判作风实质是谈判者在多次谈判中表现出来的一贯风格。了解谈判对手的谈判作风，可对预测谈判的发展趋势和对方可能采取的方式，以及制定己方的谈判方式提供重要的依据。

3. 资料的整理与分析

在通过各种渠道搜集到以上有关信息资料以后，还必须对它们进行整理和分析。这里主要做两个方面的工作：

（1）鉴别资料的真实性和可靠性，即去伪存真。在实际工作中，由于各种各样的原因和限制因素，在搜集到的资料中往往存在着某些资料比较片面、不完全，有的甚至是虚假的、伪造的资料，因而必须对这些资料做进一步的整理和筛选。

（2）鉴别资料的相关性和有用性，即去粗取精。在资料具备真实性和可靠性的基础上，结合谈判项目的具体内容与实际情况，分析各种因素与该谈判项目的关系，并根据它们对谈判的相关性、重要性和影响程度进行比较分析，并依此制定出具体的切实可行的谈判方案与对策。

5

（二）谈判方案的制定

商务谈判是销售过程中最重要的环节，在谈判沟通中，要用到一些最基本的谈判技巧。但在谈判前，制定商务谈判方案也是必不可少的。商务谈判方案是指企业最高决策层或上级领导就本次谈判的内容所拟定的谈判主体目标、准则、具体要求和规定。谈判方案可根据谈判的规模、重要程度而定，内容可多可少、可简可繁，可以是书面形式，也可以是口头交代。

商务谈判方案具体包括：明确主要或基本交易条件的可接受范围，以及保证标准和理想标准；规定谈判期限；明确谈判人员的分工及职责；规定联络通信方式及汇报制度。

（三）谈判队伍的组选

通常，为了实现某个目标，需要建设一支精干、高效的队伍。所以，在面对一个重要谈判时，首先建立起一支能力强、相互团结与合作的谈判队伍是非常重要的。

1. 谈判队伍的规模

谈判队伍的规模与谈判的重要性和复杂程度密切相关。一般而言，谈判越复杂，难度越大，参与谈判的人就越多；而谈判如果是例行性的、简单的，参与人员就可以很少。另外，谈判人员的规模还和组织的谈判成本及谈判对手的参谈规模有关系。

谈判队伍规模的大小有其明显的优缺点。一个人参与的谈判责任明确，反应迅速，且只在授权范围内做主，谈判效果全看参与谈判双方的个人能力和对决情况。但是它的缺点也很明显，一个人不可能对所有领域都有很好的了解，知识和能力上的缺漏将成为不可忽视的隐患；另外，把谈判的成果寄托在一个人的身上的风险也大。

多人谈判的优缺点也是非常明显的，其优点主要表现在以下几个方面：

（1）知识结构宽。单人谈判里，每个人不可能非常明白地了解很多知识。但是在组选有一定规模的谈判队伍时，完全可以考虑到人员的知识结构。

（2）可以集思广益。由于受个人经验、能力的限制，甚至思维方式的定式，考虑问题难免会有死角和不周全的地方。但是在团队中，队员在一起相互提示、提醒，可能会更好地规避疏漏，把问题想得更全面、充分一些。

（3）相互监督。单人谈判中的监督是很难实现的环节，但是在团队谈判中，相互之间可以实现控制、监督，以确保谈判被界定在组织利益之下。

多人谈判也有其明显的缺点。由于参与谈判的每个人有不同的思维和观点，所以他们之间的相互协调、合作是比较复杂的，当然也是非常重要的。必须要确保团队成员"心往一处想，劲往一处使"，才能获得"1+1>2"的效果。如果不能处理好这个问题，那么多人谈判的结果可能就是"1+1<2"，也就丧失了团队存在的基本意义。

团队到底应有多少人比较合适，目前没有标准，需要根据实际情况来决定。但是有四个字是经常提到的，即必需、够用。谈判要以切实能完成任务为目标，以实际谈判的需要为标准。

在实际谈判时，团队成员也不是都要上谈判桌，能真正去谈的人很少，大部分人都在幕后，有的时候，甚至是团队的核心人物都在幕后操控，关键在于桌上的人和幕后的人怎么衔接、怎样配合。

2. 商务谈判人员的配备

如果是一个谈判小组参与谈判，那么这个谈判小组的成员应该具备技术方面的知识；有关交易产品价格、成本、市场需求等商业方面的知识；有关商品交易的细节、运输、仓储、保险、付费及其他支付条件的外贸知识；关于合同设定的法律方面的知识；翻译方面的能力；对局势掌控及在授权范围内进行决策的能力。

实际上，知识和能力是成为谈判小组成员的前提，在具体选拔过程中考虑的相关考核指标也是非常复杂的，包括对个人品德等多方面的要求。

总体而言，谈判小组主要由以下人员构成：

（1）首席代表。他的主要任务是领导谈判小组的工作，对谈判的进程和结果进行控制。他应该具有整体把握谈判的能力，较强的协调、指挥能力，以及审时度势、随机应变、当机立断的能力。

（2）专业人员。这些人主要负责对谈判标的物的分析。谈判是产品购进、销售，还是投资、合资建立新的组织，抑或是进行人力资源的输出、输入，这些都需要专业人员在谈判之前和谈判过程中对双方的专业性谈判条件进行把握、分析，并向首席代表进行汇报，以保证在专业上我方的谈判目标能够实现。有了专业人员，就会在最大限度上避免供应方在提供产品时，以次充好、以假乱真，从而保障采购方利益不受损害。

（3）经济人员。经济人员又称为商务人员，他们负责权衡谈判中的利益得失，考虑在目前的条件下买卖合不合算。这类人员对谈判过程和产品都应该非常熟悉，他们要敏锐地觉察到对方所提出的每一个微小的条件变化所带来的利益增长或损失，并且及时告知首席代表。

（4）法律人员。这些人是把关的人，他们要分析谈判过程和谈判结果在法律上的可行性和严密性。谈判过程中，尤其是谈判最后形成的合同文本中的每一句话、每一个字的差别都会带来不一样的结果。所以一定要确保谈判的合法性及严密性，确保企业不会因为疏忽而受到损失。

（5）翻译人员。有很多人都懂外语，尤其是英语，为什么在小组中还要配备翻译人员呢？这就需要看看翻译在谈判中的作用。首先，在谈判过程中，由于谈判双方习惯性地使用母语，这样会阻碍双方的沟通，有了翻译人员，就可以很好地理解对方表达的意思；其次，谈判中有翻译环节，可以为谈判人员留下足够的思考时间，降低出错的概率；最后，当翻译人员在翻译的时候，其他人员可以很好地观察对方的反应，注意对方的细节，以便更好地回应。

3. 合格谈判小组的标准

谈判小组要达到以下标准才算得上一个合格的团队：

（1）知识互补。谈判小组成员在知识上和能力上要能够互相补充，解决问题，这是最根本的判断要求。

（2）性格协调。每个人都有自己的性格，有的人活泼，有的人沉闷；有的人稳重，有的人急躁；有的人粗枝大叶，有的人谨慎小心。在组建谈判团队时，就应该考虑到这些成员在性格上的互补，让他们发挥各自的特长。

（3）分工与合作。每一个团队都由多人组成，大家的团结互助是非常重要的，即要有团队精神。另外，每个人各司其职，在自己工作范围内的事，就要把它做好；不在自己工作范围内的事，但在首席代表或其他领导的布置下，也要尽力完成；在没有得到明确的指令时，尽量不要越俎代庖。

4. 选定谈判人员

在选定谈判人员时，应坚持下列原则：

（1）选用可靠的谈判人员。要选用对组织忠诚的人，为企业利益着想的人。当然，这些人也要会为人处世，要让对方觉得他是务实、诚实的人，这样才有合作的空间。切忌选用那些喜欢中饱私囊、以权谋私的人。

（2）选用具有独立工作经验又有合作精神的人。谈判过程有时需要集体的努力，有时则又需单兵作战，所以，选择的谈判人员既要有合作的能力，又要有孤军作战的胆量。

（3）选用具有相当智力和谈判水平的人。聪明、敏锐是谈判人员应具备的非常重要的特质，能够于细微处察大局，观一叶而知天下秋。这些人应该具有良好的仪容仪表、举止风范，具有很强的逻辑推断能力和语言表达能力。

以上各阶段的充分准备，可以为谈判的正式开始奠定一个好的基础。

四、谈判开局

在谈判准备阶段之后，谈判双方进入面对面的谈判开始阶段，即谈判开局阶段。在这一阶段中，谈判双方对谈判尚无实质性的认识，各项工作免不了会出现新情况。所以，在这个阶段一般不进行实质性谈判，而只是进行见面、介绍、寒暄，以及谈一些不关键的问题。这一阶段虽然只占整个谈判程序中很小的一部分，但是却很重要的阶段。在谈判开局阶段，需要做好以下工作。

1. 创造和谐的谈判气氛

和谐的氛围有利于谈判的成功。任何谈判都是在一定的气氛下进行的，谈判气氛的形成与变化，将直接影响到整个谈判的成败。因此，谈判者应重视谈判的开局阶段，努力创造良好的谈判气氛，具体应做到以下几点：

（1）积极主动。形成谈判气氛的关键因素是谈判者的主观态度，谈判者应积极主动地与对方沟通情绪和思想。

（2）心平气和，坦诚相见。

（3）不要在一开始就涉及有分歧的议题。

（4）不要刚一见面就提出要求。

2. 正确处理开局阶段的破冰期

谈判触及实质问题前的准备时间称为破冰期。正确把握破冰期的时间和技巧，有利于谈判的自然过渡，为进行正式的磋商创造良好的开端。在破冰期，应注意以下几个问题：

（1）行为举止和言语不要太生硬，使感情自然流露。

（2）不要紧张。

（3）说话不要唠叨。

（4）不要急于进入正题。

（5）不要与对方较劲。

（6）不要举止轻狂。

3. 探测对方情况，了解对方虚实

在谈判的开局阶段，不仅要为转入正题创造气氛、做好准备，更重要的是要利用这一段时间进行事前的探测，以了解对方的虚实，主要是借助感觉器官来接受对方通过行为、语言传递过来的信息，并对其进行分析，以判断对方的实力、风格、态度、经验、策略及各自所处的地位等，为及时调整己方的谈判方案与策略提供依据。在这一阶段，应注意以下问题：

（1）最好让对方先谈看法。

（2）当对方在谈判开局发言时，应对对方进行察言观色。

（3）要对具体的问题进行具体的探测。

（4）要防止表现出过于保守或过于激进的倾向。

五、正式洽谈阶段

正式洽谈阶段可细分为开始洽谈阶段和业务洽谈阶段。

1. 开始洽谈阶段

开始洽谈阶段，所有谈判人员的精力都很充沛，注意力也非常集中，双方开始进行最初的洽谈议题。这个阶段要阐述为什么要谈判、谈判的内容是什么、预计谈多长时间等。双方各自表明自己的立场，进一步巩固已经建立起来的轻松、和谐的谈判气氛。

这个阶段虽然很短，但却建立了洽谈的格局，双方都从对方的言行、举动中观察与判断对方的特点，以确定自己的行动方式。该阶段需要注意观察以下几点：

（1）观察供应商的神态、表情，从而判断他们的心理状态。

（2）识别出他们的领导者，即谁能够真正作出让步的决定。

（3）如果他们讨论一个问题时犹犹豫豫，可判定这个问题就是他们的弱点。

（4）如果供应商没有关键问题的任何信息，也可判定该问题是他们的弱点。

（5）保持紧张，注意力集中，倾听对方的发言。

2. 业务洽谈阶段

业务洽谈阶段具体又包括摸底阶段和磋商阶段。

（1）摸底阶段。在合作性洽谈的摸底阶段，双方分别阐述对会谈内容的理解，希望得到哪些利益，首要利益是什么，可以采取何种方式为双方共同获得利益作出贡献，以及双方的合作前景。这种陈述要简明扼要，将谈判的内容横向展开。

这个阶段，不要受对方陈述的影响，应将注意力放在阐明自己的观点上。同时，不要试图猜测对方的意图，而是准确理解对方的关键问题。

陈述之后，双方提出各种可供选择的设想和解决问题的方案。然后，双方需要判断哪些设想、方案更现实、更可行。任何一方都不能为自己的建议辩护。

（2）磋商阶段。所有要讨论的议题内容都横向铺开，以合作的方式反复磋商，逐步推进谈判内容。通过对所采购商品的质量、价格、交货方式、付款条件等各项议题的反复讨论，互相让步，寻找对双方都有利的最佳方案。

这个阶段，要注意双方共同寻找解决问题的最佳办法。当在某一个具体问题上陷入僵局时，应征得对方同意，暂时绕过难题，转换另一个问题进行磋商，以便通过这一议题的解决打破前一问题谈判的僵局。

另外，这一阶段要做好谈判记录，把双方已经同意解决的问题在适当时机归纳小结，请对方确认。如果通过反复的磋商，所有议题得到圆满解决，谈判就进入成交阶段。

六、成交阶段

成交阶段要草拟经磋商所达成的协议初稿，经双方进一步修改认可，签订正式协议书，据以签订正式合同。整个谈判过程至此全部结束。

七、采购谈判的技巧

（一）采购优劣势分析

采购部门必须评估与供应商谈判的力量，分析有哪些优势或劣势，这样才能扬长避短，在谈判中处于主动地位。可通过迈克尔·波特的五种竞争力量模型进行分析。

1. 买方的力量

买方的力量包括：采购数量很大；主要原料；标准化或没有差异性的产品；转换成本很低；利润很低；向上整合的潜力；充分掌握商情。

2. 卖方的力量

卖方的力量包括：独家供应或寡占市场；对顾客很重要的产品；转换成本很高；向下整合的潜力；复杂或差异性很大的产品。

3. 替代品

替代品包括：转换成本；转换意愿；产品差异性。

4. 竞争者

竞争者包括：产业成长情形；竞争者多寡；资本密集程度。

5. 新供应商障碍

新供应商障碍包括：资金需求；技术或专利；政府政策；产品差异性；原料的取得；经销通路的建立。

（二）常用的议价技巧

1. 买方占优势的谈判技巧

在买方占优势的情况下，供应商彼此竞争激烈，买方如何因势利导，运用压迫式议价技巧呢？可通过以下方法实现：

（1）比价探底。通常，询价之后可能有 3~7 个厂商报价，经过报价分析与审查，然后按报价高低次序排列（比价）。

议价究竟先从报价最高者着手，还是从最低者开始？是否只找报价最低者来议价？是否需要与报价的每一厂商分别议价？这些都应视具体情况而定。

一般情况下，采购人员工作相当忙碌，无法逐一与报价厂商议价。而且议价的厂商越多，将来作决定时的困扰也就越多。若仅从报价最低的厂商开始议价，则此厂商降价的意愿与幅度可能不高。故所谓比价探底，即从报价并非最低者开始，若时间有限，先找比价结果排第三低者来议价，探知其降低的限度后，再找第二低者来议价。经过这两次议价，底价就可浮现出来。若这一底价比原来报价最低者还低，表示第三、第二低者承做意愿相当高，则可再找原来报价最低者来议价。以前述第三、第二者降价后的底价要求承做，达到比价探底的目的。若原来报价最低者还愿降价，则可交给第二或第三低者按议价后的最低价格成交；若原来报价最低者刚好降至第二或第三低者的最低价格，则可交给原来报价最低者。

达到合理的降价目的后，应见好就收，以免造成报价厂商之间"割颈竞争"以致延误采购。此外，排除原来报价偏高的厂商的议价机会，可以鼓舞竞争厂商勇于提出较低的报价。

（2）过关斩将。所谓过关斩将，即采购人员应善用上级主管的议价能力。

通常，供应商不会自动降价，除非采购人员态度强硬。但是，供应商的降价意愿与幅度，视议价的对象而定。如果采购人员对议价的结果不太满意，应要求上级主管来和供应商议价，当买方提高议价的层次，卖方有受到敬重的感觉，可能同意提高降价的幅度。若采购金额巨大，采购人员甚至可以请求更高层的主管（如采购经理，甚至副总经理或总经理）邀约卖方的业务主管（如业务经理）面谈，或直接由买方的高层主管与对方的高层主管对话，此举通常能收到较好的效果。高层主管不但谈判能力较高，且有丰富的社会关系及较高的地位，甚至与对方的经营者有相互投资或事业合作的关系。因此，通常只要提前做好沟通，就可获得令人意想不到的议价效果。

业务人员若为回避这种逐级提高议价层次的安排而直接与采购经理或高层主管洽谈，可能会引起采购人员的不满，甚至有丧失询价机会的可能。

（3）化整为零。为获得最合理的价格，必须深入了解供应商的底价。若是仅获得供应商笼统的报价，并据此与其议价，就可能探寻不到最合理的价格。若能要求供应商提供详细的成本分析表，则议价发生错误的可能性较低。因为真正的成本或底价，只有供应商心里明白。特别是拟购的物品是由几个不同的零件组合或装配而成时，可要求供应商"化整为零"，列示各项零件并逐一报价；由专业制造此种零件的厂商另行独立报价，借此寻求最低的单项报价或总价，作为议价的依据。这种情况要面临以完成品买进还是以各零件买进自行组装的采购决策。

（4）压迫降价。在买方占优势的情况下，以胁迫的方式要求供应商降低价格，并不征询供应商的意见。这通常是在买方产品销路欠佳或竞争十分激烈，以致发生亏损或利润微薄的情况下，为改善其获得能力而使用的。市场不景气时，供应商存货积压，急于出货，换取周转金，这时候形成了买方市场。采购人员通常遵照公司的紧急措施，要求供应商自特定日期起降价若干，若原来供应商缺乏配合意愿，即行更换供应商。当然，这种激烈的降价手段会破坏供需双方的和谐关系，当市场好转时，原来处于被动地位的供应商，不是抬高售价，就是另谋发展，供需关系难以维持良久。

总之，在压迫降价时，必须注意时机和技巧，以免危害长期的供应商关系或激起供应商的对抗行为。

2. 卖方占优势的谈判技巧

在卖方占优势的情况下，特别是单一来源或者独家代理，买方寻求突破议价困境的技巧如下：

（1）迂回战术。由于卖方占优势，正面议价通常效果不好，采用迂回战术才能奏效。下面举一个例子加以说明。某厂家自本地的总代理购入某项化学品，发现价格竟比同类的 A 公司贵，因此要求总代理说明原委，并要求售予同业的价格。但总代理未能解释其中道理，也不愿意降价。因此，采购人员委托总代理原厂国的某贸易商，先行在该国购入该项化学品，再运到本国。因总代理的利润偏高，这种转动安排虽然费用增加，但总成本还是比通过总代理购入的价格便宜。

（2）直捣黄龙。某单一来源的供应商或者总代理对采购人员的议价要求置之不理时，可采用这一谈判技巧。此时，若能摆脱总代理，寻求原厂的报价将是良策。

（3）哀兵姿态。在买方居于劣势的情况下，应以"哀兵"姿态争取卖方的同情与支持。由于买方没有能力与卖方议价，有时会以预算不足为借口，请求卖方同意在其有限的费用下，勉为其难地将货品卖给采购方，以此来达到减价的目的。应用这一策略时，一方面，买方必须施展"动之以情"的议价技巧；另一方面，口头承诺将来"感恩图报"，换取卖方"来日方长"的打算。此时，若卖方并非血本无归，只是削减原本过高的利润，则双方可能成交；若买方的预算距离卖方的底价太远，卖方将因无利可图而不为买方的诉求所打动。

（4）釜底抽薪。为了避免卖方在处于优势时攫取暴利，采购人员只好同意卖方有"合理"的利润，胡乱杀价，仍然会让卖方有可乘之机。因此，通常由买方要求提供所有成本资料。以国外货品为例，则请总代理提供一切进口单据，借以查核真实成本，然后加上合理的利润作为采购的价格。

3. 买卖双方势均力敌时的议价技巧

（1）欲擒故纵。此时，买方应该掩藏购买的意愿，不要明显表露非买不可的心态。否则，若被卖方识破非买不可的处境，将使买方处于劣势。因此，此时买方应采取"若即若离"的姿态，试探性地询价。若判断出卖方有强烈的销售意愿，可再要求更低的价格，并作出不答应即放弃或另行寻求其他供应商的表示。通常，若买方出价太低，卖方无销售的意愿，则不会要求买方加价；若卖方虽想销售，但利润太低，即要求买方酌情加价。此时，买方的需求若相当急迫，可同意略加价格，迅速成交；若买方并非迫切需求，可表明不加价的意思，卖方极有可能同意买方的低价要求。

（2）差额均摊。由于买卖双方议价的结果存在着差距，若双方各不相让，则容易使谈判失败，买方无法取得必需的商品，卖方也丧失了谋利的机会。因此，为了促成双方的交易，最好的方式就是采取"中庸"之道，即将双方议价的差额，各承担一半，实现双赢。

第二节　采购合同

如何制定属于自己企业或符合经营实际的经济合同，是商业经营者亟须解决的问题。一份规范的合同，能够更好地适应市场经济发展的需要，对于及时解决经济纠纷、保护当事人的合法权益、维护社会经济秩序、促进社会主义现代化建设具有十分重要的作用。

★导入案例

某公司的采购合同范本

采购合同

合同编号：		签订地点：		签订日期：	年　月　日
买　　　方：		卖　　　方：			
地　　　址：		地　　　址：			
电　　　话：		电　　　话：			
邮政编码：		邮政编码：			
法定代表人：		开　户　行：			
		账　　　号：			
委托代理人： （审核人）		法定代表人：			
		委托代理人：			
兹经买卖双方充分协商，签订本合同，共同信守。					
一、购进产品					

序号	产品名称	型号规格	计量单位	数量	单价/元	金额/元	备注
合　计	¥：_____元（大写）_____						

二、质保及维修：质量符合有关标准。按生产厂家质保条款执行。

三、随机备品及配件：无

四、交货、安装、调试及费用负担：

五、验收标准：

六、付款方式：

七、其他约定事项：

八、违约责任：

卖方：

买方：

其他未尽事宜，按《中华人民共和国经济合同法》，违约责任由违约方承担。

九、争议解决方式：本合同项下发生的争议，由买卖双方当事人协商解决，协商不成，可依法向合同签订所在地人民法院起诉。

十、附件：无

本合同一式四份，买方持三份，卖方持一份，具有同等效力，经双方签字盖章后生效。

（案例来源：第一范文网）

问题： 企业采购活动中还有哪些内容要写入合同？

一、采购合同的含义及特征

（一）采购合同的含义

合同是双方或多方确立、变更和终止相互权利和义务关系的协议。合同的种类很多，但最常见、最普遍的合同是经济合同。它是法人之间为实现一定的经济目的，明确双方权利义务关系的协议。经济合同的基本特征是：主体限于法人；内容限于法人之间为进行经济行为的各种事项。

采购合同是经济合同的一种，是供需双方为执行供销任务，明确双方权利和义务而签订的具有法律效力的书面协议。随着商品流通的发展，采购合同正成为维护商品流通秩序和促进商品市场发展完善的手段。

（二）采购合同的特征

采购合同具有以下主要特征。

1. 采购合同是转移标的所有权或经营权的合同

采购合同的基本内容是出卖人向买受人转移合同标的的所有权或经营权，买受人向出卖人支付相应货款，因此它必然导致标的所有权或经营权的转移。

2. 采购合同的主体比较广泛

从国家对流通市场的管理和采购的实践来看，除生产企业外，流通企业也是采购合同的重要主体，其他社会组织和具有法律资格的自然人也是采购合同的主体。

3. 采购合同与流通过程密切联系

流通是社会再生产的重要环节之一，对国民经济和社会发展有着重大影响，重要的工业品生产资料的采购关系始终是国家调控的重要方面。采购合同是采购关系的一种法律形式，它以采购这一客观经济关系作为设立的基础，直接反映采购的具体内容，与流通过程密切相连。

二、采购合同的主要种类

采购合同有多种分类标准，可分为不同的类型。

1. 按采购内容分类

按采购内容分类，采购合同可分为货物采购合同、工程项目采购合同和服务采购合同。

2. 按采购职能的范围和标的分类

按采购职能的范围和标的分类，采购合同可分为商业采购合同、政府采购合同和制造业采购合同。

（1）商业采购是商业企业为转售而进行采购和储存货物，是以盈利为目的的采购，如批发商、零售商的进货采购等。商业采购中最大的部分是零售贸易采购，它将大宗货物从农场、工厂或批发商处采购过来，然后销售给最终消费者。采购是所有商品零售业组织中极其重要的职能。

（2）政府采购是指中央和地方政府及其他公共服务部门，为提供公共服务而进行的采购，不以转售和盈利为目的。

（3）制造业采购是为了制造、加工货物或材料所进行的采购。采购也是制造业中的重要环节，制成品的大部分成本来自所采购的原料或零部件。

3. 按合同支付方式分类

采购合同按合同支付方式，一般可分为固定价格合同、成本加酬金合同和固定工资合同等类型。

（1）固定价格合同。固定价格合同主要分为不变固定价格合同和可调整的固定价格合同。

1）不变固定价格合同又称不变价合同，即合同订立的价格在履行中不再发生变化。大多数的不变固定价格合同是通过竞争性招标确立的，但是由于特定采购项目的性质，有些采购方也可以通过成本分析和谈判与供应方达成不变固定价格合同。不变固定价格合同具有许多优点，特别是通过竞争性招标所订立的不变固定价格合同。

第一，管理成本小，没有审计成本。供应方和采购方的关系也非常简单，供应方独立完成工作，采购方按采购合同验收接货，支付合同款项。

第二，对采购方而言，合同的所有财务风险都由供应方承担。采购方的最终支付义务仅限于合同中确立的价格，所以超出合同价格以上的任何成本都由供应方承担。

不变固定价格合同的缺点是：供应方提供不良产品或服务的风险比其他类型的合同要大，尤其在缺乏可供选择的供货来源和适当的供应商评价体系的情况下，更是如此。因此，采购方必须加强对供应商的选择和合同标的的验收。

2）可调整的固定价格合同有时又称为带有经济价格调整条款的固定价格合同。可调整的固定价格合同是指当出现合同规定的成本和价格因素变动时，就可以对合同价格作出相应的调整。这种合同安排的结果是将通货膨胀造成的价格或成本变化风险从供应方转移给采购方。

可调整的固定价格合同中通常都有价格调整公式，价格调整需依合同中规定的价格调整公式进行。

（2）成本加酬金合同。成本加酬金合同也被称为成本补偿合同，此类合同确立的基础是采购方将补偿供应方在履行合同义务中负担的成本。这种支付方式要求供应方向采购方公开成本记录。成本加酬金合同主要可以分为成本加固定付费合同、成本加利润百分比合同、成本加激励费用合同、带最高限价的目标成本激励合同。

1）成本加固定付费合同是由采购方补偿供应方完成工作所需的成本，而且在供应方完成工作并且提供了满意的最终产品后，还向供应方支付一笔在合同授予之前确定的固定费用，这一固定费用与供应方实际负担的成本没有关系。这种合同主要适用于合同所要求工作的履行成本很不确定的情况，其主要原因是技术问题。因此，这种合同大量地运用于研究合同或研究开发合同中。

2）成本加利润百分比合同是以供应方在完成工作和提供服务时所负担的合理成本为基础，再加上按照成本的百分比计算的数额作为利润。因而这种合同方式使得供应方负担的成本越高，其所获得的利润就越大。它不鼓励供应方控制成本、提高效率，而是鼓励供应方花费得越多越好。

3）成本加激励费用合同是事先由双方确定一个完成工作的目标成本，低于该目标成本时的成本节约和高于该目标成本时的成本超支都可以在合同履行完毕时由双方共同分担。这是一种较能鼓励供应方控制工作成本的合同方式，在一定程度上能够激励供应方通过提高工作效率和有效性来控制成本。

4）带最高限价的目标成本激励合同是为了克服成本加激励费用合同的缺陷，而对目标成本引入一个最高限价。这样，采购方在合同订立时就可以知道其最大可能的成本预算是多少。

（3）固定工资合同。固定工资合同也可以称为以时间为基础的合同，广泛应用于复杂的研究、施工监理及绝大部分的培训、技术援助任务中，因为这类任务难以确定服务的时间和范围。

固定工资合同的基本方法是在合同订立时确定一个直接从事合同工作的人员的补偿价格。比如，如果合同要求进行工程设计，在合同中就规定供应方用于该项工作的每一个人员每小时或每天进行工程设计所付出的工作补偿价格，该固定价格包括基本工资、保险、纳税、工具、监督管理、现场及办公室各项开支及利润。

三、采购合同的内容

一份买卖合同主要由首部、正文与尾部三部分组成。

（一）首部

合同的首部主要包括以下内容：

（1）名称。如生产用原材料采购合同、品质协议书、设备采购合同、知识产权协议、加工合同。

（2）编号。

（3）签订日期。

（4）签订地点。

（5）买卖双方的名称。

（6）合同序言。

（二）正文

1. 主要内容

合同正文的主要内容包括以下13部分：

（1）商品名称。商品名称是指所要采购物品的名称。

（2）品质规格。品质是商品所具有的内在质量与外观形态的结合，包括各种性能指标和外观造型。该条款的主要内容有技术规范、质量标准、规格和品牌。

（3）数量。数量是指用一定的度量制度来确定买卖商品的重量、个数、长度、面积、容积等。该条款的主要内容有交货数量、单位、计量方式等，必要时还应该说明误差范围、交付数量超出或不足的处理。

（4）单价与总价。该条款的主要内容包括：计量单位的价格金额、货币类型、国际贸易术语（如 FOB、CIF、CPT 等）、物品的定价方式（固定价格、浮动价格）。

（5）包装。包装是为了有效地保护商品在运输存放过程中的质量和数量，便于分拣和环保而把货物装进适当容器的操作。该条款的主要内容包括：包装标识、包装方法、包装材料要求、包装容量、质量要求、环保要求、规格、成本、分拣运输成本等。

（6）装运。装运是把货物装上运输工具并运送到交货地点。该条款的主要内容包括：运输方式、装运时间、装运地与目的地、装运方式（分批、转运）和装运通知等。

（7）到货期限。到货期限是指约定的到货最晚时间。到货期限要以不延误企业生产为标准。

（8）到货地点。到货地点是货物到达的目的地。到货地点并不一定总是以企业的生产所在地为标准，有时为了节省运输费用，在不影响企业生产的前提下，也可以选择交通便利的港口交货。

（9）付款方式。国际贸易中的支付是指采用一定的手段，在指定的时间、地点，使用确定的方式方法支付货款。付款条款的主要内容有：支付手段、付款方式、支付时间和支付地点。

（10）保险。保险是企业向保险公司投保并交纳保险费的行为，也指货物在运输过程中发生损失时，保险公司向企业提供的经济补偿。该条款的主要内容包括：确定保险类别及其保险金额，指明投保人并支付保险费。根据国际惯例，凡是按照 CIF 和 CIP 条件成交的出口物资，一般由供应商投保；按照 FOB、CFR 和 CPT 条件成交的进口物资，由采购方办理保险。

（11）商品检验。商品检验是指商品到达后，按照事先约定的质量条款进行检验，对于不符合要求的产品要及时处理。

（12）纷争与仲裁。仲裁条款以仲裁协议为具体体现，表示买卖双方自愿将其争议事项提交给第三方进行裁决。仲裁协议的主要内容有：仲裁机构、适用的仲裁程序、仲裁地点、仲裁效力等。

（13）不可抗力。不可抗力是指在合同执行过程中发生的、不能预见的、人力难以控制的意外事故，如战争、洪水、台风、地震等，致使合同执行被迫中断，遭遇不可抗力的一方可因此免除合同责任。不可抗力条款的主要内容包括：不可抗力的含义、适用范围、法律后果、双方的权利义务等。

2. 选择性内容

合同正文的选择性内容包括：保值条款；价格调整条款；误差范围条款；法律适用条款。

对大批量、大金额、重要设备及项目的采购合同，要求全面详细地描述每一条款；对于金额不大、批量较多，而且买卖双方已签有供货、分销、代理等长期协议（认证环节完成）的，则每次采购交易使用简单订单合同，索赔、仲裁和不可抗力等条款已经包含在长期认证合同中。

（三）尾部

合同的尾部主要包括以下内容：

（1）合同的份数。

（2）使用语言及效力。

（3）附件。

（4）合同的生效日期。

（5）双方的签字盖章。

四、采购合同签订的程序

签订采购合同的程序根据不同的采购方式而有所不同，此处主要介绍采购合同订立的一般程序。普遍的采购合同签订要经过要约和承诺两个阶段。

1. 要约阶段

要约是指当事人一方向他方提出订立经济合同的建议，提出建议的一方叫要约人。要约是订立采购合同的第一步，应具有如下特征：

（1）要约是要约人单方的意思表示，它可以向特定的对象发出，也可以向非特定的对象发出。当向某一特定的对象发出要约时，要约人在要约期限内不得再向第三人提出同样的要约，不得与第三人订立同样的采购合同。

（2）要约内容必须明确、真实、具体、肯定，不能含糊其词，模棱两可。

（3）要约是要约人向对方作出的允诺，因此要约人要对要约承担责任，并且要受要约的约束。如果对方在要约一方规定的期限内作出承诺，要约人就有接受承诺并与对方订立采购合同的义务。

（4）要约人可以在得到对方接受要约表示前撤回自己的要约，但撤回要约的通知必须不迟于要约到达。对方撤回的要约或超过承诺期限的要约，要约人不再承担法律责任。

2. 承诺阶段

承诺表示当事人另一方完全接受要约人的订约建议，同意订立采购合同的意思表示，接受要约的一方叫承诺人。承诺是订立合同的第二步，它具有如下特征：

（1）承诺由接受要约的一方向要约人作出。

（2）承诺必须是完全接受要约人的要约条款，不能附带任何其他条件，即承诺内容与要约内容必须完全一致，这时协议即成立。如果对要约提出本质性意见或附加条款，则是拒绝原要约，提出新要约。这时，要约人与承诺人的地位发生了互换。在实践过程中，很少有对要约人发出的条款一次性完全接受的，往往经过反复的业务洽谈，经过协商，取得一致意见，最后达成协议。

供需双方经过反复磋商，经过要约与承诺的反复，形成具有文字的草拟合约。再经过签订合同和合同签证两个环节，一份具有法律效力的采购合同便正式形成了。签订合同是在对草拟合约确认的基础上，由双方法定代表签署，确定合同的有效日期。合同签证是合同管理机关根据供需双方当事人的申请，依法证明其真实性与合法性的一项制度。在订立采购合同时，特别是在签订金额数目较大及大宗商品的采购合同时，必须经过工商行政管理部门或立约双方的主管部门签证。

五、采购合同签订的形式

（一）口头合同形式

口头合同是指合同双方当事人只是通过语言进行意思表示，而不是用文字等书面形式表达合同的内容而订立合同。采用口头合同形式订立物品采购合同的优点是：当事人建立合同关系简便、迅速，缔约成本低。但这类合同发生纠纷时，当事人举证困难，不易分清责任。

《中华人民共和国民法典》（以下简称《民法典》）在合同形式的规定方面，放松了对当事人的要求，承认多种合同形式的合法性，将选择合同形式的权力交给当事人，对当事人自愿选择口头形式订立物品采购合同的行为予以保护，体现了合同形式自由的原则。但是《民法典》同时规定："法律规定采用书面形式合同的，必须采用书面形式。"这是法律从交易安全和易于举证的角度考虑，对一些重要合同要求当事人必须签订书面合同。

（二）书面合同

《民法典》第四百六十九条明确规定："书面形式是合同书、信件、电报、电传、传真等可以有形地表现所载内容的形式。"简单地说，书面形式是以文字为表现形式的合同形式。书面合同的优点在于有据可查，权利义务记载清楚，便于履行，发生纠纷时容易举证和分清责任。在我国目前市场经济制度尚未完善之际，当事人订立物品采购合同，适宜采用书面合同形式。

书面合同是采购实践中采用最广泛的一种合同形式。《民法典》第四百九十条规定："法律、行政法规规定或者当事人约定合同应当采用书面形式订立，当事人未采用书面形式但是一方已经履行主要义务，对方接受时，该合同成立。"可见，书面合同是一种十分重要的合同形式。

书面合同形式具体分为以下四类。

1. 合同书

合同书是记载合同内容的文书。它是书面合同的一种，也是物品采购合同中最常见的一种。当事人采用合同书形式订立采购合同的，自双方当事人签字或者盖章时成立。

2. 信件

信件是当事人就合同的内容相互往来的普通信函。信件的内容一般记载于纸张上，因而也是书面形式的一种。它与通过电脑及网络手段而产生的信件不同，后者被称为电子邮件。在采购合同中，经常是当事人在签订合同书的基础上，又围绕合同条款发生一系列信件往来，这些信件构成书面合同的一部分。

3. 数据电文

数据电文是与现代通信技术相联系的书面形式，包括电报、电传、传真、电子数据交换和电子邮件。其中，电报、电传、传真是通过电子方式来传递信息，它们的最终传递结果都被设计成纸质的材料。而电子数据交换和电子邮件则不同，它们虽然也是通过电子方式传递信息，但它们的传递结果可以产生以纸张为载体的书面资料，也可以被储存在磁带、磁盘、光盘或其他接收者选择的非纸张的中介物上。这些由中介载体载明的信息记录，构成了明确、可靠的书面资料，能够充分证明合同的存在。这完全符合书面合同的概念和要求，因此，电子数据交换和电子邮件也是书面合同形式的两种。这两种合同形式在订立涉外物品采购合同时比较多见。随着电子计算机和互联网技术的发展和普及，这种书面合同形式会越来越多。

4. 确认书

确认书是通过信件和数据电文的方式订立物品采购合同时，在承诺方承诺生效之前，当事人以书面形式对合同内容予以确认的文件。它实质上是一种合同书的形式。《民法典》第四百九十一条规定："当事人采用信件、数据电文等形式订立合同要求签订确认书的，签订确认书时合同成立。"

确认书的适用条件有：当事人采用信件或数据电文形式订立合同；有一方当事人要求签订确认书；确认书一般是在合同成立前签订，因为确认书是对合同内容的最终确认，如果合同已经成立，再签订确认书就没有意义了。确认书属于承诺的一种意思表示。

（三）其他合同形式

其他合同形式是指除口头合同和书面合同以外的其他形式的合同，主要包括默示形式和推定形式。

六、采购合同的签订

（一）采购合同订立前的准备工作

合同依法订立后，双方必须严格执行。因此，采购人员在签订采购合同前，必须审查卖方当事人的合同资格、资信及履约能力，按法律的要求，逐条订立采购合同的各项必备条款。

1. 审查卖方当事人的合同资格

为了避免和减少采购合同执行过程中的纠纷，在正式签订合同之前，采购人员首先应审查卖方当事人作为合同主体的资格。所谓合同资格，是指订立合同的当事人及其经办人，必须具有法定的订立经济合同的权利。审查卖方当事人的合同资格，目的在于确定对方是否具有合法的签约能力，这一点直接关系到所签订的合同是否具有法律效力。

（1）法人资格审查。认真审查卖方当事人是否属于经国家规定的审批程序成立的法人组织。法人是指拥有独立的必要财产，有一定的经营场所，依法成立并能独立承担民事责任的组织机构。判断一个组织是否具有法人资格，主要看其是否持有工商行政管理局颁发的营业执照。经工商登记的国有企业、集体企业、私营企业、各种经济联合体、实行独立核算的国家机关、事业单位和社会团体，都具有法人资格，都可以成为合法的签约对象。

在审查卖方法人资格时应注意：没有取得法人资格的社会组织及已被取消法人资格的企业或组织，无权签订采购合同。要特别警惕一些根本没有依法办理工商登记手续或未经批准的"公司"，它们或私刻公章、冒充法人，或假借他人名义订立合同，旨在骗取买方的贷款或定金。同时，要注意识别那些没有设备、技术、资金和组织机构的"四无"企业，它们往往在申请营业执照时弄虚作假，以假验资，以假机构骗取营业执照，虽签订供货合同并收取贷款或定金，但根本不具备供货能力。

（2）法人能力审查。审查卖方的经营活动是否超出营业执照批准的范围。超越业务范围以外的经济合同，属无效合同。法人能力审查还包括对签约的具体经办人的审查。采购合同必须由法人的代表人或法定代表人授权证明的承办人签订。法人的法定代表人就是法人的主要负责人，如厂长、经理等。他们对外代表法人签订合同。法人代表也可授权业务人员如推销员、采购员作为承办人，以法人的名义订立采购合同。承办人必须有正式授权证明书，才能对外签订采购合同。法人的代表人在签订采购合同时，应出示本人的身份证明、营业执照或副本；法人委托的经办人在签订采购合同时，应出示本人的身份证明、法人的委托书、营业执照或副本。

2. 审查卖方当事人的资信和履约能力

资信，即资金和信用。审查卖方当事人的资信情况，了解当事人对采购合同的履行能力，对于在采购合同中确定权利义务条款具有非常重要的作用。

（1）资信审查。具有固定的生产经营场所、生产设备和与生产经营规模相适应的资金，特别是拥有一定比例的自有资金，是一个法人对外签订采购合同起码的物质基础。采购人员在向卖方当事人提供自己的资信情况说明的同时，要认真审查卖方的资信情况，从而建立起相互依赖的关系。

（2）履约能力审查。履约能力是指当事人除资信以外的技术和生产能力、原材料与能源供应、工艺流程、加工能力、产品质量、信誉高低等方面的综合情况。总之，就是要了解对方有没有履行采购合同所必需的人力、物力、财力和信誉保证。如果经审查发现卖方资金短缺、技术落后、加工能力不足，无履约供货能力，或信誉不佳，就不能与其签订采购合同。只有在对卖方的履约能力充分了解的基础上签订采购合同，才能有可靠的供货保障。

审查卖方的资信和履约能力的主要方法有：通过卖方的开户银行，了解其债权、债务情况和资金情况；通过卖方的主管部门，了解其生产经营情况、资产情况、技术装备情况、产品质量情况；通过卖方的其他客户，直接了解其产品质量、供货情况、维修情况；通过卖方所在地的工商行政管理部门，了解其是否具有法人资格和注册资本、经营范围、核算形式；通过有关的消费者协会和法院、仲裁机构，了解卖方的产品是否经常遭到消费者投诉，是否曾经牵涉诉讼案件。对于大批量的性能复杂、质量要求高的产品或巨额的机器设备的采购，在上述审查的基础上，还可以由采购人员、技术人员、财务人员组成考察小组，到卖方的经营加工场所实地考察，以确定卖方的资信和履约能力。采购人员在日常工作中，应当注意搜集有关企业的履约情况和有关商情，作为以后签订合同的参考依据。

（二）签订采购合同的注意事项

1. 起草合同文本

当谈判双方就交易的主要条款达成一致以后，就进入合同签约阶段。一般来讲，文本由谁起草，谁就掌握主动权。因为口头上商议的东西要形成文字，还需要一个过程。有时候，仅仅是一字之差，意思就有很大区别。起草一方的主动性在于可以根据双方协商的内容，认真考虑写入合同中的每一项条款，斟酌选用对己方有利的措辞并安排条款的程序或解释有关条款。所以，在谈判中，应重视合同文本的起草，并尽量争取起草合同文本。

起草合同文本还需要做许多工作，例如，在拟订谈判计划时，计划确定的谈判要点，实际上就是合同的主要条款。起草合同文本，不仅要提出双方协商的合同条款，及己方应承担的责任和义务，而且还要全面而细致地讨论和研究所提出的条款，搞清楚在哪些条款上不能让步，在哪些条款上可以适当让步，以及让步多少等。这样，在双方就拟定合同的草稿进行实质性的谈判时，就掌握了主动权。

2. 合同必须有严密的条款

谈判所涉及的数量、质量、货款支付及履行期限、地点、方式等，都必须严密、清楚，否则会造成不可估量的经济损失。合同太笼统也不利于合同的履行。例如，我国北方某企业向南方某公司购买了一批电脑，注明原机主要部件须为进口产品，而南方电脑公司提供的机器除机芯为进口产品外，其他部件均系国内组装产品。因为原合同用语"主要部件"表意含糊不确切，导致了本想购买一批进口主机的北方企业买了一批国内组装产品。

（1）签订的合同对商品的标准必须明确规定。有国家标准的，按国家标准执行；没有国家标准而有专业标准的，按照专业标准执行；没有国家、专业标准的，按企业标准执行。如果有其他方面的问题必须写明。例如，北京有一个单位与一家蔬菜公司签订的合同只有7个字：大白菜10万千克。但在运输过程中出现了许多问题，白菜损失了一大部分。在双方交涉过程中，因购货方没有明确质量标准，只能自食苦果。

签订合同时，对于双方在买卖过程中所涉及的商品的名称必须准确而规范。国家统一了名称的，用国家统一的名称；没有国家统一名称的，谈判双方应该统一名称，必要时还要留存样品。因为一物异称、异物同称的现象是很普遍的。

（2）签合同不仅要做到字斟句酌、反复推敲，而且要注意合同的条款有无重复，或者前后是否自相矛盾，以免使对方钻了空子。

（3）合同必须明确双方应承担的义务和违约的责任。在现实中，许多合同只规定了双方交易的主要条款，却忽略了双方各自应尽的责任，尤其是违约应承担的责任，这样自然削弱了合同的约束力。另外，有些合同条款虽然规定了双方各自的责任、义务，却写得十分含糊、笼统，这样，即使一方违约，另一方也无法追究违约者的责任。

权利和义务是密切相关的，在合同中规定双方承担的义务和违约的责任，也是对签订合同双方的权利的保障。否则，一方违约，另一方就可能遭受重大损失。如果当事人一方不履行合同中规定的义务，或者履行的合同义务不符合约定，应当承担继续履行、采取补救措施或者赔偿损失等违约责任。当事人一方明确表示，或以自己的行为表明不履行合同义务的，对方可以在履行期限届满之前要求其承担违约责任。若对违约责任没有约定或约定不明确，通过双方协议仍不能明确的，受损害方根据违约及损失的大小，可以合理选择要求对方承担保修、更换、重做、退货、减少价款或报酬等违约责任。当事人一方履行义务不合格的，在继续履行或采取补救措施后，对方仍有其他损失的应当赔偿损失。由于当事人一方不履行或履行合同义务不符合约定而造成的损失，损失赔偿额应包括因违约所造成的损失，以及合同履行后可以获得的利益。

（三）合同不明确的处理

合同是当事人双方协商一致的结果，理想的合同应该条款明确、具体，以便于履行。但在现实中，一方面口头合同大量存在；另一方面有些书面合同由于种种原因致使某些条款没有约定或约定不明确，给合同的履行造成了很大的不便，也引发了不少纠纷。

《民法典》第五百一十条明确规定，合同生效后，当事人就质量、价款或者报酬、履行地点等内容没有约定或者约定不明确的，可以协议补充；不能达成补充协议的，按照合同相关条款或者交易习惯确定。用《民法典》中第五百一十条的办法在实践中可能会有一定随意性，如果依此不能明确有关条款的含义，可用《民法典》第五百一十一条来解决。第五百一十一条是针对常见的对质量、价款、履行地点、履行方式等的约定欠缺或不明确所提供的一个法定硬标准，是确定当事人义务的法定依据。这一条款有以下规定：

（1）质量要求不明确的，按照强制性国家标准履行；没有强制性国家标准的，按照推荐性国家标准履行；没有推荐性国家标准的，按照行业标准履行；没有国家标准、行业标准的，按照通常标准或者符合合同目的的特定标准履行。

（2）价款或者报酬不明确的，按照订立合同时履行地的市场价格履行；依法应当执行政府定价或者政府指导价的，依照规定履行。

（3）履行地点不明确，给付货币的，在接受货币一方所在地履行；交付不动产的，在不动产所在地履行；其他标的，在履行义务一方所在地履行。

（4）履行期限不明确的，债务人可以随时履行，债权人也可以随时请求履行，但是应当给对方必要的准备时间。

（5）履行方式不明确的，按照有利于实现合同目的的方式履行。

（6）履行费用的负担不明确的，由履行义务一方负担；因债权人原因增加的履行费用，由债权人负担。

（四）合同生效期

在双方订立合同时，经常看到这样的条款：本合同自签订之日起生效。这类合同只要双方当事人订立就立即生效。然而，在经济交往中，还有许多合同并非一订立就立即生效。

合同成立、合同生效是两个不同的概念。合同成立是双方对合同条款经过协商达成一致；而合同生效是指已经依法成立的合同在当事人之间产生一定的法律约束力。订立合同后合同何时生效，对于当事人主张权利、履行义务至关重要。因为只有合同生效后才能产生一系列的法律效力：一是双方当事人享有合同约定权利的同时，必须全面履行合同约定的义务，任何一方不得擅自变更和解除合同；二是一旦当事人一方不履行合同义务，违反合同约定，就要承担相应的法律责任；三是合同条款成为处理合同纠纷的重要依据。

《民法典》对合同的生效时间做了具体、明确的规定，概括起来可分为三类。一是依法成立的合同，自成立时生效，也就是合同成立的时间就是合同生效的时间。二是法律、行政法规的特别规定。法律、行政法规规定应当办理批准登记等手续生效的，依照其规定。例如《中华人民共和国房地产管理法》规定，房地产转让、抵押，当事人应当办理权属登记，自办理登记手续后，转让、抵押合同才能生效。三是当事人的特别约定。当事人对合同的效力可以约定附加条件，附加生效条件的合同，自条件成立时生效。即双方当事人可以约定某一条件，只有具备了此条件，该合同才发生法律效力。例如，在房屋赠予合同中，房屋赠予人与被赠予人约定，当被赠予人结婚时将房屋赠予他。那么"被赠予人结婚"就是此房屋赠予合同生效的条件。当具备了这一条件时，该赠予合同才生效。四是当事人对合同的效力可以约定生效期限。附生效期限的合同，自期限到期时生效。在人寿保险合同中，双方约定在缴费满了3个月后，合同生效。3个月缴费期满，即为期限到期，合同开始生效。

另外，合同的效力是指合同所具有的法律约束力。一般而言，凡是依法成立的合同都是有效的合同。不过，有些合同虽然成立了，但由于合同当事人双方不具有相应的民事权利和民事行为能力，或合同内容违反法律、行政法规有关规定，或者损害社会公共利益等，不能发生法律效力。这些合同有无效合同、可撤销的合同和效力待定的合同。

所谓效力待定的合同，就是合同的效力需要由第三方来确定的合同。这类合同已经成立，但由于它不完全具备合同生效的条件，因而其效力尚处于不确定的状态，须经第三方的同意才能确定是否有效。效力待定的合同不同于无效合同，无效合同是自始就不发生法律效力的合同，而效力待定的合同是一种效力不确定的合同，它可能有效，也可能无效，有效、无效都取决于第三方是否追认。

根据《民法典》的规定，有下面三种合同属于效力待定的合同。

第一种是限制民事行为能力的人订立的合同。限制民事行为能力的人由于还不具备完的缔约能力，所以其民事活动一般须经法定代理人的同意或追认。如一个 12 岁的小学生将家里价值 1 000 元的相机拿到一家玩具店换回一套价值 400 元的变形金刚玩具，那么这个以物换物的交易是否有效呢？这就取决于孩子的法定代表人家长的态度。如果孩子的家长认可，那么这就是一个有效合同；如果家长认为这样交换吃亏了，这个合同就是无效合同。当然，限制行为能力的人如果订立的是纯获得利益的或与其年龄、智力、健康状况相适应的合同，如孩子们之间相互送礼物等，就不必经法定代理人追认便直接有效。

第二种是《民法典》规定的没有代理权、超越代理权或代理权终止后仍以被代理人名义订立的合同，这些合同是否有效，取决于代理人是否追认。这也是一种效力待定合同。

第三种效力待定的合同是无处分权人处分他人财产，经权利人追认的，该合同有效。从常理上讲，自己的财产未经许可，就被他人处理掉了，肯定是无效的，但考虑到现实情况，《民法典》也将此类合同划为效力待定之列，实际上是赋予权利人更多的选择。如果权利人认可，该合同就是有效的；如果不认可，合同就无效。

在订立合同时，要充分考虑所订合同是否属于法律和行政法规的特别规定和是否需要特别约定，然后根据合同的性质、特点，结合具体情况，选择最能保障合同目标实现的生效时间和生效期限，切实保障交易安全和自身合法权益。

（五）合同履行的原则

履行经济谈判协议，要求当事人必须全面履行合同规定的义务。要实现这一点，必须贯彻实际履行原则和适当履行原则。两者缺一不可。

1. 实际履行原则

所谓实际履行，就是要严格按照协议规定的标的履行，协议怎么规定，就怎么履行，不能任意用其他标准来代替，也不能用支付违约金或赔偿金的办法来代替合同原定的标的履行。

如果供方未能履行协议，供方必须按合同规定承担全部责任，并向需方支付违约金和赔偿金。但此时，协议并没有中止，违约方仍然要执行实际履行的义务。所以，原则上，罚款不能代替标的履行。除非不具备实际履行的情况，才允许不实际履行，这些情况包括：①以特定物为标的的协议，当特定物灭失时，实际履行协议的标的已不存在；②由于债务人延迟履行标的，标的交付对债权人已失去实际意义，如供方到期不交付原材料，需方为免于待料停工，设法从其他地方取得原材料；此时，如再供货，对需方已无实际意义；③法律或协议本身明确规定不履行协议，只负赔偿责任，如货物运输原则一般均规定货物在运输过程中丢失时，只由承运方承担赔偿损失的责任，不要求做实际履行。

2. 适当履行原则

所谓适当履行原则，就是要求协议的当事人，不仅要严格按协议的标的履行协议，而且对协议的其他条款，如质量、数量、期限、地点、付款等都要以适当的方式全面履行。凡属适当履行的内容，如果双方事先在协议中规定得不明确，一般可按常规做法来执行，但这是在不得已情况下采用的。严格来讲，适当履行原则本身就要求当事人在订立协议时，尽量做到具体明确，以便双方遵照执行。

实际上，贯彻实际履行原则和适当履行原则，就是要求双方当事人必须严格按照协议的条款去履行。

（六）合同担保

合同的担保是保证协议切实履行的一种法律关系。担保是指在谈判时，一方或双方请保证人以其他的方式来保证其切实履行协议的一种形式。担保是由国家法律规定的或由双方当事人协商确定的。合同的担保主要有以下几种形式。

1. 保证

保证是保证人担保被保证人履行合同，当被保证人不履行合同或不完全履行合同时，由保证人连带承担赔偿损失的责任。保证的作用：一是监督被保证人认真履行合同；二是在被保证人不履行合同时，由保证人连带承担赔偿损失的责任。被保证人不履行合同或不完全履行合同时，另一方当事人有权请求保证人连带承担赔偿损失的责任；同时，有权请求被保证人继续按约履行合同。所谓连带承担赔偿损失的责任，即保证人和被保证人都负有承担赔偿另一方当事人经济损失的责任。保证人赔偿被保证人违约造成另一方当事人的经济损失后，有权向被保证人请求偿还所赔偿的损失。

2. 定金

定金是签订合同的一方当事人为证明合同的成立和保证合同的完全履行，要在标的价款或酬金的数额（一般不超过20%）内，预先给付对方当事人一定数额的货币。定金的作用有两点：一是证明合同的成立，一方当事人在签订合同时，担心对方当事人悔约而给付定金，对方当事人接受定金就是经济合同成立的法律依据；二是作为一种担保形式，它是在没有第三人参加的情况下，双方当事人为了保证合同的切实履行而协商约定的法律关系。因此，如果接受定金一方不履行合同，应当双倍返还定金；如果给付定金的一方不履行合同，则无权请求返还定金。所以，定金既有担保作用，又可以补偿不履行合同所造成的经济损失。

3. 质押

质押是指担保债权的履行，债务人或第三人将其动产或权利移交债权人占有，当债务人不履行债务时，债权人有就其占有的财产优先受偿的权利。

4. 留置

留置也是协议担保的一种扣留措施。这种担保形式常常用于原料加工、保管和工程项目的合同关系。如加工承揽合同中，委托方把一定的原料交给承揽方加工，如果委托方不按约定期限领取委托物，承揽方有权留置其委托物；如果委托方超过领取期限仍不领取，承揽方有权将委托物变卖，所得价款在扣除报酬、保管费用之后，用委托方的名义存入银行。承揽方的这种权利，叫作留置权。

5. 抵押

抵押也属于一种担保形式，是指协议当事人一方或第三人为履行协议向对方提供的财产保证。提供抵押的一方当事人或者第三人称抵押人，接受抵押财产的当事人称抵押权人。抵押人不履行协议，接受抵押人有权依法变卖抵押物，从所得价款中优先得到清偿。但是，不能把国家法律、法规禁止流通和禁止强制执行的财产进行抵押。

七、采购合同管理

合同管理涉及从合同签订到合同终止期间内，供应商或者采购商关于合同的所有活动。合同管理的目标是解决合同期间出现的所有问题，确保供应商履行合同规定的义务。

（一）采购合同管理的环节

合同管理由采购管理专职人员操作，主要包括以下几个环节：

（1）计划审查。审查采购计划是否在规定的时间内转化成订单合同。

（2）合同审批。审查合同号、数量、单位、单价、币种、发运目的地、供应商、到货日期等。

（3）合同跟踪。检查采购合同的执行情况，对未按期到货的合同研究对策，加强监督。

（4）缺料预测。与计划人员一起操作，根据生产需求情况，推测可能产生缺料的物料供应合同，研究对策并实施。

（5）根据实际采购情况，妥善处理合同变更、提前终止、纠纷等问题。

合同纠纷的解决办法有：买卖双方协商解决；第三方调解解决；仲裁机构仲裁解决；司法机关组织的诉讼解决。

（二）采购合同审计

采购合同审计是对采购合同的合法性、完整性和有效性等所进行的审计。采购合同审计的主要内容包括以下几个方面。

1. 合同主体审计

合同主体的合法性是确保合同具有法律效力的前提。为保证采购合同的有效性、合法性，避免因签订无效合同企业造成的经济损失，必须对合同主体资格、经营范围、履约能力、委托代理人的代理资格等进行审计。

（1）审查签订合同的主体。重点审查供货方是否为依法登记的企业法人；审查供货方提供的营业执照（要求企业提供营业执照副本原件），确认供货方是否为法人企业，避免与不能独立享有经济权利和承担义务的不具备法定条件的公司职能部门、分公司签订合同；审查企业最近一期在工商部门的年检情况，是否及时年检；审查企业营业期限是否已经过期或即将到期。

（2）审查供货方经营范围。重点审查营业执照注明的经营范围是否包括合同标的，是否超出了在工商行政管理部门登记注册的范围。

（3）审查供货方有无履约能力。审查供货方提供的各种资质文件，关注各种资质的取得日期、到期期限及业务主管部门的年检情况；审查企业的年度财务报告，了解资产结构、生产经营人员状况、生产能力及上一年度生产供应情况、库存状况，判断供货方的履约能力；适当审查企业的资产负债情况，了解企业的偿债能力。

（4）审查授权委托代理人的代理资格。审查授权代理书是否经公司法人授权批准，授权书是否签章齐全；提供证明身份的有效证件是否与授权人及被授权人相符。

2. 合同签订前进行招标比价审计

（1）注重对价格信息的搜集。采购合同审计不仅需要一般的财务会计知识、基本审计取证方法，也要求审计人员掌握采购物资的市场供需变化、价格变动趋势、供应渠道、运输方式等。审计人员平时应加强这方面的知识积累，做好市场调查，通过亲临市场、电话查询及网上询价等途径，了解各种物资材料的来源和供销价格，并建立对应的市场信息库。

（2）充分运用信息化管理手段。企业生产经营所需大宗物资的采购一般具有重复性，其结果可以为以后的物资采购提供参考。事先将历次采购物资的价格、数量、供应商、合同订单号等情况按物料编码存入计算机系统，审计采购合同时，可及时从计算机中得到该物料以前已采购批次的采购日期、价格、供应商、订单号及审核日期等情况。审计人员可在此基础上结合市场变化情况，估算现阶段合理的采购价格，并与合同价格进行对比，以保证工作质量，提高审计效率。

（3）加强对招标过程的审查监督。通常情况下，企业小量、小额采购业务由企业自己完成，批量、大额采购进行公开招标，审计人员应重点审查招标程序是否合法、操作是否规范，审查招标文件中对投标方主体资格、资质、履约能力的要求，以及采购物资数量、规格、技术要求、付款方式等重要内容。

3. 对合同条款的审计

（1）对合同内容的审计。根据企业生产经营计划、库存管理办法、合同管理审批程序等要求，对采购合同内容的合法性、真实性、有效性及可行性进行严格审查。首先检查合同是否违反国家的法律法规，违反法律法规的合同自签订起就是无效合同，不受法律保护；其次检查合同是否以真实的经济交易为基础；再次检查合同是否有缺陷、是否遗漏必要条款、是否存在不利条款；最后检查合同是否可行、是否显失公平等。

（2）对合同必备条款的审计。民法典规定购销合同中，必须对以下条款进行审计。

1）当事人双方名称或姓名和住址。该条款是对合同主体的明确，也是落实合同权利和义务的前提。审查时，主要审查合同单位名称与中标单位、营业执照名称是否一致，与所加盖的合同专用章名称是否一致，住址是否与营业执照公司登记的法定地址一致。

2）标的。重点审查合同标的是否与公司按计划要实施采购的物资相符，型号及规格是否准确、齐全。

3）数量及质量要求。该条款是确定双方权利、义务、责任大小的关键条款，应重点审查合同上是否清楚、具体地写明了确切的数量及计量单位。质量要求要明确说明执行的是国家标准、行业标准还是技术标准等。

4）价款或报酬。该条款是采购合同的核心条款。实行招标采购的，应重点审查采购合同中的价格是否为中标价格，是否为一口价；非招标采购的，应审查价格是否进行过市场调查、询价、比价，价格是否含税，是否高于市场价，是否包括运费、装卸费等相关费用。

5）结算方式及期限。审查采购合同是否明确了结算方式和付款期限，是否符合有关结算规定，如大额资金收支不能以现金结算等。付款期限应明确是一次性付款还是分期付款，是否预留一定比例的质保金，质保金返还的最后期限等。

6）交付标的的方式、时间、地点。审查采购合同是否明确了交货方式、交货时间、交货地点。

7）验收标准、方法、地点及期限。审查验收标准是否明确，是用国家标准、行业标准，还是技术标准；是在卖方现场验收，还是到货后在买方验收；是否约定了验收期限的违约责任及解决办法。审查合同的违约处罚是否明确具体，如违约金的比例、赔偿范围、赔偿方式等；解决争议的方式是否确定，如是协商、仲裁还是诉讼，首选法院是哪家等。

4. 合同执行情况及变更情况的审计

审查合同的实际履行时是否存在不执行或执行不完全的情况，若有，则分析原因，以利于企业尽快采取措施，将合同损失降到最低，也为企业将来签订采购合同提供经验教训。审查合同的变更情况，如变更理由是否真实、合理，变更合同是否采用了书面形式，是否履行了变更批准、审签手续等。

（三）采购合同执行过程中的跟踪、监控

合同跟踪、监控是订单人员的重要职责。合同跟踪、监控的目的是促进合同正常执行、满足企业的物料需求、保持合理的库存水平。在实际订单操作过程中，合同、需求、库存三者之间会产生矛盾，突出地表现为：合同因各种原因难以执行，需求不能满足，导致缺料、库存难以控制。

1. 合同执行前的跟踪、监控

当一个订单合同制定之后，供应商是否接受订单、是否及时签订等都是订单人员要及时了解的情况。

在采购环境里，同一物料有几家供应商可供选择是十分正常的情况，独家供应的情况是很个别的。虽然每个供应商都有分配比例，但是在具体操作时还可能会遇到供应商因为各种原因拒绝订单的情况。由于时间的变化，供应商可能要求改变认证合同条款，包括价格、质量、期货等，订单人员应该充分与供应商进行沟通，确认可选择的供应商。如果供应商按时签返订单合同，则说明供应商的选择正确；如果供应商确实难以接受订单，千万不可勉强，可以在采购环境里另外选择其他供应商，必要时要求认证人员协助办理。与供应商正式签订过的合同要及时存档，方便以后查阅。

2. 合同执行过程的跟踪、监控

与供应商签订的合同具有法律效力，订单人员应该全力跟踪，合同确实需要变更时要征得供应商的同意，不可私自变更合同。合同执行过程的跟踪要把握以下事项：

（1）严密跟踪、监控。严密跟踪供应商准备物料的过程，保证订单正常进行。发现问题要及时反馈，需要中途变更的要立即解决，不能在这方面耽误时间。不同种类的物料，准备过程也不同，总体上可以分为两类：一类是供应商需要按照样品或图纸定制的物料，存在加工过程，周期比较长，出现问题的概率大；另一类是供应商有库存，不存在加工过程，周期也相对比较短，不容易出现问题。在这两种情况下，前者跟踪的过程就比较复杂，后者相对比较简单。

（2）紧密响应生产需求形式。如果因市场生产需求紧急，要求本批物料立即到货，采购人员就应该马上与供应商进行协调，必要时还应该帮助供应商解决疑难问题，保证需求物料的准时供应。有时产品滞销，采购方经过研究决定延缓或取消本次订单物料供应，订单人员也应该立即与供应商进行沟通，确认可以承受的延缓时间，或者终止本次订单，同时应该给供应商相应的赔款。

（3）慎重处理库存控制。订单人员应密切关注库存水平，既不能让生产缺料，又要保持最低的库存水平。当然，库存问题还与采购环境的柔性有关，这方面也需要认证人员和计划人员的通力合作。

（4）控制好物料验收环节。物料到达订单规定的交货地点，对国内供应商而言，一般是指到达企业原材料库房；对境外供应商而言，一般是指到达企业的国际物流中转中心。境外交货的情况下，供应商在交货之前会将到货情况表单传真给订单人员，订单人员必须按照原先所下的订单对到货的物品、批量、单价及总金额等进行确认，并录入归档，开始办理付款手续。境外物料的付款条件可能是预付款或即期付款，一般不采用延期付款。

3. 合同执行后的跟踪、监控

在按照合同规定的支付条款对供应商进行付款后仍需要进行合同跟踪。一方面，订单执行完毕的条件之一是供应商收到本次订单的货款，如果供应商未收到货款，订单人员有责任督促付款人员按照流程规定加快操作，否则会影响企业的信誉。另一方面，物料在运输或者检验过程中可能会出现一些问题，偶发性的小问题可由订单人员或者现场检验人员与供应商联系解决。

另外，合同跟踪、监控还需要进行以下补充说明：

（1）在合同跟踪、监控过程中，要注意供应商的质量、货期等变化情况。需要对认证合同的条款进行修改的，要及时提醒认证办理人员，以利于订单操作。

（2）注意把合同、各类经验数据的分类保存工作做好。现在一般采用计算机软件管理系统进行管理，将合同进展情况录入计算机，借助计算机自动处理跟踪合同。

（3）供应商的历史表现数据对订单下达及合同跟踪具有重要的参考价值，因此应当注意利用供应商的历史情况来决定对其实施的办法。

（四）采购合同纠纷的解决

所有合同，无论写得多么详细，准备得多么充分，仍很容易发生某种形式的纠纷和分歧。总的来说，合同的性质越复杂，涉及金额数目越大，将来越有可能在解释合同中的术语和条件时因意见不同而发生纠纷。因此，采购主管必须预见这些冲突发生的潜在因素，并在冲突发生前做好适当的准备。

解决合同纠纷、分歧最简单的方法就是争议双方面对面地谈判。通常，各方也要考虑与纠纷有关的其他因素，尽管这些因素不在纠纷之中。例如：如果买卖双方在合同的某些语句条款的解释和送达条件的认同上存在分歧，那么或许他们会在合同其他项目和条件（如价格）方面进行合作。

采购合同纠纷的解决可以考虑以下几种途径。

1. 诉讼

解决合同纠纷的传统方法是基于国家的法规文件，因为它提供了一个合法权限。在这个合法权限内，公平的法官能够听取案件的实际情况，作出有利于双方的判决。由于解决纠纷的不确定性、费用高和所需的时间较长，许多采购方和供应商会尽量避免诉讼过程，以其他方式处理纠纷。把纠纷带入法律系统被认为是最后一种途径，并非最佳方法。

2. 仲裁

通过仲裁来帮助解决合同纠纷是近来发展最快的解决纠纷各方冲突的方法。仲裁可被用于保护纠纷各方的利益，是一种对各方来说都很合理的方法，因为它的费用不高，用时较短，还能保护隐私。

在订立和谈判购买合同时，许多采购主管会在采购订单或其他合同文件的通用条款中（包括仲裁条款），说明纠纷各方如何选择一个合适的仲裁者和纠纷的仲裁形式。确保仲裁者的观点结合纠纷双方的意见是很重要的。对潜在纠纷提前进行充分安排，能够在冲突发生时防止出现重大问题。

采购主管如果希望他们在与供应商的交易过程中占优势，就必须了解有关约束性仲裁的几点注意事项：采购方不能依据合同中仲裁的规定来行事，特别是当供应商合同中不含有这样的仲裁规定时；如果供应商的合同中含有仲裁规定，而采购方的合同不含有，且采购方并不想以此为依据时，那么供应商不能以此为依据；只有双方的合同都有仲裁规定时，仲裁才能变成一致同意且有效力的解决方式。

3. 其他解决冲突的形式

随着越来越多的买卖双方采用仲裁方式，许多不同形式的解决冲突的方法也已出现。

（1）调解。当人们考虑仲裁过程时，通常想到的是在冲突双方之间进行调解，以促进和解、最终解决或折中调解。调解者的责任包括倾听双方提供的事实，以适当的文件和其他证据为裁决依据，给出判决以解决纠纷双方的合法权益。调解与仲裁的不同之处在于仲裁结果强加给纠纷方，有强制力，而在调解过程中，纠纷方可对调解人的决定保留他们的权利。

（2）"小法庭"。"小法庭"是一种举证，包括纠纷双方经理人信息交换的形式。执行者听取双方的举证，然后尝试通过与对方谈判解决纠纷。由于"小法庭"通常比谈判的其他形式更复杂，只有当纠纷很明显和非常复杂时，才会使用。这个方法的优点是它把潜在的法律冲突转化成商业决定，并促进双方今后的关系发展。

（3）防止纠纷。这是纠纷诉讼最后一个变通的解决方法，其中的关键因素是合作的商业关系，如长期的合同双方、伙伴关系的战略同盟等。当合同方一开始就同意防止纠纷，那么一个在纠纷诉讼之前的谈判、调解、仲裁的计划表或协定会在协议中进行规定和具体描述。

（五）选择合同纠纷解决方法的考虑因素

当决定用哪种方法解决纠纷时，要考虑以下几个因素：

（1）纠纷双方的关系。这是最先考虑的因素。当双方关系在发展并预计有很好的前景时，双方更愿意通过能保持良好关系的方法解决纠纷。方法的选择要根据买方偏好的结果方式进行。

（2）纠纷方的参与。纠纷方的参与对成功地通过谈判、调解、仲裁等方法解决纠纷是很重要的。只有各方积极参与，其结果才是公平、无伤害的。

（3）负责人所表现的感情程度。如果有生气和挫折等很强烈的情感，那么诉讼的整个财务、时间、精力的消耗都要比预计的高出很多。长时间的官司经历会使更多潜在的诉讼人考虑费用低、时间短的解决纠纷的替代方法。

（4）速度。这是决定是否采取诉讼、调解或仲裁等方法的重要因素。在法庭短时间内达成适当的解决办法中，时间压力会迫使纠纷各方更积极配合，更能相互理解。解决纠纷的时间与所需的费用有直接联系，一般解决方法越快，费用越低。

（5）信息。选择的方法还可能决定于达成解决办法所需的信息。各方越倾向于到法庭解决纠纷，所需信息就越真实。由于公开化，纠纷所涉及的公司可能不愿意公开他们的信息或商业秘密。另外，对纠纷各方而言，其他方法与诉讼方法相比有更多的保密性。

（六）采购合同的变更与解除

当一方要求变更或解除合同时，在新的协议达成之前，原合同仍然有效。但要求变更或解除合同的一方应采取书面形式（文书、电报等）及时通知对方，对方在接到通知后 15 天内（另有规定或当事人另行商定期限的除外）予以答复，逾期不答复的视为默认。

变更或解除合同的日期，以双方达成协议的日期为准，需报上级主管部门批准的，以批准的日期为准。此外，签订合同中有笔误需要修正的，需经双方协商同意后才生效。

本章练习题

1. 采购谈判的含义是什么？
2. 采购谈判的内容、目的、特点有哪些？
3. 采购谈判的程序有哪些？
4. 采购谈判的技巧有哪些？
5. 采购合同的含义及特征是什么？
6. 采购合同的内容有哪些？

7. 采购合同签订的程序有哪些?

8. 采购合同签订的形式有哪些?

9. 采购合同争议与索赔的处理有哪些?

案例讨论

郑州某施工单位根据领取的某200平方米两层厂房工程项目招标文件和全套施工图纸,采用低报价策略编制了投标文件,并获得中标。该施工单位(乙方)于×年×月×日与建设单位(甲方)签订了该工程项目的固定价格施工合同,合同工期为8个月。甲方在乙方进入施工现场后,因资金紧缺,无法如期支付工程款,口头要求乙方暂停施工一个月,乙方亦口头答应。

工程按合同规定期限验收时,甲方发现工程质量有问题,要求返工。两个月后,返工完毕。结算时,甲方认为乙方迟延交付工程,应按合同约定偿付逾期违约金。乙方认为临时停工是甲方要求的,乙方为抢工期,加快施工进度才出现了质量问题,因此迟延交付的责任不在乙方。甲方则认为临时停工和不顺延工期是当时乙方答应的,乙方应履行承诺,承担违约责任。

(案例来源:问答库)

问题:该施工合同的变更形式是否妥当?此合同争议依据相关法律应如何处理?

案例解析:根据《民法典》和《建设工程施工合同(示范文本)》的有关规定,建设工程合同应当采取书面形式,合同变更亦应当采取书面形式。若在应急情况下,可采取口头形式,但事后应予以书面形式确认。否则,在合同双方对合同变更内容有争议时,往往因口头形式协议很难举证,而不得不以书面协议约定的内容为准。本案例中甲方要求临时停工,乙方亦答应,是甲、乙双方的口头协议,且事后并未以书面的形式确认,所以该合同变更形式不妥。在竣工结算时双方发生了争议,对此只能以原书面合同规定为准。

在施工期间,甲方因资金紧缺要求乙方停工一个月,此时乙方应享有索赔权。乙方虽然未按规定程序及时提出索赔,丧失了索赔权,但是根据《民法典》的规定,在民事权利的诉讼时效期内,仍享有通过诉讼要求甲方承担违约责任的权利。甲方未能及时支付工程款,应对停工承担责任,故应当赔偿乙方停工一个月的实际经济损失,工期顺延一个月。工程因质量问题返工,造成逾期交付,责任在乙方,故乙方应当支付逾期交工一个月的违约金,因质量问题引起的返工费用由乙方承担。

实训设计

采购谈判的准备及相关信息的搜集

【实训目的】

加深学生对采购谈判准备的认识,理解采购谈判过程中应从哪些方面搜集信息。

【实训组织】

把学生按照每5人一组分成若干小组,由小组负责人对成员进行谈判角色分配,制订实训计划，并带领全组成员完成实训任务。抽出两个小组，分别代表采购方与供应方，双方就生产中的某种物品展开合作，进行谈判。实训结束后，再依次对其他小组展开训练。

【实训要求】

1. 小组负责人对小组成员进行合理的角色分工。

2. 就谈判内容进行谈判前的相关准备工作。

3. 搜集与谈判有关的信息。

4. 对对方提出的相关问题进行合理分析。

【实训考核】

1. 采供双方小组成员进行组内讨论，总结对采购谈判的认识和理解，上交讨论结果。

2. 本次实训成绩由个人表现、团队表现、实训成果各项成绩汇总而成。

第七章

采购货物的验收与采购质量管理

本章学习目标

1. 熟悉采购物料的检验过程。
2. 掌握采购物料检验标准及检验方式。
3. 掌握采购商品检验的内容。
4. 掌握采购商品质量检验的方法。
5. 理解采购质量管理的必要性。
6. 熟悉采购质量管理的主要工作内容。
7. 掌握采购商品质量管理与控制的内容、依据及方法。

第一节　采购货物检验与验收

采购货物检验对生产企业、商业部门、质量监督部门及消费者来说，都是一项重要工作。采购货物检验是保证产品质量、提高生产经营管理水平的一项重要内容。生产企业通过对各生产环节的商品质量检验来保证产品质量，促进产品质量不断提高；而商品流通部门在流通各环节进行商品检验，及时防止假冒伪劣商品进入流通领域，以减少经济损失，维护消费者权益；质量监督部门通过商品检验，实施商品质量监督，向社会传递准确的商品质量信息，促进我国市场经济的发展。

★导入案例

A公司的采购进料验收管理办法

第一条　本公司对物料的验收及入库均依本办法作业

第二条　待收料

物料管理收料人员在接到采购部门转来已核准的采购单时，按供应商、物料类别及交货日期分别依序排列存档，并于交货前安排存放的库位以利于收料作业。

第三条　收料

（一）内购收料

1. 材料进厂后，收料人员必须依采购单的内容，核对供应商送来的物料名称、规格、数量和送货单及发票，清点数量无误后，将到货日期及实收数量填于请购单，办理收料。

2. 如发现所送来的材料与采购单上所核准的内容不符，应即时通知采购处理，并通知主管，原则上，非采购单上所核准的材料不予接受，如采购部门要求收下该类材料，收料人员应告知主管，并于单据上注明实际收料状况，并由采购部门会签。

（二）外购收料

1. 材料进厂后，物料管理收料人员即会同检验单位依装箱单及采购单开柜（箱）核对材料名称、规格并清点数量，再将到货日期及实收数量填于采购单。

2. 开柜（箱）后，如发现所装载的材料与装箱单或采购单所记载的内容不同，通知办理进口人员及采购部门处理。

3. 发现所装载的物料有倾覆、破损、变质、受潮等异常时，初步计算损失，对于超过5 000元以上者（含），收料人员即时通知采购人员联络公证处前来公证或通知代理商前来处理，并尽可能维持原状以利公证作业。对于未超过5 000元者，则依实际的数量办理收料，并于采购单上注明损失数量及情况。

4. 公证或代理商确认后，物料管理收料人员开立索赔处理单，呈主管核实后，送会计部门及采购部门督促办理。

第四条　材料待验

进厂待验的材料，必须于物品的外包装上贴材料标签并详细注明料号、品名、规格、数量及入厂日期，且与已检验者分开储存，并规划待验区。收料后，收料人员应将每日所收料品汇总填入进货日报表，作为入账清单的依据。

第五条　超交处理

交货数量超过订购量的部分应予退回，但属买卖惯例，以重量或长度计算的材料，其超交量在3%（含）以下的，由物料管理部门在收料时，在"备注"栏注明超交数量，经请购部门主管（含科长）同意后，方可收料，并通知采购人员。

第六条　短交处理

交货数量未达订购数量时，以补足为原则，但经请购部门主管（含科长）同意后，可免补交。短交如需补足时，物料管理部门应通知采购部门联络供应商处理。

第七条　急用品收料

紧急材料于厂商交货时，若物料管理部门尚未收到请购单，收料人员应先咨询采购部门，确认无误后，方可依收料作业办理。

第八条　材料验收规范

为利于材料检验收料的作业，质量管理部门应就材料重要性及特性等，适时召集使用部门及其他有关部门，依所需的材料质量研订材料验收规范，呈总经理核准后公布实施，作为采购及验收的依据。

第九条　材料检验结果的处理

（一）检验合格的材料，检验人员在外包装上贴合格标签，以示区别，物料管理收料人员再将合格品入库定位。

（二）不合验收标准的材料，检验人员在物品包装上贴不合格的标签，并于材料检验报告表上注明原因，经主管核实并转采购部门处理后通知请购单位，再送回物料管理部门办理退货，如采购特殊物品时则办理收料。

第十条　退货作业

对于检验不合格的材料，退货时应开立材料交运单并附有关的材料检验报告表，呈主管签认后，凭以异常材料出厂。

第十一条　实施与修正

本办法呈总经理核准后实施，修订时亦同。

（案例来源：人人文库）

问题：试分析企业组织材料交接过程中，材料验收应注意的事项有哪些。

一、采购物料的检验

（一）物料检验过程

在供应商准备好企业所采购的物料后，企业要对物料进行检验。物料检验步骤主要有确定检验日期、通知检验人员、物料检验、处理检验问题等。

1. 确定检验日期

物料检验日期及地点一般按惯例进行，必要时由订单人员与供应商临时沟通确定。对于大型物料，如机械、设备等，往往需要到供应商处现场检验；对于小型、轻便的物料，如电子元器件等，一般是供应商送到采购部门进行检验。

2. 通知检验人员

检验信息传送到检验部门之后，由部门主管统一安排检验。安排时要注意物料的轻重缓急，对紧急物料要优先检验。

3. 物料检验

对一般物料，走正常检验程序；对重要物料，或供应商在此物料供应上的质量稳定性差，则要严格检验；对不重要物料，或供应商在此物料供应上的质量稳定性持续表现较佳，则可放宽检验。

物料检验的结果分为两种情况：合格物料和不合格物料。不合格物料的缺陷种类有：致命缺陷、严重缺陷、轻微缺陷。检验的结果以数据表现出来，如 DPPM（每百万缺陷机会中的不良缺陷点数）或相关记录描述等。

4. 处理检验问题

（1）对于有致命及严重缺陷的物料，应要求供应商换货。

（2）对于有轻微缺陷的物料，应与认证人员、质量管理人员、设计工艺人员协商，同时考虑生产的紧急情况，确定是否可以代用。

（3）对于偶然性的质量检验问题，可由检验部门或订单部门通知供应商处理。

（4）对于多次存在的质量检验问题，由认证人员正式向供应商发出质量改正通知书，让其限期改正重大的质量问题。

（5）对于 DPPM 数据经常满足不了标准，或出现重大质量问题的，则由认证部门组织设计人员、工艺人员、质量管理人员及订单人员等开展专题会议，讨论质量问题的对策，确定是设计方案的问题还是供应商的问题。前者要修改设计方案，后者要对供应商进行处理，包括罚款、质量整改、降级使用、取消供应商资格等。

（二）物料检验标准及检验方式

1. 检验标准

每一种物料都有一个检验标准，检验人员应根据相关资料（样品、图纸、技术规范等）制定物料的检验标准，主要内容包括：①适应范围（所面对的物料）；②所引用文件及标准（标准的来源）；③检验条件及设备（温度、湿度、压力等条件）；④检验物料项目类别（本标准所针对的要素参数）。

2. 检验方式

检验方式主要有全检、抽检、免检。全检是指对重要或风险大的物料所进行的逐件检验；抽检是指从提交质量检验的一批物料中，随机地抽取部分物料，依照检验标准所进行的检验；免检是指对性能优良、质量长期稳定、无使用风险的物料免去检验。

二、采购物料的接收

经过物料检验之后，对合格物料要进行接收。物料接收过程如图 7-1 所示。

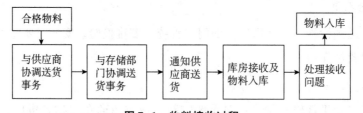

图 7-1 物料接收过程

1. 与供应商协调送货事务

与供应商协调确定送货时间，防止由于供应商在未经许可的情况下送货而造成接货过程的混乱，或由于订单人员在没有和供应商协调的情况下，通知供应商立即送货，导致物料没有按期到达。

2. 与存储部门协调送货事务

与存储部门协调送货时间，防止由于存储部门业务繁忙而使送货人员及车辆等待较长的时间，或者由于没有库房而使货物面临拒收、被迫拉回的情况。

3. 通知供应商送货

与供应商和存储部门沟通、联系好后，就可通知供应商进行送货了。

4. 库房接收及物料入库

在安排物料入库时，首先检验到货清单是否完整、包装与外观是否完好，然后清点物料，接收物料，搬运入库，并填写物料入库单据。至此，库房接货过程完毕。

5. 处理接收问题

对于货物接收过程中发生的货物数量、交货日期与要求不符，包装质量不合格等问题，订单人员应与存储人员一同进行协调处理。

经过上述物料的检验和接收工作，符合项目要求的物料顺利入库，从而保证了企业生产的正常运行。

三、采购商品检验的内容

（一）品质检验

品质检验是根据合同有关检验标准的规定或申请人的要求对商品的使用价值所表现出来的各种特性，运用人的感官或化学、物理的各种手段进行测试、鉴别。其目的就是判别、确定该商品的质量是否符合合同中规定的商品质量条件。品质检验包括外观品质检验和内在品质检验。

1. 外观品质检验

外观品质检验是指对商品外观尺寸、造型、结构、款式、表面色彩、表面精度、软硬度、光泽度、新鲜度、成熟、气味等的检验。

2. 内在品质检验

内在品质检验一般指对有效成分的种类、含量，有害物质的含量，商品的化学成分、物理性能、机械性能、工艺质量、使用效果等的检验。

（二）规格检验

规格表示同类商品在量（如体积、容积、面积、粗细、长度、宽度、厚度等）方面的差别，与商品品质优劣无关，如鞋类的大小、纤维的长度和粗细、玻璃的厚度和面积等，只表明商品之间在量上的差别。商品规格是确定规格差价的依据。

由于商品的品质与规格是密切相关的两个质量特征，因此，贸易合同中的品质条款中一般都包括了规格要求。

（三）商品数量和重量检验

商品的数量和重量是贸易双方成交商品的基本计量、计价单位，是结算的依据，直接关系到双方的经济利益，也是贸易中最敏感而且容易引起争议的因素之一。商品的数量和重量检验包括对商品的个数、件数、长度、面积、体积、容积、重量等的检验。

（四）包装质量检验

包装的质量和完好程度，不仅直接关系着商品本身的质量，还关系着商品的数量和重量。采购双方一旦出现问题时，是商业部门分清责任归属、确定索赔对象的重要依据之一。例如，检验中发现有商品数（重）量不足的情况，若包装有破损，则责任在运输部门，若包装完好，则责任在生产部门。包装质量检验的内容主要是内外包装的质量，如包装材料、容器结构、造型和装潢等对商品贮存、运输、销售的适宜性，包装体的完好程度，包装标志的正确性和清晰度，包装防护措施的牢固度等。

包装检验是根据购销合同、标准和其他有关规定，对进出口商品或内销商品的外包装和内包装及包装标志进行检验。包装检验首先核对外包装上的商品包装标志（标记、号码等）是否与有关标准的规定或贸易合同相符。

对进口商品的包装检验，主要检验外包装是否完好无损，包装材料、包装方式和衬垫物等是否符合合同规定。对外包装破损的商品，要另外进行验残，查明货损责任方及货损程度，对发生残损的商品要检查其是否因包装不良所引起。

对出口商品的包装检验，除包装材料和包装方法必须符合外贸合同、标准规定外，还应检验商品内外包装是否牢固、完整、干燥、清洁，是否适于长途运输和保护商品质量、数量。

（五）安全、卫生检验

商品安全检验是指对电子电器类商品的漏电检验、绝缘性能检验和 X 光辐射检验等。商品的卫生检验是指对商品中的有毒有害物质及微生物的检验，如食品添加剂中砷、铅、镉的检验，茶叶中的农药残留量检验等。

1. 安全性能检验

安全性能检验是根据国家规定、标准或合同的要求，对商品有关安全性能方面的项目进行检验，如易燃、易爆、易触电、易受毒害、易受伤害等，以保证生产、使用和生命财产的安全。

2. 卫生检验

卫生检验主要是根据《中华人民共和国食品安全法》《化妆品卫生监督条例》《中华人民共和国药品管理法》等，对食品、药品、食品包装材料、化妆品、玩具、纺织品、日用器皿等进行卫生检验，检验其是否符合卫生条件，以保障人民健康和维护国家声誉。如《中华人民共和国食品安全法》规定，进口的食品、食品添加剂、食品相关产品应当符合我国食品安全国家标准。进口的食品、食品添加剂应当经出入境检验检疫机构依照进出口商品检验相关法律、行政法规的规定检验合格。

四、采购商品质量检验的方法

（一）感官检验法

感官检验法指利用人体的感觉器官结合平时积累的实践经验对商品质量进行判断和鉴定的方法。感官检验法主要包括视觉检验、嗅觉检验、味觉检验、触觉检验和听觉检验。

1. 视觉检验

视觉检验是用视觉来检查商品的外形、结构、颜色、光泽及表面状态、疵点等质量特性。光、商品体、眼睛和大脑是构成视觉的要素。非直射光、典型日光或标准人工光源是标准照明。

2. 嗅觉检验

嗅觉检验是指通过嗅觉检查商品的气味，进而评价商品质量。

3. 味觉检验

味觉检验是利用人们的味觉器官检验商品的酸、甜、苦、咸、辣等滋味。

4. 触觉检验

触觉检验就是通过手接触原料，检验原料的重量、质感（弹性、硬度、粗细）等，从而判断原料的质量。

5. 听觉检验

听觉检验是凭借听觉来检查商品的质量，如乐器、收音机、录音机、音响装置等要求无噪声的商品。听觉检验至今尚无法用仪器测定来替代，其重要原因就是人的耳朵灵敏度高且动作范围宽。

感官检验法可以判断和评定商品的外形、结构、外观疵点、色泽、声音、滋味、气味、弹性、硬度、光滑度、包装装潢等的质量情况，并可以对商品的种类、规格等进行识别。感官检验法在商品检验中有着广泛的应用。由于绝大多数商品对消费者来说总是先用感觉器官来进行评价质量的，所以感官检验十分重要，也因此常用在工业和商业的产、供、销过程中。

（1）感官检验法的优点：

1）方法简单，快速易行。

2）不需复杂、特殊的仪器设备和试剂或特定场所，不受条件限制。

3）一般不易损坏商品。

4）成本较低。

（2）感官检验法的局限性：

1）不能检验商品的内在质量，如成分、结构、性质等。

2）检验的结果不精确，不能用准确的数字来表示，结果只能用专业术语或记分法表示，这是一种定性的方法。

3）检验结果易带有主观片面性，常受检验人员知识、技术水平、工作经验、感官的敏锐程度、心理状态等因素的影响，科学性不强。

（二）理化检验法

理化检验法是在实验室的环境下，借助各种仪器、设备和试剂，运用物理、化学的方法来检测、评价商品质量的一种方法，分为物理检验法和化学检验法。它主要用于检验商品的成分、结构、物理性质、化学性质、安全性、卫生性及对环境的污染和破坏性等。

理化检验法的特点：①检验结果精确，可用数字定量表示，如成分的种类和含量等；②检验的结果客观，不受检验人员主观意志的影响，对商品质量的评价具有客观而科学的依据；③能深入地分析商品成分内部结构和性质，能反映商品的内在质量。

理化检验法的局限性：①需要一定仪器设备和场所，成本较高，条件要求严格；②往往需要破坏一定数量的商品，消耗一定数量的试剂，费用较大；③检验需要的时间较长；④要求检验人员具备扎实的基础理论知识和熟练的操作技术。

理化检验法在商业企业运用较少，多用在感官检验之后或必要时作为补充检验的方法。

（三）生物学检验法

生物学检验法是通过仪器、试剂和动物来测定食品、药品、包装和一些日用工业品对危害人体健康安全等性能的检验。

第二节　采购质量管理

采购质量指一个组织通过建立采购质量管理保证体系，对供应商提供的产品进行选择、评价和验证，确保采购的商品符合规定的质量要求。而采购质量管理指通过对供应商质量评估和认证，建立采购管理质量保证体系，实现对采购质量的计划、组织、协调和控制，从而保证企业的商品供应活动。采购质量管理的实质是通过企业一系列的管理工作来保证和提高产品质量，让用户满意和放心。

★导入案例

海尔"砸冰箱"事件

1984年以前，海尔的青岛电冰箱总厂主要生产单缸洗衣机，那时候是按照一等品、二等品、三等品、等外品分类的。原因就是那个时候我国的物品种类匮乏，市场需求空间大，只要产品还能用，就可以送出厂门，而且绝对卖得掉，就连等外品都能够销售得出去。实在卖不了的产品，就分配给一些员工自用，或者送货上门半价卖掉。1984年年底，张瑞敏到厂以后，大家开始学习日本质量管理知识，并成立了质量管理小组。质量管理的方法，员工往往容易学会；但是大家质量意识的提高却不是一朝一夕能达到的，因为，在员工的头脑里，固有的产品质量观念很难改变。

1985 年 4 月，张瑞敏收到一封用户的投诉信，投诉海尔冰箱的质量问题。于是，他到工厂仓库里去，把 400 多台冰箱全部做了检查，发现有 76 台冰箱不合格。为此，张瑞敏找到检查部，问道："你们看看这批冰箱怎么处理？"检查部的人答道："既然已经这样，就内部处理了。因为以前出现这种情况都是这么办的，加之大多数员工家里都没有冰箱，即使有一些质量上的问题也不是不能用。"张瑞敏说："如果这样的话，就是说还允许以后再生产这样的不合格冰箱。就这么办吧，你们检查部门办一个劣质工作、劣质产品展览会。"于是，他们就找了两个大展室，在展室里面摆放上那些劣质零部件和劣质的 76 台冰箱，通知全厂员工都来参观。员工们参观完以后，张瑞敏把生产这些冰箱的责任者和中层领导留下，就问他们："你们看怎么办？"结果大多数人的意见还是比较一致，都说最后处理了算了。但是，张瑞敏却坚持说："这些冰箱必须就地销毁。"他顺手拿了一把大锤，朝着一台冰箱砸了过去，把这台冰箱砸得粉碎，然后把大锤交给了责任者。转眼之间，76 台冰箱全都被销毁了。当时，在场的人都流泪了。虽然一台冰箱当时才 800 多元，但是，员工每个月的工资才 40 多块，一台冰箱是他们两年的工资。张瑞敏说："从现在开始，我们要确立质量方面的一种理念——有缺陷的产品就是废品。以后我们的产品不能再是一等品、二等品、三等品、等外品的分类了。我们的产品就分合格品、非合格品。"

"市场只有合格品，非合格品就不能进入市场。要再进入市场，就追究生产者的责任。"张瑞敏还说，"从现在开始，我们要完善质量管理制度，以后谁再生产了这样的冰箱，责任由谁负。"

由此，大家开始明白，海尔的前途与有没有严格的质量管理是息息相关的，一定要重视产品的质量。海尔冰箱总厂的老员工说："忘不了那沉重的铁锤，高高举起又狠狠落下，76台质量不合格的冰箱顷刻间成了一堆废铁。它砸碎的是我们陈旧的质量意识，唤醒了我们努力提高自身素质的意识。有了质量，我们才有了现在的一切。"

在这个事件中，张瑞敏带头扣掉了自己当月的工资，以示警诫。这一事件作为海尔创业史上的一个重要镜头，也成为海尔发展史上的经典案例。应该说，"砸冰箱"这件事，给海尔全体员工思想造成了强烈的震撼，员工的质量意识有了普遍的提高。他用一把有形的锤子，砸醒了全体员工的质量意识，第一次在中国企业的员工中树立起"争创一流"的观念。的确，海尔的这一锤也告诫全体员工：谁生产了不合格的产品，谁就是不合格的员工。一旦树立了这种观念，员工们的生产责任心迅速增强，在每一个生产环节都不敢马虎了。"精细化，零缺陷"变成全体员工发自内心的意愿和行动，给企业奠定了扎实的质量管理基础。

1988 年 12 月，海尔获得了中国电冰箱市场的第一枚国内金牌，把冰箱做到了全国第一。

（案例来源：爱问共享资料）

问题：通过案例分析产品质量对企业发展的重要性有哪些。

一、采购质量管理的必要性

（一）采购质量是影响最终产品质量的关键

在市场经济条件下，随着经济全球化和市场竞争的日趋激烈，企业产品质量之间的竞争已成为贸易竞争的重要因素。如果不加强质量管理，建立完善的质量管理体系，企业在市场竞争中就会面临被淘汰的危险。产品质量是企业占领市场的有效武器，是企业进入国际市场的"通行证"，是企业生存和发展的关键。而产品质量的好坏，在很大程度上取决于采购产品质量的高低。

据统计，我国工业企业的产品中，外购的材料、零部件所占的比例较高。机械产品一般占50%，化工产品一般占60%，钢铁产品一般占70%。而这些外购原材料、器材的质量对最终产品质量和可靠性的影响也日益突出。有关资料显示，20%~25%的产品质量缺陷是由于采购商品不合格造成的。在成套供应的机电整机产品中，由此引起的不合格率竟高达40%。由此可见，对采购商品进行有效的质量管理是企业整个质量管理体系的重要环节。

（二）有利于降低采购质量的风险

一般而言，企业产品中60%~70%的价值是经采购由供应商提供的。所谓采购质量风险是指在商品采购过程中，由于供应商提供的商品质量不符合要求而导致加工产品的性能达不到质量标准，从而给采购方的生产带来严重损失，并给用户造成经济、技术乃至人身安全等方面损害的可能性。采购质量风险源于供应商，但也可能与企业内部有关。由于受利益的驱动，目前社会上还存在不少的假冒伪劣商品。企业若不加强采购商品质量管理与控制，不按照规章制度进行严格的检查和验收，假冒伪劣商品很可能会蒙混过关，造成质量风险。

采购商品如有质量问题，将会直接影响到产成品的整体质量，影响到企业的经济效益。具体影响表现在以下几个方面：①原材料、配套件的质量不合格，可能会出现经常性的退货，造成各种管理费用的上升；②采购产品的质量不良会影响产品的制造加工，影响交货期，降低企业的信誉和产品竞争力；③采购产品的质量不良会使不合格产品增多、返修增多、返工增多，这必将带来企业时间成本和人力成本的增加；④采购产品的质量不良会导致产成品的不良率加大，客户投诉增多，退货增多，企业为此付出的代价将会更高。

由此可见，企业在商品采购过程中，必须对采购品的质量实施有效的管理与控制。这样才能降低质量风险，避免质量事故的发生，提高企业产品的竞争力和美誉度，同时也为企业树立良好的社会形象。

（三）采购质量管理是企业质量管理的重要环节

质量是产品的生命。任何产品都要经历设计、制造和使用的过程，产品质量也相应有一个产生、形成和实现的过程。这一过程是由有一定逻辑顺序的一系列活动构成的，人们通常用质量环来表示这一不断循环的过程。所谓质量环，是指从最初的识别需求到评定这些需求是否得到满足的各阶段中，影响质量的相互作用活动的概念模式。质量环揭示了产品质量形成的规律，反映了产品质量取决于产品生命周期各阶段活动的质量。这些活动包括市场调研、产品开发与设计、生产技术准备、采购、生产制造、检验与控制、包装与储存、销售与服务等一系列的活动。从中可以看出，产品质量的形成和实现贯穿于产品生命周期的全过程。采购是质量环中的一个重要阶段，采购商品质量的优劣将会对其他各阶段产生不同的影响。因此，采购质量管理是企业质量管理的重要环节，企业只有把质量管理贯穿于企业产品生产的全过程，加强采购质量管理，才能建立起一套完善的质量管理体系，确保企业产品质量的进一步提高。

二、采购质量管理的主要工作内容

质量职能是产品质量产生、形成和实现过程中的全部活动的总和，它所包含的各项活动既有在企业各部门范围内进行的活动，也有涉及企业外部的供应商、顾客等所进行的活动。对采购部门而言，采购的质量职能就是为产品质量提供一种"早期报警"的保证。为了更好地执行这一职能，采购部门有关采购人员一般要进行以下活动：

（1）制定采购政策。

（2）确定货源，择优选购。

（3）选择合适的供应商。在对供应商的产品质量保证能力进行充分调研的基础上，按一定的标准和程序，尽量选择那些质量管理体系完善、设备先进、技术领先、服务好、交货及时的企业作为供应商。

（4）确定处理与供应商之间的关系的有关质量方针。

（5）制定保证和验证供应商的产品质量的正式程序。只有经检验合格的产品才能入库，对不合格产品制定处理程序。

（6）建立完善的交流沟通制度，参与供应商的产品质量控制过程，共同探讨、分析和解决影响质量的各种因素，并制定各种严格的标准，协助供应商改进和提高产品质量。

（7）建立采购质量档案、进货质量记录制度。

（8）对供应商进行质量监督和质量评级。

三、采购商品的质量管理与控制

（一）采购商品质量的内涵

采购商品质量具有丰富的内涵，对采购商品质量进行管理与控制意义重大。作为企业管理人员和采购人员，为了有效保证采购商品的质量，首先应正确认识采购商品质量的内涵。

随着社会经济、科学技术和生产技术的发展，人们对质量的认识也在不断地完善和深化。国际标准化组织发布的 ISO 9000：2000《质量管理体系——基础和术语》中对质量的定义为：一组固有特性满足要求的程度。根据这一概念，本书把采购商品质量概括为：采购产品的固有特性满足要求的程度。

（二）采购商品质量管理与控制的内容

采购商品质量管理与控制的对象是采购商品的质量，而采购商品的质量是设计和制造出来的。因此，采购商品质量管理与控制主要包括以下内容：①对供应商的质量管理与控制；②进货检验；③对采购物流过程的质量管理与控制。

从实际情况来看，对供应商质量管理与控制是采购商品质量管理与控制的重点和难点。经验表明，一个企业如果能将 1/4～1/3 的质量管理精力花在供应商的质量管理上，那么企业过程质量和成品质量至少可以提高 50% 以上。因此，加强供应商质量管理与控制，是提高企业产品质量的重要保证。

（三）采购商品质量管理与控制的依据

为了保证采购商品的质量，企业管理人员和采购人员必须明确采购质量管理与控制的依据。一般而言，采购质量管理与控制的依据主要包括以下几个方面。

1. 技术标准

技术标准是衡量、评定产品质量的技术依据，是采购人员可以获得的直接信息。企业生产产品所需要采购的原材料、零部件等必须符合现有技术标准。

2. 采购技术文件

采购技术文件是一切采购行为的依据，通常包括产品图样、产品试样、工艺文件、质量要求、检验规程、其他各项技术要求及其他文件。它一般是由企业专业技术人员编制，并经过设计、工艺、检查和质量管理部门会签，最后由总工程师批准的文件。

目前，我国虽然有很多供应商通过了 ISO 9000 质量认证，建立了一套较完善的质量体系和质量文件，但在个别供应商中仍存在着质量管理二层皮现象，还不能完全按照质量体系的要求规范运作。因此，按采购技术文件进行采购，能确保所采购的商品满足实际需要，使采购人员操作更方便，质检技术人员检查和验收有据可依。

3. 合同、技术协议

虽然合同、技术协议一般不作为采购管理的基础和依据，但是对生产的产品需要特殊性能要求的外购商品，在没有适合的技术标准时，可以与供应商协商，谈好技术协议，签订合同，按技术协议和合同进行采购。

（四）采购商品质量管理与控制的方法

常见的采购商品质量管理与控制的方法有以下几种。

1. 审核评定法

采购方组织有关人员对采购资料进行审核，对供应商是否能满足质量要求进行评定。在评定过程中，还包括对其质量体系文件进行审核。

2. 监督检查法

采购方组织有关人员对供应商的生产过程、检验过程及包装和发运过程实施监督，对质量体系文件的实施情况进行检查。

3. 检验试验法

检验与试验是指对采购商品的某个或多个特性进行测量、检查、试验或度量，并将结果与规定要求进行比较，以确定每项特性是否符合要求的活动过程。通过对采购商品的检验和试验，严把质量关。

四、提高采购质量管理与控制技术的方法

采购商品质量是影响产品质量的重要因素之一，更影响着企业的兴衰成败。因此，在采购全过程中实行强有力的质量管理与控制，构建全新的采购质量管理体系，是企业发展和振兴的永恒主题。

1. 培养现代质量管理理念，强化采购质量意识

随着经济一体化的进程加快，以及 ISO 9000 标准的普遍采用，质量管理领域发生了观念上的变革，一些新的质量管理理念不断涌现。为此，企业应培养现代质量管理理念，强化采购质量意识。而要做到这点，就要求企业领导在组织商品生产经营活动时，企业采购人员、质量管理人员、质量检验人员在从事采购商品质量管理与控制活动中，都必须树立和强化"质量第一""预防为主""持续改进""协作精神""注重质量效益""顾客至上"等理念，增强关心采购质量和保护质量的自觉性。

2. 加强采购全过程质量管理

采购过程实际上是商流和物流活动的完整结合，涉及供应商的选择、与供应商谈判及成交、对供应商进行质量管理与控制、对供应商商品质量进行验证、进货检验与验收等活动。可见，采购商品的质量是一个系统工程，必须对每一个环节进行控制，实行全过程质量管理，严格把好每一个环节的质量关。

3. 努力做好采购商品质量管理的基础工作

为保证采购商品质量，企业应做好采购商品质量管理的基础工作，主要可从以下三个方面考虑：

（1）制定采购商品的重要性分级。企业在考虑采购质量控制方案时，首先要对采购商品进行重要性分级。商品重要性分级由产品的规格、性能和结构及影响产品适用性的大小决定，是设计传递给工艺、制造和检验等的技术要求和信息。分级的基本原则是采购商品对产品品质的影响程度，同时还应考虑对流动资金的占有量等因素。产品按重要性分为如下三类：

1）关键类（A 类）产品：对产品质量有直接影响，对产品性能起决定作用。

2）重要类（B 类）产品：对产品质量有间接影响，对产品性能有一定作用。

3）一般类（C 类）产品：除以上两类以外的产品。

企业应根据采购商品的重要程度，制定分级管理办法，对供应商采取不同程度的控制。

（2）做好采购商品质量信息的搜集、加工、存储和传递工作。采购商品质量信息是进行采购决策的依据，是改进采购商品质量、改善采购各环节工作质量的最直接的原始数据，也是进行质量控制的基本依据。

（3）提高采购人员的素质。采购商品的质量与采购人员的素质有一定的关系。采购工

作是一项技术性和业务性都比较强的工作，要求采购人员不但要有高度的事业心和责任感，遵纪守法，坚持原则，秉公办事，而且要熟悉采购业务，掌握一定的商品学、材料学等方面的知识，具有一定的"识货"能力。企业可以通过培训或招聘等方式提高采购人员的综合素质。

本章练习题

1. 采购物料的检验过程有哪些？
2. 采购物料检验标准及检验方式有哪些？
3. 采购商品检验的内容有哪些？
4. 采购商品质量检验的方法有哪些？
5. 采购质量管理的必要性有哪些？
6. 采购质量管理的主要工作内容有哪些？
7. 采购商品质量管理与控制的内容、依据及方法有哪些？

案例讨论

采购质量管理、内部控制与企业生存

一、案例简介

2007年8月2日，美国最大玩具商美泰公司向美国消费者安全委员会提出召回佛山利达公司生产的96.7万件塑胶玩具，理由是"这批玩具表漆含铅量超标，对儿童的脑部发展会造成很大影响，美国环保组织塞拉俱乐部认为危及儿童安全。"进而，致命玩具成为人们一时谈论的热点。事发前，佛山利达公司的产量已居佛山玩具制造业第二。一夜之间，这家拥有十多年良好生产记录的合资企业成为众矢之的。在美国舆论的不断声讨下，玩具厂商及其上下游供应、检验链上的疏忽被一一曝光和放大。最终，佛山利达公司被出入境检验检疫部门要求整改，原国家质量监督检验检疫总局（现国家市场监督管理总局）宣布暂停其产品的出口。佛山利达公司被迫停产，2 500名工人几乎无事可做，公司合伙人张树鸿承受重大压力，最终一死了之。张树鸿死后3日，美泰公司第二次宣布，召回的玩具数量增加到1 820万件。

二、内部控制分析

从企业内部控制角度，对佛山利达公司内部控制缺陷进行分析。

1. 朋友——中国式供应关系

造成这次事件最大的原因在于玩具所使用的有毒油漆的采购上。此次向佛山利达公司提供不达标油漆的企业，是与佛山利达公司仅有一墙之隔的东兴公司，该公司老板恰恰是张树鸿多年的好友梁仪彬。

梁仪彬是东兴新能源公司法人代表。自从东兴公司2002年增加了油墨、涂料和丝印材料产销之后，就成为佛山利达公司的油漆主要供应商，梁仪彬也成为张树鸿最好的朋友

之一。

2. 验收——一次疏忽还是习惯性遗忘

利达属于来样加工型企业，即为美泰公司生产并供应玩具。为了保证玩具质量，美泰公司给利达提出两种选择油漆供应商的办法：一是由美泰自行指定；二是由美泰提供质量标准后，由利达自行决定。利达选择了后者，于是，东兴成了他的油漆供应商。

合作数年来，一直没有问题。但2007年8月2日，美泰公司的下属公司费雪公司紧急宣布，回收利达生产的96.7万件塑料制儿童玩具，原因是含铅量超标，如果被儿童吞下，可能发生铅中毒。

而利达向佛山市出入境检验检疫局汇报称，这次含铅量超标色粉的使用，是东兴为了尽快给利达公司供货而省略了检测的环节，但没料到这批色粉含铅量超标，众鑫公司提供的认证资料都是假的。

2007年4月初，东兴生产油漆的黄色色粉短缺，为尽快采购，东兴在网上查找到东莞众鑫色粉厂。该厂向东兴提供了无铅色粉证书、认证资料、相关执照等，东兴便于4月10日进货。按规定，采购的色粉要到检测机构认定，但佛山没有相关的检测机构，只有到广州检验，并需要5~10个工作日才能出检测结果。为了尽快给利达公司供货，东兴省略了检测的环节。但没料到的正是这批色粉含铅量超标，众鑫当初提供的无铅色粉证书、认证资料等都是假的。

然而，利达员工的描述是：为方便合作，利达和东兴两家企业选择相邻建厂，合作4年多，两家工厂就如同一家，使用的油漆都是通过两家企业的内部通道运入利达公司，根本不用走工厂大门，都没出现过问题。

人们对此有很多疑问：东兴真的缺货这么严重吗？买到也不化验吗？利达用了三个月的含铅量超标的色粉，为什么一直不检验呢？东兴从网上找到众鑫，又是对方送货，所以东兴连这个企业是怎样的都不是很清楚，第一次拿货为什么就那么信任众鑫呢？

最大的问题可能还在于内部控制制度，特别是内部控制意识的缺失，还没有从对市场过度关注反应过来的中国企业，还没有意识到采购循环内部控制的缺失可能带来的是无法逃脱的毁灭。

（案例来源：新浪博客）

问题：利达公司致命玩具案例，给人们哪些启发？

案例解析：一直以来，为了迎合监管部门的检查成了我国企业质量控制的最大需求，以为过了监管这个坎，就完事大吉。却不知，一次质量控制的缺失可能就是致命的毒药。

同时，利达事件也反映出我国企业在整个生产流程和工艺控制上缺乏标准化。如果有了严格的质量控制体系，这种情况发生的可能性非常小。实际上，国际企业的供应商管理早有成熟的可借鉴模式。美国苹果公司对代工企业富士康的劳工问题调查，以及沃尔玛公司派出检查人员，甚至暗访人员对其供应商的进场监督，都可能对国内企业及上游供应商管理有所启示。

实训设计

采购物资验收流程设计

【实训目的】

加深学生对采购物资验收流程、验收方式与方法的认识，理解采购物资验收过程中应从哪些方面做好准备。

【实训组织】

把学生按照每5人一组分成若干小组，由小组负责人对成员进行验收任务分配，制订实训计划，并带领全组成员完成实训任务。可以选取食品、生鲜类、医疗类等物资作为企业采购物资，以此作为验收对象，让每个小组作为接收方展开对物资的验收入库作业，每个小组针对相应物资设计一份完整的验收计划。

【实训要求】

1. 小组负责人对小组成员进行合理的角色分工。

2. 就验收物资做好相关准备工作。

3. 搜集有关验收物资的信息。

4. 设计出有效的验收计划。

【实训考核】

1. 选取相同物资作为验收对象的小组，比较他们之间的验收计划，并让其他组讨论他们的优劣性。

2. 本次实训成绩由个人表现、团队表现、实训成果各项成绩汇总而成。

第八章

采购绩效管理

■■\ 本章学习目标 ----

1. 了解实施采购绩效管理的必要性。
2. 掌握传统采购绩效管理和现代采购绩效管理之间的差异性与优劣势。
3. 掌握采购绩效评估的影响因素及评估流程。
4. 掌握采购绩效评估指标的分类及绩效评价方法。
5. 掌握供应商绩效评估指标体系及评估方法。

采购是企业生产运作的一个重要环节，它的绩效对企业整体目标的实现起着非常重要的作用。企业在确定了采购方针、战略、目标及实现相应指标的行动计划后，在计划实施时，还需有相应的绩效指标，用于对采购过程进行检查控制，并在一定的阶段对工作进行总结，在此基础上，再提出下一阶段的行动目标与计划，如此循环往复，不断改进。

第一节　采购绩效管理概述

在采购与供应管理中，采购部门已经成为降低成本、整合供应链资源、增强企业竞争力的重要职能部门。采购部门既要满足包括降低库存、保证供应质量等内部服务的要求，又要加强与供应商的协作，以提高供应链的整体竞争力。采购绩效是指采购产出与相应的投入之间的对比关系，它是对采购效率进行的全面整体的评价。

★导入案例

中集集团对采购部门的绩效考核

从企业的角度看，要做好采购工作，就必须从采购价格和供应商处要效益，不仅要做好供应商的考核和评价工作，还要做好采购部门的绩效考核工作。通过制定可测的、有挑战性的考核指标，提高采购部门及采购人员的业绩，促使他们不断改进。中集集团非常注重对采购部门及采购人员的业绩考核，并在总部和各下属公司形成了一套较完善的考核体系。该集团主要通过以下两种方式对采购部门及人员进行考核。

1. 运用业绩考核工具

集团会根据原材料重要程度、价格可节约程度，以及原材料对生产的影响程度等制定相应的考核指标，并采取部门考核和采购人员个人考核相结合的方式，对采购部门和采购人员进行考核。以统购材料（钢材）为例，有以下考核指标：

（1）资源保障率＝（年度采购总量/年度箱单总耗量）×100%。

（2）材料市场走势判断的准确性：对材料市场趋势的判断与市场走势是否一致。

（3）市场年度均价＝以前 n 位主要供应商年度市场平均价格。

（4）集团年度采购均价。

（5）经营性采购收益＝（市场年度均价−集团年度采购均价）×集团年度采购总量。

2. 运用内部看板工具

中集集团业绩管理的一个亮点就是绩效看板。无论是统购材料还是非统购材料，集团都建立了入库价格看板和材料成本价格看板。对于总部来说，这样可以清楚地了解各下属公司的材料采购情况及价格差异；对于下属公司来说，通过将看板中的采购价格和其他兄弟公司比较，可以便捷地发现自己的价格优势和劣势，从而进一步分析原因，并予以改进。

（案例来源：豆丁网，引用经整理、改编）

问题：根据材料，分析中集集团采购部门绩效考核指标的有效性。

一、采购绩效管理的作用

如果没有采购绩效管理系统，就难以衡量采购与供应活动对企业实现战略目标的贡献，就不能及时地发现采购与供应管理中存在的问题及可能的改进机会。因此，实施有效的采购绩效管理对企业至少有以下几点作用：

（1）有利于优化决策。通过对计划实施后产生的差异进行分析，可以判断产生差异的原因，并可依此提出持续改进的措施。

（2）能有效地促进采购部门与其他部门之间的沟通。例如，通过配送绩效分析，可以使那些容易出问题的运单得到更加合理的安排，从而增强采购部门与运输部门之间的协调。

（3）增强采购工作的被认可程度。通过向管理层提供采购部门的业绩，有利于增强企业对采购部门的认可程度。同时，能够对采购人员提高采购绩效产生更好的激励效果，因为合理设计的绩效考核和评价体系可以有效地用于制订采购人员的发展计划和奖励机制。

二、传统采购绩效管理与现代采购绩效管理

传统采购绩效管理基本停留在日常事务层面，主要工作集中在采购订单的跟踪、催货与

监督，降低成本的手段主要是通过谈判与竞价逼迫供应商降价。总的来说，传统采购绩效管理主要有以下局限性。

1. 不能充分认识采购绩效管理体系的作用

对采购绩效管理体系的认识不够主要体现在本质和目的两方面。有人认为，绩效管理是人力资源部门对人员的考核，与采购部门无关，采购绩效管理会在正常工作之外带来很多负担，每个考核周期初要制订计划，比较麻烦，故从心底比较抵制采购绩效考核。同时，很多管理者认为，采购绩效考核只是奖勤罚懒，没有认识到考核的最终目的是帮助采购人员认识到优势和不足，找到差距，分析原因，并帮助其绩效改进。

2. 采购绩效考核的指标设置不科学

采购绩效考核整体质量的高低，在很大程度上取决于指标设定的科学性。在拟定采购绩效考核指标的过程中，应首先考虑企业的战略目标。考核过程中，偶尔会出现与战略目标脱节，战略目标没有被层层分解到所有员工，组织绩效目标与个人绩效目标不一致的情况；可能出现个人考核都满分，但采购部门任务没完成，或者企业战略不能实现等问题。考核指标是能够被具体衡量和测度的，而且是共同协商得出的。指标一般控制在合适的范围内，太少可能无法反映关键绩效水平；但太多、复杂的指标只能增加管理的难度和降低员工满意度。

3. 忽视采购绩效反馈环节

采购绩效反馈是采购绩效考核过程中很重要的一个环节，它不仅是企业与员工相互沟通的重要方式，也是激励员工的重要手段，可以使管理者帮助员工一起分析，发现优点与不足，并对需要改进的地方提出建议。许多领导者却忽视了这个步骤，认为评价完了，根据考评结果直接算采购绩效工资就可以了，所以就直接删减了该环节，从而导致有些员工对自己的考核结果并不清楚。采购绩效反馈与面谈，不仅仅是反馈结果，更多的是帮助员工成长，因为很多时候，员工自己可能已经习惯固有的思维及做事方法，认识不到自己的不足，通过领导者的点评，能找到改进的方向与目标，同时双方共同确定下期的采购绩效提升计划。

传统采购绩效管理的这些局限决定了传统采购绩效管理与现代采购绩效管理有着很大的不同。

首先，由于传统采购绩效管理关注采购的定量指标考核，采购部门把工作的重心放在短期的策略采购上面，采购活动是零散的、短期的、被动的，缺乏策略性、预见性和整体性，从而限制了采购功能的发挥，难以真正实现成本控制与增加企业竞争优势的目的。而现代采购绩效管理着重强调采购绩效的全面提升，采购部门愿意将更多的精力投入长期的采购战略发展上面，更加注重可持续发展和合作关系的提升及维护。

其次，传统采购绩效管理强调有形的结果，而不是关注整个采购管理的过程，评价指标过于简单，缺乏对采购工作的指导作用。而现代采购绩效管理涉及采购工作的全过程，关注采购流程的不断优化和提高，鼓励通过采购流程的改善来持续提高采购绩效。

最后，传统采购绩效管理往往认为采购绩效是采购部门的事情，与其他部门无关，造成部门之间缺乏有效的沟通与合作，采购绩效无法得到快速提升。而现代采购绩效管理强调非采购部门在采购绩效中的贡献，鼓励部门之间相互协作，共同提升采购绩效。例如，通过平衡记分卡等工具，使多部门共同协作，提升采购绩效。

三、提高采购绩效的途径

一个健全、完善的采购绩效管理体系包括组织绩效管理与个人绩效管理。组织绩效管理包括采购部门的内部目标达成、内部客户支持和外部供应商绩效管理。个人绩效管理是指采购人员的采购绩效管理，包括采购人员的工作成果、工作过程和发展绩效。企业需要从不同的途径提高采购绩效，才能确保采购目标的实现和企业竞争力的增强。

1. 加强供应商管理

目前，供应商管理体系存在的问题主要有：没有对供应商实施差异化管理；缺乏定期的供应商审核制度；对供应商的成本构成、供应商的供应商缺乏了解。通过改善供应商绩效来提升采购绩效的途径很多，其中，与供应商建立长期伙伴关系是一个重要途径。采购商要考虑成本和利润、长期合作和短期买卖关系等问题。采购绩效领先的公司已经摒弃了拼命压价的传统采购模式，不再千方百计地逼迫供应商让步，或寻找多个供应商并采取分而治之的方式，而是更注重与供应商建立长期的供应伙伴关系。

2. 注重采购战略管理

采购战略就是针对某一特定物资或服务，通过对内部客户需求、外部供应市场、竞争对手、供应基础等进行分析，在标杆比较的基础上设定该物资或服务长短期的采购目标，达成目标所需的采购策略及行动计划。

3. 采购流程的调整

很多采购绩效不好的公司，往往没有进行集中采购。例如，一个集团下面的分（子）公司各设自己的采购部门，相同的物料由不同的部门小批量地重复采购，丧失了规模采购的优势。通过采购资源的整合和采购流程的调整或重组来提升采购绩效，如通过电子采购来优化采购流程，可以节约内外部交易成本，提高采购需求的响应速度。电子采购将极大地降低企业的经营成本，并能促进企业与供应商建立更为密切的合作关系。

4. 建立学习型采购组织

面对日益变化的外部环境，任何组织都要提高自身的学习能力，掌握新的方法和技能，采购组织也不例外。一个拥有多专业知识的学习型采购组织，在采购实践中越来越体现出不可低估的优势，对组织采购绩效的提升具有显著作用。

5. 建立跨职能采购团队

长期以来，随着企业规模的扩大和专业门类的细化，企业各部门之间的壁垒问题越来越严重，特别是产品研发设计部门、采购部门、制造部门，常常只是从本部门的立场出发，而不是从整体出发，导致各部门之间的摩擦与纠纷不断，成本居高不下，且产品丧失竞争力。在采购绩效领先的组织中，采购职能往往由跨职能采购团队来担当。这种采购团队包括采购部门、制造部门、技术部门、产品研发部门、财务部门、销售部门、IT 部门甚至客户，由他们确定战略采购的重点和优先顺序，设计供应商选择与评价的衡量体系，审核与论证重要供应商的资格及相关因素等。

6. 改进采购成本的管理方法

有效的成本管理要求采购人员了解供应商财务的稳健性，熟悉产品制造的全过程，清楚供应商的成本结构，能对供应商成本进行分析，寻找降低成本的可能策略，并能与供应商分享成本降低带来的收益。同时，还要关注供应商的供应商，通过了解或参与供应商的供应商管理，寻求进一步降低供应链总成本的途径。

7. 转变质量部门的职能

传统质量部门的主要工作是对供应商的供应质量进行事后监督，反馈产成品的质量问题，这往往是一种被动的工作状态。通过质量部门的职能转变，让质量部门参与到供应商质量提高的过程中，使供应商明确关键的质量控制指标，有效地督促供应商改进质量，能够降低供应商的质量成本。

8. 转变研发设计工作的模式

研发部门转变工作模式，在产品开发初期就与采购部门和供应商进行有效的沟通，注重设计可行性，强调通用零部件的选用，运用模块化产品开发思路，最大限度地缩短产品从开发到上市的周期，缩短供应提前期，降低批量生产的难度，从而使采购绩效得到大幅提升。

第二节 采购绩效评估

评估即评价估量，是对人和事进行的价值判断，目的是促进人和事的改进与发展。评估不是简单的横向比较，而是以科学方法从量和质两个方面进行综合分析。

所谓绩效评估，就是根据已定的目标和标准，采取科学的态度和方法，对绩效进行质和量的价值判断。

绩效评估一般具有四个特征：一是具有客观性，即在明确的目标下，以评估标准客观地衡量业绩和相关资料，有科学的测量、评估工具与技术支持；二是具有广泛性，包括完成业绩的各个领域；三是有一个组织过程，是由确定目标、搜集资料、形成判断和指导行动等环节所构成的连续活动；四是有一个价值判断过程，用价值观念对业绩进行描述，进而判断评定。

★导入案例

500 强企业采购的独到之处

埃森哲在为客户提供供应链咨询服务和对《财富》500 强企业的调查过程中发现，采购绩效优异的公司，在以下四个方面有独到之处。

（一）建立统一的测评机制

在大多数企业中，CEO（首席执行官）和负责采购的副总经理或其他高层主管对采购业绩都有自己的评价标准。在某种程度上，这属于正常现象，因为企业的高层管理人员总有一些与所担任的职位相联系的具体目标，因而对不同的事情有不同的优先考虑顺序。很多公司都要应对这种采购评价标准的不统一状况。在这方面走在前面的公司，CEO和采购主管使用同一个平衡记分卡来评价绩效，以便使每一个人都能够以大致相同的方式理解采购信息。纵贯全公司的平衡记分卡帮助各个不同的业务部门调整其处理业务轻重缓急的顺序，制定目标和期望，鼓励有利于业务开展的行为，明确个人和团队的责任，决定报酬和奖励，推动不间断的改进。

（二）积极的领导作用

有眼光的采购领导所做的第一项也是最重要的一项任务，就是确立全局的采购策略。一般而言，这个策略应该围绕企业如何采购物资和服务、提高绩效水平、规范业务实践和政策，以及企业优先考虑的事情和操作方法。其中最重要的一点，是要把采购和整个供应链管理结合起来。

（三）创造性地思考组织架构

采购业务做得好的公司，最常用的组织架构形式是根据同类物品划分组织。这种架构使公司可以在全局范围内聚合采购量，并且有利于集中供应。按同类物品划分的组织架构也有利于采购人员深入了解行业、产品和供应商知识，并且学会怎样用同一种声音与供应商对话。但是，这种方式也有不足之处。例如，因为要与公司内部不同事业部的内部客户打交道，协调和合作可能比较困难，地处一隅的用户可能会觉得自己离供应商的选择和管理流程太遥远，可能会禁不住想独自与外界的供应商发展和保持关系。

为了应付这种挑战，有些公司尝试集中发展采购知识，如招标、合同、谈判和服务等，这些知识是建立采购优化中心的基础。在公司内部，这些知识能帮助增加地方用户的接受程度，降低发展关键技能所花的时间和资源，并且有助于在分散的采购环境中培养符合法律和道德规范的行为。

（四）全企业范围内的整合

为了让有效率的、从企业出发的采购理念取得优势地位，领先的公司常常依靠覆盖全企业范围的采购团队。这些团队的成员包括采购、工程和产品开发的代表，还会有财务、销售、分销和IT人员不定期的参与。这些团队一起决定策略采购优先考虑的事项，设计物料占有成本模式，发展品种策略，并设计供应商选择标准。

对于大多数公司来说，在采购方面要取得好的业绩，需要有改变采购能力的意愿。在这些方面作出改进，其效益是明显的。

例如，河南某食品有限公司仅仅是采购部门实施了零配件采购公示制度，每周对零配件供应商的名称、采购数量、价格公布一次，使实际使用这些零配件的管理人员、技术部门和工人对不同供应商的产品进行比较，并将意见反馈到采购部门，设备维修费就从每月的8 000元降为4 000元。

再如，美国一家生产贺卡和其他礼仪产品的公司，其下属机构一直是独立运作，缺乏集中采购的功能。后来，公司制定了采购管理的远景目标和改变采购能力的规划。新的采购机制注意平衡全球战略和本地实施，提高配合优秀供应商和执行战略采购合同的质量，并通过招聘、培训和提供恰当的工具等改善采购人员的工作绩效。结果，公司节省了 3 200 万美元的采购费用。

（案例来源：豆丁网，引用经整理、改编）

问题：根据材料，就采购绩效展开讨论，谈谈你对采购绩效管理的理解。

一、采购绩效评估概述

（一）采购绩效评估的目的

许多企业与机构，常把采购人员看作行政人员，对他们的工作绩效还是以工作品质、工作能力、工作知识、工作量、合作或者勤勉等一般性项目来考核，使采购人员的专业功能与绩效得不到应有的尊重与公正的衡量。实际上，若能对采购工作做好绩效评估，通常可以达到下列目的。

1. 确保采购目标的实现

企业的采购目标各有不同。例如，国有企业的采购偏重于"防弊"，采购作业以如期、如质、如量为目标；而民营企业的采购则注重兴利，采购工作除了维持正常的产销活动，非常注重产销成本的降低。因此，各个企业需要针对采购工作所追求的主要目标对采购绩效加以评估，并督促目标的实现。

2. 提供改进绩效的依据

企业实行的绩效评估制度可以为企业提供客观的标准来衡量采购目标是否达成，也可以评估采购部门目前的工作绩效。正确的绩效评估有助于指出采购作业的缺陷所在，从而据以拟定改善措施，起到惩前毖后的作用。

3. 作为个人或部门奖惩的参考

良好的绩效评估方法能将采购部门的绩效独立于其他部门而凸显出来，并反映采购人员的个人表现，成为各种人事考核的参考资料。依据客观的绩效评估达成公正的奖惩，可以激励采购人员不断前进，发挥团队合作精神，使整个部门发挥整体效能。

4. 协助甄选人员与训练

根据绩效评估结果，可以针对现有采购人员的工作能力缺陷拟订改进计划。例如，安排参加专业性的教育训练。如果在评估中发现整个部门缺乏某种特殊人才，可以另行由公司内部甄选或向外招聘，如成本分析员或机械制图人员等。

5. 促进部门关系

采购部门的绩效受其他部门配合程度的影响非常大。因此，采购部门的职责是否明确，表单、流程是否简单、合理，付款条件及交货方式是否符合公司管理规章制度，各部门的目标是否一致等，都可以通过绩效评估予以判定，并可以改善部门之间的合作关系，提高企业整体运作效率。

6. 提高人员的士气

有效而且公平的绩效评估制度可以使采购人员的努力成果获得适当的回馈和认定。采购人员通过绩效评估，可以与业务人员或财务人员一样，对公司的利润贡献有客观的衡量尺度，成为受到肯定的工作伙伴，这对采购人员工作绩效和采购部门士气的提升大有帮助。

综上所述，这些关于采购行为的评估可以提高采购部门在公司中的地位，降低运作成本和材料的采购价格，减少废品数量，产生更优的决策。

（二）采购绩效评估的人员

1. 采购部门主管

采购主管对管辖的采购人员很熟悉，而且采购人员所有工作任务的指派或工作绩效的评估，都是在他们的直接监督之下。因此，由采购主管负责评估，可以注意采购人员的个人表现，并达到监督与训练的效果。

2. 会计部门或财务部门

由于采购金额占公司总支出的比例很高，采购成本的节约对于公司净利润的贡献很大，尤其在经济不景气时，对资金周转的影响也很大。会计部门或财务部门不但掌握公司产销及成本数据，对资金的取得与付出也要进行全盘管制。

3. 工程部门或生产管制部门

如果采购项目的品质和数量对企业的最终产出影响重大，可以由工程或生产管制人员评估采购部门的工作绩效。

4. 供应商

有些公司通过正式或非正式渠道向供应商咨询他们对于采购部门或采购人员的意见，以间接了解采购作业的绩效和采购人员的素质。

5. 外界的专家或管理顾问

为避免公司各部门之间的本位主义或门户之见，企业也可以特别聘请外界的采购专家或管理顾问，针对全盘的采购制度、组织、人员及工作绩效，作出客观的分析并提出建议。

（三）采购绩效评估的原则

在选择一种或多种方法来评估采购绩效之前，应先考虑下列原则：

（1）可接受性。评估某种绩效的方法应在所有采购人员中讨论并被他们所接受。

（2）可达成性。这些方法必须是绩效的现实标准，否则采购人员就没有积极性去达到它。

（3）适宜性。这些方法和考虑的因素必须与采购人员和部门的工作有联系。

（4）灵活性。评估的方法必须能够用来应付不断变化的环境。

（5）连续性。所采用的方法应保持一个合理的时间段，这样才能将过去和现在的绩效相比较。

（6）可理解性。采纳的方法不太复杂，容易为那些绩效正被衡量的采购人员所理解。

（7）可信任性。绩效衡量的可信任度越高，越能让被评估工作的人和评估别人绩效的人接受。

（8）成本。评估绩效所花费的成本不应超出由于它的实施而预计能产生的效益。

（四）采购绩效评估的层次

采购绩效评估可分为三个层次。

1. 采购部门绩效评估

采购部门绩效评估是对整个企业采购运作状况的一个全面衡量，其主要指标有物料质量、采购成本、及时供应和售后服务等，辅助指标有计划准确率、库存周转率、组织效率和付款及时率等。

2. 采购团队绩效评估

采购团队绩效评估主要侧重于物料的质量、成本、库存和交货方面。

3. 采购个人绩效评估

采购个人绩效评估取决于管理物料的相关采购指标的统计数值，是团队绩效的基本组成要素。

（五）采购绩效评估的基本要求

（1）采购主管必须具备对采购人员工作绩效进行评估的能力。

（2）采购绩效评估必须遵循以下基本原则：①绩效评估必须持续进行，要定期地审视目标达成程度，采购人员知道会定期地评估绩效，自然能够致力于绩效的提升；②必须从企业整体目标的观点出发来进行绩效评估；③绩效评估必须持续不断而且长期进行。

（3）评估尺度。评估时，可以使用过去的绩效为尺度，也可以将其作为评估的基础，更可以用与其他企业的采购绩效比较的方式来进行评估。

二、采购绩效评估基础

（一）采购绩效评估的影响因素

影响采购绩效评估的一个重要因素是管理人员如何看待采购业务的重要性，以及它在企业中所处的地位。对工业企业的一项调查结果表明，不同企业在采购绩效的评估方面是不同的，导致这种状况的直接原因是各公司在管理风格、组织程度、委托采购上分配的职责不同，而不是由企业的具体特征（如工业类型、生产经营类型等）造成的。管理层对采购的态度如表 8-1 所示。

表 8-1　管理层对采购的态度

管理观点	采购业务的等级地位	绩效评定
把采购看作一种管理业务	在组织中地位低	订货累计额、供应到货时间管理、授权、程序等
把采购看作一项商业活动	在组织中地位较低	节约额、降价程度、ROI（Return on Investment，投资回报率）测量、通货膨胀报告、差异报告
把采购看作综合物流的一部分	在组织中地位较高	节约额、成本节约额、货物供应的可靠程度、废品率、供应到货时间的缩短量
把采购看作一项战略性经营职能	在组织中地位高	成本分析、早期介入的供应商数量、自制还是购买决策、供应额的减少量

（二）采购绩效评估的问题

通过与其他商业活动进行比较，对难以评估采购绩效的主要原因归结如下：

（1）缺乏必要的定义。尽管在理论和实践上经常使用像"采购效果"和"采购效率"这样的术语，但是这些术语目前仍然没有明确的定义，很多学者经常混淆这些概念。

（2）缺乏正式的目标和标准。像有些学者认为的那样，采购业务的目标也没有明确清晰的定义。采购部门在没有预先定义好的行为标准的指导下就开展了业务。

（3）精确评定的问题。采购活动不是一个孤立的业务活动，而是许多相关活动产生的结果。由于采购活动有许多捉摸不定的特点，因此很难评估。总之，直接的投入—产出关系难以界定。所以，要用精确而且易于理解的方式对采购活动进行评估还存在很多限制。

（4）采购范围的差异。不同公司的采购任务和采购人员承担的职责不尽相同，因此，建立一个有广泛依据的统一的评估体系几乎是不可能的。

这 4 个原因限制了采购业务目标的测量及采购业务的精确评估。

（三）采购绩效评估的流程

采购与供应绩效衡量与评估是对采购工作进行全面系统的评价、对比，从而判定采购所处整体水平的一种做法，可通过自我评估、内审、管理评审等方式进行。一般依据事先制定的审核评估标准或表格，对照本企业的实际采购情况逐项检查、打分，依据实际得分并对照同行或世界最高水平，找出自己的薄弱环节，进行相应的改进。采购与供应绩效衡量与评估的流程通常如图 8-1 所示。

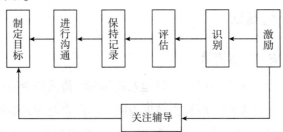

图 8-1　采购与供应绩效衡量与评估的流程

（1）激励。激励包括正激励、负激励、报酬、教导、训诫和惩罚等手段。

（2）识别。识别各个领域中的缺点和优点，并加以确认。

（3）评估。通过检查、测评、绩效考核和绩效会议等进行对比、分析、诊断和评估。

（4）保持记录。观察绩效表现，收集绩效数据，将任何采购绩效的痕迹、影响、证据和事实完整地记录下来，并做成文档。

（5）进行沟通。参与各方进行有效、持续、正式和非正式的评估沟通。

（6）制定目标。参照企业战略、经营计划、工作目标、上次采购绩效评价或采购绩效目标、关键工作、最新工作描述、职位说明等制定目标。

（7）关注辅导。观察、关心评估对象，引导、教导和帮助评估对象，利用组织和员工的特长来开发他们的潜能。

三、采购绩效评估指标

（一）采购绩效指标的介绍

采购绩效指标设定包括三个方面的内容：一是要选择合适的衡量指标；二是绩效指标的目标值要充分考虑；三是确定的绩效指标要符合有关原则。

采购绩效指标的选择要同企业的总体采购水平相适应。对于采购体系尚不健全的单位，刚开始可以选择批次质量合格率、准时交货等指标来控制和考核供应商的供应表现，而平均降价幅度则可用于考核采购部门的采购成本业绩。随着供应商管理程序的逐步健全、采购管理制度的日益完善、采购人员的专业化水平和供应商管理水平的不断提高，采购绩效指标也就可以相应地系统化、整体化，并不断深化。

确定采购绩效指标目标值时要考虑以下前提。一是内外顾客的需求，尤其是要满足下游顾客如生产部门、品质管理部门等的需要。原则上，供应商的平均质量、交货情况等综合表现应该高于本公司内部的质量与生产计划要求，只有这样，供应商才不至于影响本公司的内部生产与质量，这也是"上游控制"原则的体现。二是所选择的目标及绩效指标要同本公司的大目标保持一致。三是具体设定目标时既要实事求是、客观可行，又要具有挑战性，以过去的表现作为参考，更重要的是要与同行中的佼佼者进行比较。

（二）采购绩效评估的具体指标

采购管理的目标是通过合适的供应商，在合适的时间以合适的价格获得质量合适的物料或服务。据调查，《财富》杂志评出的世界 500 强企业的 CEO 普遍认为，考核采购有效性的前五个指标分别为所采购产品的质量、对关键供应商的影响力、供应商配送绩效、内部顾客满意度和库存额。这五个指标的优劣归根到底取决于供应商、质量、库存等因素。当质量、配送和服务的要求得到保证时，采购部门的一个重要职责是以尽可能低的价格获得所需要的物料和服务。因此，采购绩效评估应该从质量、价格与成本、采购效率、运作、供应商等方面进行绩效考核。

1. 质量指标

在所有的评估要素中，质量是最基本的前提。质量指标主要是指供应商的质量水平，以及供应商所提供的产品或服务的质量表现，它包括来料质量、供应商质量体系等方面。

（1）来料质量。包括批次质量合格率、来料抽检缺陷率、来料在线报废率、来料免检率、来料返工率、退货率、对供应投诉率及处理时间等。

（2）供应商质量体系。包括通过 ISO 9000 的供应商比例、实行来料质量免检的物料比例、来料免检的供应商比例、来料免检的价值比例、实施 SPC（统计过程控制）的供应商比例、SPC 控制的物料数比例、开展专项质量改进（围绕本公司的产品或服务）的供应商数目及比例、参与本公司质量改进小组的供应商人数及供应商比例等。

2. 价格与成本指标

价格与成本是企业最重视也是最常见的衡量指标。价格指标可以衡量采购人员的议价能力及供需双方的相对优势与竞争态势。采购的价格与成本指标包括参考性指标和控制性指标。参考性指标主要有年采购总额、各采购人员年采购额、年人均采购额、各供应商年采购额、供应商年平均采购额、各采购物品年度采购基价及年平均采购基价等。它们一般作为计算采购相关指标的基础，同时也是展示采购规模、了解采购人员及供应商负荷的参考数据，是进行采购过程控制的依据和出发点，常提供给公司管理层参考。而控制性指标则是指展示采购改进过程及其成果的指标，如平均付款周期、采购降价、本地化比率等。

这里重点介绍年采购额和采购价格所包含的具体内容。

（1）年采购额。包括生产性原材料与零部件采购总额、非生产性采购总额（如设备、备件、生产辅料、软件、服务等）、原材料采购总额占产品总成本的比例等。其中最重要的是原材料采购总额，它还可以按不同的材料进一步细分为包装材料、电子类零部件、塑胶件、五金件等；也可按采购付款的币种分为人民币采购额及其比例、不同外币采购额及其比例。原材料采购总额按采购成本结构又可划分为基本价值额、运输费用及保险额、税额等。此外，年采购额还可分解到各个采购员及供应商，算出每个采购人员的年采购额、年人均采购额、各供应商年采购额、供应商年平均采购额等。

（2）采购价格。包括各种各样原材料的年度基价、所有原材料的年平均采购基价、各原材料的目标价格、所有原材料的年平均目标价格、各原材料的降价幅度及平均降价幅度、降价总金额、各供应商的降价目标、本地化目标、与伙伴工厂联合采购额及比例、联合采购的降价幅度等。

3. 采购效率指标

采购效率指标是指与采购能力如人员、管理等相关的指标。

（1）人员。涉及采购部总人数，战略采购、前期采购、后期采购人员的比例，采购人员的年龄、工作经验、教育水平结构、语言结构、培训目标及实施情况、流失率等。

（2）管理。可以考虑采购人员的时间使用结构（处理文件、访问供应商等）及比例、采购人员的纪律执行情况（考勤等）、采购人员的工资级别及费用情况、采购行政管理制度的完整性（如合同管理、权限规定、行为规范）、供应商管理程序的完整性（如供应商审核、供应商考评）、采购系统的评审及评估目标水平等。

4. 运作指标

运作指标是指供应商在接受订单、交货过程中的表现及其运作水平，包括交货周期、交货可靠性及采购运作的表现，具体有以下两种：

（1）订单与交货。包括各个供应商及所有供应商平均的准时交货率、首次交样周期、正常供货的交货周期、交货频率、交货数量的准确率、订单变化接受率、订单确认时间、交货运输时间、平均报关时间、平均收货时间、平均退货时间、退货后补货时间等。

（2）运作系统。包括供应商采用MRP或ERP等运作系统的程度、实行JIT的供应商数目与比例、原材料库存量（或库存周期）、使用周转包装材料的程度与供应商数量、订单数量、平均订货量、最小订购数量等。

5. 供应商指标

由于供应商管理的重要性，本章第三节将专门阐述供应商绩效指标及评估，主要考核内容除了价格、质量，还包括供应提前期、交货的准时性、响应能力、技术支持及合作关系等。

6. 其他采购绩效指标

虽然采购中的服务绩效考核标准难以制定，但是也应该包括在考核过程中。采购绩效考核内容一般包括内部客户满意度、供应商认证与开发、跨职能团队采购的有效性、采购部门管理费用的减少额、采购完成率及错误采购次数、紧急订购次数等。

（三）采购绩效评估的标准

有了绩效评估的指标之后，企业要考虑的就是制定什么样的绩效标准，作为与实际绩效比较的基础。一般企业运用的标准有以下几种。

1. 历史绩效

选择公司历史绩效作为评估目前绩效的基础，是正确、有效的做法。通过与以往采购绩效的比较，可以看出企业现在的采购绩效是提高了还是降低了。例如，比较现在的采购材料成本和以前的材料成本、现在的经营成本与以前的经营成本、现在的采购时间和以前的采购时间，可以看出企业应该在哪些方面再接再厉，在哪些方面需要作出改进。

但是，只有在公司的采购部门（包括组织、职责或人员等）没有发生重大变动的情况下，才适合使用此项标准。

2. 预算或标准绩效

如果企业过去没有做过类似的绩效评价，或者历史绩效难以取得，或者企业的组织机构、组织职责、采购人员发生了较大的变动，可以使用预算或标准绩效作为衡量的基础。标准绩效通常有下列三种类型：

（1）固定标准。所谓固定标准，就是标准一旦确定了，在一般情况下就不再变动了。

这种方法简便易行，容易与过去的指标进行对比，找出差距、进步或失误。但是，这种固定的标准难以适应变化的环境。

（2）挑战标准。挑战标准是在完美的、具备一切条件的工作环境下，企业应有的绩效。该标准的实现具有一定的难度，采购部门和人员必须经过努力才能完成。这种方法易于激励员工的工作积极性，促使其最大限度地发挥工作潜力。但是，完美的工作环境对于员工来说太理想化，容易产生挫折感。

（3）可实现标准。可实现标准是指在现有的条件下，企业可以达到的标准，通常依据当前的绩效加以适当的修改制定。这种方法比较可行，应该说是综合了以上两种方法的优点，它既不像固定标准那样一成不变，难以适应迅速变化的环境，也不像理想标准那样可望而不可即。

3. 行业平均绩效

前文所说的历史绩效是绩效的纵向比较，这里所说的行业平均绩效是横向的比较。如果其他同行业公司在采购组织、职责及人员等方面与本企业相似，则可与其绩效进行比较，以辨别彼此在采购工作上的优劣。

4. 目标绩效

预算或标准绩效代表在现有状况下应该可以达成的工作绩效，而目标绩效则是在现有状况下，不经过一番特别的努力就无法完成的。目标绩效代表公司管理层对工作人员追求最佳绩效的期望值。这个标准的制定通常是以同业最佳的绩效水平为标准。

一般来讲，可以根据不同的采购发展阶段来评估采购效率。采购部门的效率，是由采购部门处理交易的能力决定的。对交易进行高效处理固然非常重要，但实现战略性采购目标常常有助于简化或减少交易。

表8-2是采购的不同发展阶段可能采用的评估指标，它说明了绩效评估的方法是随着采购活动重心的改变而变化的。

表8-2　不同采购发展阶段可能采用的评估

采购阶段	采购部门的地位	采购绩效指标	工作重点
采购主要由各职能部门完成，显得杂乱无章。采购部门很小，处理一些行政工作	低	几乎没有，保持在批准的预算内	购进货物
建立了采购部门，主要处理行政工作。其他部门依然参与采购工作	很低，但正在不断改进，可以通过其他部门向上层领导进行汇报	主要对部门人员的办公效率进行评估，如未处理的订单数量及请购单数等	办公效率

续表

采购阶段	采购部门的地位	采购绩效指标	工作重点
商业性采购部门	采购部门得到承认，采购部经理向财务部门领导汇报，所有的采购工作由采购部门负责	采购工作中的办公效率，如节省费用、降低成本、提高谈判效率等	采购工作中的办公效率
商业性采购部门，但增加了一些战略性采购活动	直接向董事长汇报，采购部门的领导为采购经理	采购工作中的办公效率、供应商开发及组织内部关心的发展	采购工作中的办公效率，开始对长期采购有效性进行全面评估
采购成为一种战略性商业活动	直接向董事长/董事会报告，采购部门由采购董事会负责	与上一阶段相同，但开始关注准时制等战略性采购活动的开发，对供应总成本进行评估	战略有效性

第三节　供应商绩效评估

供应商绩效评估在供应商管理工作中占据非常重要的地位。它需要从供应质量、价格、交货和服务等方面对供应商进行综合的、动态的评估，然后根据评估结果来进一步管理同供应商的关系。表现好的供应商将得到鼓励，获得相应的回报；而表现差的供应商则需采取措施改进，否则将被警示，或列入整改名单，甚至被清除出合格供应商的名单。因此，供应商绩效评估对供应商而言也是非常重要的。

供应商评估体系分为供应商选择评估、供应商日常绩效评估、供应商改进评估及供应商伙伴关系评估。其中，供应商的选择评估也是供应商资格论证的过程。在选择供应商后，建立供应商绩效评估体系。一般采取日常业绩跟踪和阶段性评比的方法，如采取 QSTPR 加权标准，即供货质量（Quality）、供货服务（Service）、技术考核（Technology）、价格（Price）、响应度（Response）。根据有关业绩的跟踪记录，定期或不定期地对供应商的业绩表现进行综合考核。供应商改进工作往往是通过供应商开发团队进行辅导和跟进的。而供应商伙伴关系评估是通过对供应商的进入和过程管理，对供应商的合作关系采取分类管理的方法。采购部门根据搜集到的信息，由专门小组在进行全面的风险分析和成本分析后，讨论决定是否建立伙伴关系和实施该方法。

★导入案例

G 公司的业务拓展

一、公司背景

G 公司是一家很小的新企业，公司所有人德利克在退休前是一个 IT 专家，退休后成立了 G 公司，种植并销售有机蔬菜。

G公司生意很兴旺。最初，德利克把产品卖给亲友，一传十、十传百，很快就有了名声。不久，他启动了"绿色菜箱"计划，每周将精选的时令蔬菜装进一个绿色的箱子里，配送给当地的450户居民及一些小酒吧和饭店。他的蔬菜优质，服务可靠，因而声誉很好，产品和配送服务的价格也自然抬高了。

当地还有另外几个农户，为德利克供应各种农产品，包括土豆、豌豆、水果等。德利克已经和那些农户成为朋友，对方也保证供应优质的有机农产品，并要求与客户建立长期紧密的关系。

二、新产品

德利克坚信诚信交易，并减少不必要的包装，缩短食物供货里程。他的客户经常问他能不能增加一些产品种类，对这些要求他都做了详细记录。这些产品如下：

（1）本地产土鸡蛋；

（2）本地产优质面包，有机牛肉、猪肉、鸡肉，有机牛奶、奶油、酸奶和冰激凌；

（3）本地产奶酪；

（4）本地产酒类产品；

（5）本地产蜂蜜、蜂蜡类产品；

（6）本地产手工皮革制品；

（7）本地产木制品、纸制品，以及一些小商贩和手工艺人做的贺卡；

（8）本地产针织羊毛制品；

（9）通过公平交易进口的咖啡和茶叶；

（10）进口的有机水果，如柑橘、葡萄和柠檬。

德利克非常愿意扩大公司的产品范围和客户群体，不过他不会在可持续性和企业社会责任上打折扣。目前，德利克只雇了两个兼职工人负责包装和运输，一辆旧篷车用于配送，家旁的小屋子作为仓库。他知道，如果要拓展业务，必须雇更多员工，拥有更多运输车，最好有个大的基地。

三、业务拓展

假如你是德利克的妹妹莉莎，同时也是一名专业采购员。德利克让你在闲暇时间给他提一些建议和指导。

德利克热衷于拓展他的业务，准备将那些额外的需求也加入"绿色菜箱"计划中，他认为一定要为这些产品也选择完全可靠的供应商。他要确信新的供应商绝对可靠，这样才能维护得来的荣誉，并保持其产品的高标准和好口碑。最重要的是，供应商能够遵守公平交易、可持续性和社会责任的原则。

你的时间比较有限，因此你首先帮助德利克选择两种需求最多的产品——鸡蛋和进口水果的供应商。然后你认为应该雇一个采购职员。德利克担心他提供的报酬招不到好员工，你保证说雇一个临时工就足够了，那样工资成本也低。不仅如此，这份工作本身很有趣，也具有挑战性，而且工作的自由空间很大。这样一份工作肯定会吸引那些和德利克一样对本地贸易和可持续性发展感兴趣的人。在经过仔细考虑和进一步讨论后，德利克同意雇一名兼职采购员，与他的供应商建立关系，并管理该关系。

（案例来源：根据 2011 年《中英合作采购与供应链管理职业资格证书考试真题改编》）

问题：根据材料，请你向新的供应商提五个具体的问题，并解释你提出这些问题的目的。

一、供应商绩效评估指标

不管出于何种目的，对供应商绩效进行评估，有四个非常重要的指标，即质量、价格、交货期和响应速度。

（1）质量。高质量主要体现在产品不合格品低，产品质量一致性好，质量控制流程完善、有效并且通过相关的质量体系认证。买方不仅要评价与供货质量相关的内容，还要评价安全、培训、机器设备维修等方面的服务。

（2）价格。价格评估的内容主要包括竞争性价格、成本控制和削减模式及持续的成本降低。其中竞争性价格的评价主要是比较供应商提供的报价与其所在行业的产品平均价格之间的关系，看价格是否在行业中有成本领先优势，是否能为采购企业带来成本优势。

（3）交货期。交货期主要关注供应商能否按时发货到货、订单快速反应能力、JIT 管理应对能力等。对交货期的评价在供应商评价过程中扮演着非常重要的角色。较短的交货提前期、准确的到货时间（不太晚或太早）、对临时紧急订单的快速反应能力，这些无疑为采购企业保证生产和降低成本提供了大力支持。

（4）响应速度。响应速度基于有效的服务和支持体系。响应速度快包括响应正常请求快、订单确认快、当天内响应紧急请求，以及短时间内提出问题的解决方案、应急计划等。

二、供应商绩效评估方法

供应商绩效评估主要有分类法、加权法和成本比较法三种。当然，很多采购商会采取定性和定量结合的方法进行供应商绩效评估。

1. 分类法

分类法要求采购企业中不同部门的员工保留非正式的评估记录。这些人员包括来自供应管理、技术、质量、会计和验收等部门的人员。这些评估者要确定评估因素或者评估指标，并确定这些因素的相对重要性或权重，再据此对每个主要的供应商进行评估。评估结果通常采用简单的等级来表达，如按综合情况分成 A、B、C 三等。这种简单的定性方案容易操作，而且往往比较有效。

2. 加权法

运用加权法首先要给评估的业绩因素（常常是质量、服务、价格等不同方面）一个权重，权重由有关人员根据因素的相对重要性来判断。例如，在某种情况下，质量占 25%，服务占 25%，价格占 50%；而在另一种情况下，质量的比例可能提高到 50%，价格的比例下降到 25%。然后根据日常供应商评估情况，分别得到每个指标的得分，再乘以相应的权重，加总计算出总分，就得到了对供应商的最终评估。

例如：假设供应商在过去的几个月中，有10%的产品因质量原因而被拒绝，收到4份不满意的错误装运单，每份错误装运单扣服务分的5%，实际价格是每个100元，相比之下，最低报价是每个90元。

根据以上数据归纳出其总体业绩评估，如表8-3所示。

表8-3 供应商总体业绩评估

因素	权重/%	实际业绩	业绩评估/%
质量	25	10%拒收	$25 \times (1-0.1) = 22.50$
服务	25	4次疏忽	$25 \times [1-(0.05 \times 4)] = 20.00$
价格	50	100元	$50 \times 90/100 = 45.00$
总体评估			87.50

3. 成本比较法

采购商在质量和交货期得到满足的前提下，会更注重成本因素，他们通常会使用成本比较法选择成本最低的供应商。成本比较法考虑的采购成本主要包括产品售价、订货费用和运输费用。标准做法是按照采购需求量与各家单位费用相乘再加上固定成本做最终比较，但这样太过简单。事实上，对质量和交货期内发生的费用也应该做成本核算，这样才能做到相对公正。基于这个考虑，采购人员可以采用标准成本分析来评估业务活动。

当与特定的供应商交易时，采购商要确定额外成本，然后将这些成本的每一部分转换为成本率，它是采购商在供应商处采购所花费的总成本中的某一个百分比。然后把这三个单独的成本率加起来，就得到了供应商的全部额外成本率。为便于分析，供应商的价格要通过全部成本率来进行调整。然后在最终评估过程中，将每个供应商经过调整的价格与其他竞争者调整过的价格相比较。

例如：假设一个供应商的质量成本率是4%，送货成本率是3%，服务成本率是2%，价格是100元。所有成本比率的总和是9%，那么这个供应商调整后的价格就是 $[100 + (0.09 \times 100)] = 109$（元），这就是用于和其他供应商相比较的价格。

从实际来看，这是一个比较复杂的分析方法，所以很多企业并没有采用。为了有效地运作，它需要进行特殊的设计，并且需要在企业内普及使用计算机化的成本会计系统来生成所需的精确的成本数据。对于采用成熟的信息系统的企业，通过对供应商业绩进行更加精确的分析而带来的盈余，也能够弥补设计和实施成本比率方案所花费的成本。

很多采购商会使用定量与定性相结合的方案，采用一个量化的、有代表性的评估模型，再加以修改，使它们符合企业的独特情况。无论使用哪种方法，评估的目标只有一个，那就是要尽可能客观、全面地衡量供应商的业绩。当组织继续保持与供应商的长期关系时，量化业绩的能力就日益重要。

供应商绩效评估是供应商分类管理及促进供应商改进的关键。所以，在完成供应商绩效评估后，企业还会采取相应的措施来激励或约束供应商管理。以西门子公司为例，西门子公司按照具体业务板块，用百分制结构来评级，不仅进行采购成本核算，而且以供应链总成本作为评估的最终标准。评估结果将供应商分为四个等级，包括战略性供应商关系、合作/战略关系、交易合作关系以及纯粹交易关系。从首选的到可接受的再到受限制的，其合作关系也逐次递减。首选的自然是战略型供应商关系；可接受的则根据其关系战略象限不同，分为合作/战略关系和交易合作关系；受限制的供应商则纯粹是交易关系。

本章练习题

1. 采购绩效评估的目的是什么？
2. 阐述传统采购绩效管理和现代采购绩效管理之间的差异性与优劣势。
3. 采购绩效评估的基本要求是什么？
4. 采购绩效的影响因素有哪些？
5. 采购绩效评估的流程是什么？
6. 采购绩效衡量的指标主要有哪些？

案例讨论

D 公司大型商场

D 公司拥有一个大型商场，该商场持有大量存货，包括各种各样的物资。因 D 公司对商场运营方面没有进行具体的采购绩效管理，人们普遍认为商场运营效率低下，成本偏高。

海伦就任 D 公司商场采购部门经理。此前，她是一家私营建筑公司的高级采购专员。2015 年，海伦获得了英国皇家采购与供应学会（Chartered Institute of Purchasing and Supply, CIPS）的采购职业资格证书，是 CIPS 的会员。除负责协调中央采购部门的各项工作之外，她还要具体负责 D 公司所有固定资产的采购、大型商场的整体运营绩效。商场采购部门有 3 名采购助理：佛莱迪、阿曼达和阿明。他们都是 D 公司 2018 年聘用的员工。

海伦需要对她的 3 名采购助理及 3 个主要供应商进行考核。

海伦收集了 3 名采购助理的相关信息，如表 8-4 所示。

表 8-4 商场 3 名采购助理的绩效信息

项目	佛莱迪	阿曼达	阿明
是否拥有 CIPS 采购职业资格证书	四级证书	三级证书	无
年度采购总额	95 万元	68 万元	124 万元
实现的采购成本节省额	6.30 万元	1.24 万元	8.20 万元
每月处理的订单数量	162 份	72 份	184 份
被内部客户投诉的次数	6 次	0 次	3 次

海伦还收集了 3 个主要供应商的相关信息，如表 8-5 所示。

表 8-5　D 公司 3 个主要供应商的相关信息

供应商	爱迪逊	汤姆森	约翰逊
质量（每万件的残次品件数）	6 件	9 件	24 件
交付（平均前置期）	7 周	6 周	2 周
价格变化（2019 年相对于 2018 年）	0%	5%	−2%
服务水平（对询问的响应时间）	1 天	4 天	2 天

（案例来源：百度文库）

问题：

（1）请根据表 8-4 所给出信息，对每个采购助理的绩效进行评估；

（2）请根据表 8-5 所给出的信息，对供应商绩效进行评估。

案例解析：

（1）对表 8-4 中采购助理绩效的评估。

1）CIPS 采购职业资格证书：这一指标越高越好。佛莱迪的表现是最好的；阿明这个指标最差，没有职业资格证书。

2）年度采购总额：这一指标越高越好。阿明的年度采购总额 124 万元，最高；阿曼达 68 万元，最低。

3）实现的采购成本节省额：这一指标越高越好。阿明节约额最高，8.20 万元；阿曼达最低，1.24 万元。

4）每月处理的订单数量：这一指标越高越好。阿明最高，184 份；阿曼达最低，72 份。

5）被内部客户投诉的次数：这一指标越低越好。阿曼达最低，零次投诉；佛莱迪最高，6 次投诉。

还可将已知数据进行组合分析，如计算成本节省额与年度采购额的比值，这一指标越高越好。总体来说，阿明的绩效是最佳的，因为他拥有年度最高采购额、最高成本节省额和最多的订单，而这三个指标恰恰是以上几个指标中最重要的。

（2）对表 8-5 中供应商绩效的评估。

1）质量：这一指标的残次件数越低越好。爱迪逊每万件残次品 6 件，表现最佳；约翰逊每万件 24 件，表现最差。

2）交付（平均前置期）：这一指标越短越好。约翰逊前置期为 2 周，表现最佳；爱迪逊前置期为 7 周，表现最差。

3）价格变化：这一指标越低越好。约翰逊降低 2%，价格最优；汤姆森上升 5%，价格最差。

4）服务水平：响应时间越短越好。爱迪逊响应时间为 1 天，服务水平最佳；汤姆森响应时间为 4 天，服务水平最差。

实训设计

采购绩效评估

【实训目的】

加深学生对采购绩效管理的认识，掌握采购绩效评估的原则、目的、影响因素和评价指标。

【实训组织】

把学生按照每3人一组分成若干小组，由小组负责人对成员进行任务分配，制订实训计划，并带领全组成员完成实训任务。每小组负责调查本地一家知名企业，可以是连锁超市、餐饮、生产等企业，然后对该企业的采购绩效进行评估。

【实训要求】

1. 小组负责人对小组成员进行合理的任务分工。

2. 搜集企业采购绩效的有关信息。

3. 对相关信息进行合理分析。

【实训考核】

1. 调查结束，每个小组要对选取企业的采购绩效评估的方法、流程及结果进行论述，上交讨论结果。

2. 本次实训成绩由个人表现、团队表现、实训成果各项成绩汇总而成。

第九章

招标采购

1. 掌握招标采购的定义及分类。

2. 熟悉招标方式、适用范围。

3. 明确采购招标、投标的适用合同条款。

4. 掌握招标的基本流程。

5. 掌握投标的相关内容。

6. 熟悉评标的原则和方法。

7. 了解招标采购规范管理的对策。

第一节 招标采购概述

★导入案例

长城深圳公司物料招标

中国长城计算机深圳股份有限公司（以下简称"长城深圳公司"）在传统物流时代采购物料和零部件时，谁的物料质量好、价格便宜就用谁的。而现在计算机制造业利润越来越薄，扩大利润的重点就转移到优化过去的传统采购方式上，通过最大限度地压缩成本来获取更多利润。长城深圳公司在物料采购时进行多家供应商比价，即采用招标比价的方式。入围参与招标比价的物料供应商至少有三四家，谁的价格低，谁的供应配额就大，供应商也愿意在公平、公开、公正的条件下竞争。现在长城深圳公司已把招标采购方式推广到所有物料的采购上。如果需求量很大，如每个月 1 亿元的采购额，通过招标再迫使价格下降1%甚至0.1%，节约的成本将相当可观。

（案例来源：豆西网，引文经整理改编）

问题： 思考通过招标采购能给企业带来哪些好处？

一、招标的概念和特点

（一）招标的概念

招标是指招标方发出招标的公告或通知，邀请一定范围的或者所有潜在的供应商参加投标，然后由采购方按照规定的程序和标准从中评选出中标供应商，并与之签订合同的过程。

招标可分为公开性招标和限制性招标，主要的区别是招标的范围不同，前者是面向潜在的所有不特定的供应商，后者是在选中的若干供应商中招标。除此之外，二者在原理上都是相同的。

（二）招标的特点

1. 招标程序的公开性

公开原则要求招标、投标活动高度透明，实行招标信息、招标程序的公开，即公开发布招标通告、公开开标、公开中标结果，使每一个投标人获得同等的信息，熟悉招标的一切条件和要求。公开原则是保证公正的必要条件，公正原则要求评标标准适用于所有投标人。

2. 招标程序的竞争性

招标是市场经济体制下的产物，要受市场经济规律（商品经济规律、价值规律等）的影响，因此它是一种引发竞争的采购程序，是竞争的一种具体方式。招标的竞争性充分体现了现代竞争的平等、信誉、正当和合法等基本原则。招标是一种规范的、有约束的竞争，有一套严格的程序和实施方法。政府采购机关通过招标程序，可以最大限度地扩大投标范围，从而使招标方有可能以更低的价格采购到所需的物资或者服务，充分地获得市场利益，有利于政府采购经济效益目标的实现。

3. 招标程序的公平性

招标整个过程始终按照事先规定的程序和标准，本着公平竞争的原则进行，所有感兴趣、有能力或资格的供应商和服务提供者都可以进行投标，并且地位一律平等，不允许对任何投标商有歧视行为。评选中标商要按事先公布的标准进行，必须公平、客观地对待每一个投标者。投标是一次性的，并且不允许有与投标商进行谈判的行为。这些所有的措施既保证了招标程序的完整性，又可以吸引优秀的供应商来参加竞争投标。

4. 招标程序的政策性

社会招标重结果，侧重于满足委托人的要求。政府采购招标与社会招标有所不同，其原因是采购资金的性质不同，同时依照《中华人民共和国招标投标法》和《中华人民共和国政府采购法》及相关政策的规定，政府采购招标所体现的政策性更强，如采购本国货物、

· 185 ·

保护中小企业等，采购所用的是财政性资金。因此，执行机构的行为要对政府负责，对纳税人负责。

基于以上特点，招标对于获取最大限度的竞争，使参与投标的供应商或者服务提供者获得公平、公正的待遇，提高公共采购的透明度和客观性，促进采购资金的节约和实现采购利益的最大化，以及杜绝腐败和滥用职权等，都具有非常重要的作用。

二、招标的方式

招标的方式决定着竞争程度，也是防止不正当交易的重要手段。目前，世界各国规定的招标方式主要有公开招标、邀请招标、议标、网络招标等。

（一）公开招标

公开招标是指招标人在媒体上公开刊登通告，吸引所有有兴趣的供应商参加投标，并按规定的程序选定中标人的一种采购方式。这是一种最能体现招标优胜劣汰，充分实现招标信息公开性、招标程序公正性、投标竞争公平性的招标采购方式。公开性招标又叫竞争性招标，按照竞争程度的不同，可分为国际竞争性招标和国内竞争性招标。

1. 国际竞争性招标

国际竞争性招标是一种无限竞争性招标，指招标人通过公开的宣传媒介（报纸、杂志等）或相关国家的大使馆发布招标信息，使世界各地所有有能力或资格的供应商（通过资格预审的）都有均等的机会购买招标文件，进行投标，择优选择各方面条件最有利者为中标人。

国际竞争性招标是目前世界上最普遍采用的招标方式，凡利用国际复兴开发银行（即世界银行）或国际开发协会贷款兴建的项目，按要求都必须采用国际竞争性招标的方式，即 ICB（International Competitive Bidding）方式招标。世界银行认为只有通过 ICB 方式招标才能实现"三 E"原则，即效率（Efficiency）、经济（Economy）、公平（Equity）。由于这三个名词的英文书写第一个字母均为 E，故称"三 E"原则。采用这种方式，采购方可以在国际市场上找到最有利于自己的供应商，无论在价格和质量方面，还是在工期及施工技术方面，都可以满足自己的要求。国际竞争性招标的条件是由招标人决定的，因此最有利于采购方，有时有很苛刻的合同条件也是能理解的。国际竞争性招标的另一个特点是公开选标，受公众监督。总的来说，这种做法较其他方式更能使供应商折服。

国际竞争性招标也存在一些缺陷：首先是工作的准备阶段耗时长，人力、物力支出较大，从发出招标公告、投标人投标、评标到签订合同，一般需要半年至一年以上的时间；其次是中标的供应商和服务商主要在发达国家，发展中国家的供应商中标的比例较小。

2. 国内竞争性招标

国内竞争性招标是在国内进行的招标，可用本国语言编写标书，只在国内的媒体上发布招标信息，公开出售标书，公开开标，通常用于合同金额较小（按世界银行规定，一般 50 万美元以下）、采购品种较为分散、劳动密集型、商品成本较低而运费较高、分批交货时间较长、当地价格明显低于国际市场、国内采购货物或者工程建筑的时间大大缩短等的采购。在国内竞争性招标的情况下，如果外国公司愿意参加，则应允许他们按照国内竞争性招标程序参加投标，不应人为设置障碍，妨碍其公平参加竞争。国内竞争性招标的程序与国际竞争性招标大致相同。由于国内竞争招标限制了竞争范围，通常情况下，国外供应商得不到有关投标的信息，这与招标的原则不符，所以有关国际组织对国内竞争性招标都会加以限制。

（二）邀请招标

邀请招标也称选择性招标，是由采购人根据供应商的资信和业绩，选择一定数目的法人或其他组织（不能少于 3 家），向其发出投标邀请书，邀请他们参加投标竞争，从中选定中标供应商的一种采购方式。邀请的供应商数目要视具体的招标项目规模来定，一般选择 3 ～ 10 家参加较为适宜。因涉及国家安全、国家秘密、商业机密，受自然地环境限制，受项目技术复杂或特殊要求限制，法律法规规定的不宜或无法公开招标的项目，经过有关部门批准可以采用邀请招标。

邀请招标的特点：邀请投标不使用公开的公告形式；接受邀请的单位须是合格投标人；投标人的数量有限。

邀请招标能够按照项目需求和市场供应状态，有针对性地从已了解的潜在投标人中选择具有与招标项目需求匹配的资格能力、价值目标及对项目重视程度均相近的投标人参与投标竞争，有利于投标人之间均衡竞争，并通过科学的评标标准和方法实现招标需求。邀请招标工作量相对较小，招标费用相对较低，既可以省去招标公告和资格预审程序及时间，又可以获得基本或者较好的竞争效果。

但是邀请招标与公开招标相比，投标人数量相对较少，竞争开放度相对较弱，受招标人在选择邀请对象前已知投标人信息的局限性，有可能会损失应有的竞争效果，选择不到最合适的投标人及获得最佳效益。为防止和减少招标中的不正当交易和腐败现象的发生，《中华人民共和国招标投标法》第十一条作了限制邀请招标的规定："国务院发展计划部门确定的国家重点项目和省、自治区、直辖市人民政府确定的地方重点项目不适宜公开招标的，经国务院发展计划部门或者省、自治区、直辖市人民政府批准，可以进行邀请招标。"

（三）议标

议标实质上为谈判性采购，是采购人和被采购人之间，通过一对一谈判而最终达到采购目的的一种采购方式，不具有公开性和竞争性，因而不属于《中华人民共和国招标投标法》所称的招标投标采购方式。议标主要有以下几种方式。

1. 直接邀请议标方式

不通过公开或邀请招标，而由招标人或其代理人直接邀请某一企业进行单独协商，达成协议后签订采购合同。如果与一家协商不成，可以邀请另一家，直到协议达成为止。

2. 比价议标方式

比价议标方式是兼有邀请招标和协商特点的一种招标方式，一般用于规模不大、内容简单的采购。通常的做法是由招标人将采购的相关要求送至选定的几家企业，要求他们在约定的时间提出报价，招标单位经过分析比较，选择报价合理的企业，并对质量、工期、造价、付款条件等细节进行协商，从而达成协议，签订合同。

3. 方案竞赛议标方式

方案竞赛议标方式是选择工程规划设计任务的常用方式。一般的做法是：由招标人提出规划设计的基本要求和投资控制数额，并提供可行性研究报告或设计任务书、场地平面图、环境情况和有关场地条件的说明，以及规划、设计管理部门的有关规定等基础资料；参加竞争的单位据此提出自己的规划或设计的初步方案，阐述方案的优点，并提出该项规划或设计任务的主要人员配置、完成任务的时间、总投资估算和设计等，一并报送招标人；然后由招标人邀请由有关专家组成的评选委员会，选出优胜单位，招标人与优胜者签订合同，对未中选的参审单位给予一定补偿。

另外，在科技招标中，通常使用公开招标但不公开开标的议标。招标单位在接到各投标单位的标书后，先对技术、设计、加工、资信能力等方面进行调整，并取得初步认可，选择一名最理想的预中标单位并与之商谈，对标书进行调整协商，如能取得一致意见，则可定为中标单位，若不行，则再找第二家预中标单位。这样逐次协商，直到双方达成一致意见为止。这种议标方式使招标单位有更多的灵活性，可以选择到比较理想的供应商和承包商。

由于议标的中标者是通过谈判产生的，不便于公众监督，容易导致非法交易。因此，我国机电设备的招标禁止采用这种方式，即使允许采用议标方式，也大都对议标方式作了严格限制。《贸易法委员会货物、工程和服务采购示范法》规定：经颁布国批准，招标人在下述情况下可采用议标的方法进行采购：

（1）急需获得该货物、工程或服务，采用招标程序不切实际，但条件是造成此种紧迫性的情况并非采购实体所能预见，也非采购实体办事拖拉所致。

（2）由于某一灾难性事件，急需得到该货物、工程或服务，而采用其他方式因耗时太多而不可行。

为了使议标尽可能地体现招标的公平、公正原则，《贸易法委员会货物、工程和服务采购示范法》还规定，在议标过程中，招标人应与足够数目的供应商或承包商举行谈判，以确保有效竞争，如果是采用邀请报价，至少应有3家；招标人向某供应商和承包商发送的与谈判有关的任何规定、准则、文件、澄清或其他资料，应在平等基础上发送给正与该招标人举行谈判的所有其他供应商或承包商；招标人与某一供应商或承包商之间的谈判应是保密的，谈判的任何一方在未征得另一方同意的情况下，不得向另外任何人透露与谈判有关的任何技术资料、价格及其他市场信息。

（四）网络招标

以互联网为代表的信息技术迅猛发展，互联网用户急剧增加，而网络资源费逐步下降，给我国的招标投标网络化提供了一个很好的发展机遇，网络招标方式也越来越被企业所接受和运用。

网络招标是以与招标相关的法律法规为依据，以信息技术为依托，通过互联网开展发布信息、下载标书、投标、开标、合同授予等工作环节，实现招投标活动的电子化。由于信息技术在信息传播领域中具有及时性、广泛性等特点，为招标投标采购活动公开、公正提供了技术保障，实现了采购活动本身的公开性和透明性。

三、招标的适用范围

《中华人民共和国招标投标法》适用于在中华人民共和国境内进行的一切招标投标活动，不仅包括本法列出的必须进行招标的活动，而且包括必须招标以外的所有招标投标活动。也就是说，凡是在中国境内进行的招投标活动，不论招标主体的性质、招标采购项目的性质如何，都要遵循本法的有关规定。具体而言，从主体上来说，包括政府机构、国有事业单位、集体企业、私人企业、外商投资企业及其他非法人组织等的招标；从项目资金来源上来说，包括利用政府机关或事业单位列入财政预算的消费性资金、国有资金、国际组织或外国贷款政府及援助资金、企业自有资金、商业性或政策性贷款进行的招标；从采购对象上说，包括货物、工程、服务的招标采购，且不论采购金额或投资额的大小，只要是在我国境内进行的招标投标活动，都必须遵循一套标准的程序，即《中华人民共和国招标投标法》中规定的程序。但是，从本法的规定看，有许多条文是针对强制招标而言的，不适用于当事人自愿招标的情况。换言之，强制招标的程序要求比自愿招标更为严格，自愿招标的选择余地更为灵活。

第二节 采购招标流程

★导入案例

投标截止日之前对招标文件的修改

某综合楼桩基工程，招标人9月7日发布招标文件，9月30日开标，但在9月27日，招标人发出招标文件补充通知，因当地政府部门政策变化，桩基形式由预制桩改为钻孔灌注桩，开标时间未变。该工程采用中标下浮率投标，即合同价款＝工程造价×（1－工程造价的中标下浮率）。开标后，某建设集团中标，双方随即签订合同，约定该工程采用全垫资形式，桩基验收合格后支付双方初步确认总价的60%。但在完成100条桩时（共计700条桩），乙方要求甲方支付进度款，甲方拒绝，乙方随即停工。

乙方要求支付进度款的理由是，甲方在发布招标公告时预估该工程造价为1 000万元，但在中标截止时间前三日突然发布补充通知，由预制桩改为灌注桩，预估造价由1 000万元提高至2 500万元，且开标时间未变（注：投标截止时间与开标时间为同一时间），导致乙方中标后无法满足全垫资要求。甲方认为，尽管对招标文件进行了很大的变动，但首先该变动是基于政府政策的变化，必须执行；其次，作为一个有经验的承包商，应该预见到桩基形式的改变将导致成本的大幅上升；最后，中标后，承包商与发包人签订合同，双方采用的支付方式为全垫资，验收合格后付款，承包商并无异议。

（案例来源：新浪博客，引文经整理、改编）

问题： 出现上述情况，你认为是谁的责任？

招标是一个复杂的组织过程，通常需要有专门的机构来完成。由采购人、采购代理机构代表及有关专家组成采购小组，负责组织实施编制采购文件、发布采购信息、召集开标评标、采购文件归档等政府采购活动。如果采购小组因技术或人力原因无法自行办理，可以委托社会中介机构来完成。

（一）编制资格预审及招标文件

1. 编制资格预审文件

资格预审文件可以由采购单位自己编写，也可以委托其他专业的代理机构来协助编写。资格预审文件内容有：资格预审申请函、法定代表人身份证明、授权委托书、申请人基本情况表、近年财务状况表、近年完成的类似项目情况表、正在施工的和新承接的项目情况表、近年发生的诉讼和仲裁情况及其他材料。

2. 编制招标文件

招标文件内容包括：①投标人须知；②招标项目的性质、数量；③技术规格要求；④投标价格要求和计算方式；⑤交货或提供服务的时间；⑥评标标准；⑦投标人应当提供的有关证明文件；⑧投标文件的编制要求；⑨投标保证金的数额及其他的担保形式；⑩提供投标文件的方式、地点和截止时间；⑪开标、评标、定标的日程安排；⑫合同格式及主要合同条款；⑬需要载明的其他事项。

（二）发布资格预审通告

发布资格预审通告就是在正式组织招标之前，因要对供应商的资格和能力进行预先审查而提前对外发出的通告。通过资格预审，避免不合适的供应商做无意义的工作，减少其不必要的消耗和支出，缩小供应商的范围，同时也可以减轻采购单位的工作量，提高办事效率。尤其是大型的工程，提前进行资格预审非常重要。因此，发布资格预审通告是招标采购的一个重要环节，直接关系到采购能否顺利进行，其流程如下。

1. 邀请潜在供应商参加资格预审

采购方一般是在官方媒体上发布资格预审通告。资格预审通告的内容一般包括：采购单位名称，采购项目名称，采购规模，主要工作量，计划采购开始和交货的日期，发售资格预审文件的时间、地点和售价，以及提交资格预审文件的最晚时间。

2. 发售资格预审文件

资格预审通告发布后，采购单位应立即发售资格预审文件。资格预审申请的提交必须按照在预审通告中规定的时间之内，超过截止日期的，一律不收。

3. 资格评定

采购单位在规定的时间内，按照资格预审文件中规定的标准，对提交预审申请书的供应商进行资格审查。只有经审查合格的供应商才有权利继续参加投标。资格审查主要审查：①独立签订合同的权利；②履行合同的能力（包括专业、技术资格和能力），设备、资金状况和其他设施状况，管理能力，经验、信誉和相应从业人员；③没有处于被责令停业、投标资格被取消、财产被接管或冻结、破产等状况；④最近三年内没有骗取中标和严重违约及重大工程质量问题；⑤法律和行政法规规定的其他资格条件，如营业执照、安全生产许可证、资质等级证书、法人代表证明或法人委托书、体系认证书等。

（三）发布招标通告

发布招标公告，对于招标者来说，一方面择善而从，可以节约成本或投资，降低造价，缩短工期或交货期，确保工程或项目质量，促进经济效益的提高；另一方面可以向所有有能力、合格的供应商提供平等的竞争机会，一视同仁。

招标通告通常可以通过官方公报、本国报纸、外国报纸、技术性期刊、行业刊物、大使馆通知书、商务机构，向有关国际商业公司、贸易团体等发出通知。一般情况下是多渠道并用，使标书具有更大限度的竞争性。从发布通告到参加投标要留有充足的时间，让投标人有时间准备投标文件。当然，投标准备期需根据采购方式、采购内容及时间要求的实际情况而定，既不能过短，也不能过长。

招标通告的主要内容有：①采购单位的名称和地址；②采购项目的名称、预算金额，设定最高限价时，还应当公开最高限价；③采购人的采购需求；④投标人的资格要求；⑤获取招标文件的时间期限、地点、方式及招标文件售价；⑥投标截止时间、开标时间及地点；⑦采购项目联系人姓名和电话。

（四）发售招标文件及答疑、补遗

1. 出售招标文件

出售招标文件是指向资格审查合格的投标人出售招标文件、图纸、工程量清单等材料和接受投标。自出售招标文件、图纸、工程量清单等资料之日起至停止出售之日止，为5个工作日。招标人应当给予投标人编制投标文件所需的合理时间，最短不得少于20日，一般为了保险，自招标文件发出之日起至提交投标文件截止之日止为25日。这段时间对企业有着非常重要的意义，有经验的企业，会在递交投标文件的前夕，根据竞争对手和投标现场的情况，最终确定投标价格和折扣率。

2. 开标前工程项目现场勘察和标前会议

（1）组织各投标单位现场勘察，不得单独或分别组织一个投标人进行现场勘察。

（2）所有投标人对招标文件中及在现场勘察的过程中存在的疑问在标前会议中进行答疑。

3. 招标文件的澄清修改

补遗招标人对已发出的招标文件进行必要的澄清或者修改的，应当在招标文件要求提交投标文件截止时间至少15日前，以书面形式通知投标人，解答的内容为招标文件组成部分。

第三节　采购投标、开标

★导入案例

投标问题及处理方式

某投资公司建设一栋办公楼，采用公开招标方式选择施工单位，投标保证金有效期时间同投标有效期，提交投标文件截止时间为 2003 年 5 月 30 日。该公司于 2003 年 3 月 6 日发出招标公告，后有 A、B、C、D、E 5 家建筑施工单位参加了投标，E 单位由于工作人员疏忽于 6 月 2 日提交投标保证金。开标会于 6 月 3 日召开，D 单位在开标前向某投资公司要求撤回投标文件。经过综合评选，最终确定 B 单位中标。双方按规定签订了施工承包合同。

（案例来源：道客巴巴，引文经整理、改编）

问题：

（1）E 单位的投标文件按要求如何处理？为什么？

（2）对 D 单位撤回投标文件的要求应当如何处理？为什么？

一、投标

（一）投标概述

投标是指投标人应招标人的邀请，根据招标通告或招标单位所规定的条件，在规定的期限内，向招标人递盘的行为。

1. 投标的基本做法

投标人首先取得招标文件，认真分析研究后（在现场实地考察），编制投标书。标书内容必须十分明确，中标后与招标人签订合同所要包含的重要内容应全部列入，并在有效期内不得撤回标书、变更标书报价或对标书内容作实质性修改。为防止投标人在投标后撤标或在中标后拒不签订合同，招标人通常都要求投标人提供一定比例或金额的投标保证金。招标人决定中标人后，将退还未中标的投标人已交纳的保证金。

招标人或招标代理机构须在签订合同后两个工作日内向交易中心提交《退还中标人投标保证金的函》，交易中心在规定的 5 个工作日内办理退还手续。

2. 投标书的分类

投标书按投标方人员组成情况，可以分为个人投标书、合伙投标书、集体投标书、企业投标书等。

投标书按性质和内容可以分为生产经营性投标书和技术投标书。生产经营性投标书有工程建设项目投标书、产品销售投标书、企业承包投标书、劳务投标书等；技术投标书包括科研课题投标书、技术引进或转让投标书等。

3. 投标须知

投标文件详细说明了投标人在准备及提出报价方面的要求。在投标须知中应特别关注招标人评标的组织、方法、标准和授予的合同文件，其主要内容包括：①项目说明：工程名称、地点、招标范围、工期要求等；②资金来源；③货物产地要求；④招标文件和投标文件的澄清程序；⑤投标的价格、保证金和货币规定；⑥招标文件的语言、式样、签署和标记要求；⑦投标程序、有效期及截止日期；⑧开标的时间、地点；⑨评标的标准和程序；⑩修改和撤销投标的规定等。

4. 投标的注意事项

（1）投标人应自行检查招标文件是否齐全。若有错误、遗漏或不清楚的地方，须立即通知招标人予以更正，未能及时通知招标人更正，导致投标人投标错误的责任，招标人不予承担。招标文件在未授权的情况下不能改动。

（2）在招标期间，招标人或者授权代表有权对招标文件的内容进行修改，并可向投标人发出进一步的书面指令，投标人必须执行，不得有异议。修改后的文件将构成今后具有法律约束力的合同文件的一部分。

（3）招标文件中应公开标明对投标文件作废处理的标准，没有标明标准的不能作为作废依据。同时，应规定评标时除考虑投标价格以外还必须考虑的其他评标因素，以及这些因素如何量化计算。没有列出的评标因素或没有规定该因素量化方法的，均不能在评标时进行价格调整。

（4）招标文件中有前后矛盾、含糊不清、遗漏的内容及没有规定的标准和方法的，不能作为评标依据。开标后，招标人不得修改招标要求，不得要求或者允许修改招标文件的实质内容和价格。

（5）若投标人在上交投标书后发现有错误，可以书面更正。只要书面更正在回标日期截止前交回，便可被采纳，否则，招标人可不认可。

（6）投标人须按照招标文件的要求报价。投标文件中若有与招标文件不符的要求，招标方可以不接纳。若有其他建议，可以在回标时列出。

（7）投标文件应在规定的截止日期前密封送到投标地点。招标人或者招标投标中介机构对在提交招标文件截止日期后收到的投标文件，拒绝接受。

（8）投标人应承担所有与编写、提交投标文件等所产生的费用，无论投标结果如何，招标人都无义务承担此费用。

（9）招标人在审查投标书时发现有严重错误，认为可能使投标人蒙受损失时，会将错误通知投标人，要求其确定是否维持原投标。

招标是法律行为，具有法律效力。但是，现实中的招标、评标活动仍存在一些不公开的现象，如：资格预审和后审所要达到的标准没有在招标文件中逐条公开写明；审查投标文件是否合格的标准、对合格投标文件的评标价格计算方法、确定中标人的标准没有在招标文件中逐条公开明晰；评标结果没有向投标人公开等。由于招标文件对以上几个方面的内容写得比较笼统，所以在评标时就有可能出现随意性、非公正性。因此，招标的公开性是非常关键的，只有公开，评审、计算、申诉才有法可依。

5. 投标保证金

投标人应在招标人规定的时间内按规定方式将投标保证金交至招标人指定的地点。交纳保证金的收条须在投标文件递交截止时间之前送交现场公证人员核验。未按规定交纳保证金的，其投标文件不予接收。采购合同签订后 5 个工作日内退还中标供应商的保证金。非中标人供应商的保证金，在中标通知发出后 5 个工作日内退还。下列任何情况发生时，投标保证金将被没收：

（1）投标人在投标函中规定的投标有效期内撤回其投标的。

（2）中标人未能按规定交纳履约保证金的。

（3）中标人未能按规定签订合同的。

（4）投标人采用不正当的手段骗取中标的。

（5）投标人拒绝按规定修正投标报价的。

（6）有其他违反法律法规行为的。

6. 投标有效期

投标有效期是以递交投标文件的截止时间为起点，以招标文件中规定的时间为终点的一段时间。在这段时间内，投标人必须对其递交的投标文件负责，并受其约束。

如果在招标投标过程中出现特殊情况，在招标文件规定的投标有效期内，招标人无法完成评标并与中标人签订合同，则招标人可以在原投标有效期期满之前以书面形式要求所有投标人延长投标有效期。投标人同意延长的，不得要求或允许修改其投标文件，但应当相应延长其投标保证金的有效期；投标人拒绝延长的，其投标在原投标有效期期满之后失效，投标人有权收回其投标保证金。

（二）投标文件的编写

1. 投标书的写作

投标书要求实事求是、具体清晰、准确准时。投标书通常包括资格证明文件、商务文件和技术文件。资格证明文件和商务文件均提供正本一份、副本七份，技术文件需提供正本一份、副本七份。投标文件应装订成册且封面均加盖单位公章及法人或授权委托人签字或盖章。

（1）资格证明文件。资格证明文件是企业、人员、机械等相关资质等级要求的文件。资格证明文件主要用来审查公司有无投标、中标及完成一定工程项目的资格等，具体内容包括：①投标人资格声明；②有效营业执照或法人证书副本复印件；③法人授权委托书复印件（法人授权委托书原件与投标文件一起递交）；④法人代表或法人授权委托人身份证复印件；⑤涉密信息系统集成资质证书复印件；⑥地理信息系统工程测绘资质证书复印件；⑦ORACLE 资质证书复印件；⑧ISO 9001 资格认证资质证书复印件；⑨其他。

（2）商务文件。商务文件即商务标，主要是预算报价部分，即结合自身和外界条件对整个工程的造价进行报价。商务标是整个投标书的重中之重，评标时，商务标一般占70%，具体内容包括：①投标函；②开标一览表，所有价格均为人民币报价，报价单中标明的价格在合同执行过程中是固定不变的，不得以任何理由予以变更，只允许有一个报价，投标人应根据技术规格及要求进行报价，报价单中不得漏填项目；③投标人认为有必要提供的其他文件。

（3）技术文件。技术文件即技术标，主要是以施工组织设计体现，即所投标的主要施工工艺流程、技术规范。评标时，技术标一般占30%，具体内容包括：①项目完成的技术解决方案；②项目建设的详细实施计划；③项目验收前、验收后的维护方案；④培训计划；⑤项目实施人员情况；⑥售后服务承诺表；⑦售后服务网点；⑧供应商业绩；⑨投标人认为重要的其他资料。

2. 投标内容填写

（1）投标人应在认真阅读招标文件所有内容的基础上，按照招标规定的统一格式编制投标文件，装订成册并编制目录，混乱的编排会导致投标文件的误读或招标人查找不到投标人的有效文件。

（2）投标人必须保证投标文件所提供的资料真实、可靠，并接受招标人对其任何资料进一步审查的要求。

（3）开标一览表为在开标仪式上唱标的内容，投标人须按格式填写、统一规范，不得自行增减内容。

（4）投标文件须对招标文件的内容作出完整的响应，否则其投标将被拒绝。如果投标文件填报的内容不详细，或者没有提供招标文件中要求的全部资料，将会导致投标被拒绝。

3. 投标文件的签署及规定

（1）投标人应按投标须知的相关要求准备投标文件，每套文件须清楚地标明资格证明文件、商务文件、技术文件和正本、副本。若正本和副本有差异，以正本为准。

（2）投标文件的正本须用不褪色墨水书写或打印，并由投标人或者其委托的代理机构代表在投标文件上签字。授权代表须以书面形式出具授权证书附在投标文件中。文件的副本可采用正本复印。

（3）投标文件的任何修改，必须由投标文件签字人在旁边签字才有效。

（4）电话、电报、传真形式的投标文件不予接收。

4. 投标文件的密封和标记

（1）投标文件的资格证明文件、商务文件和技术文件，三部分应单独密封，并在封口及相关部位加盖投标人单位公章及法定代表人或委托代理人签名或盖章。

（2）每包的封面应注明项目名称、项目编号、投标人名称、投标文件名称。

二、开标

开标是指在投标人提交投标文件后，招标人依据招标文件规定的时间和地点，开启投标人提交的投标文件，公开宣布投标人的名称、投标价格及其他主要内容的行为。

一般情况下，开标由招标人或者招标投标中介机构主持，邀请评选委员会成员、投标代表和有关单位代表参加。主持人按照规定的程序负责开标的全过程，其他开标工作人员办理开标作业及制作记录等事项。邀请所有的投标人或其代表出席开标，可以使投标人了解开标是否依法进行，有助于使他们相信招标人不会任意作出不适当的决定；同时，也可以使投标人了解其他投标人的投标情况，做到知己知彼，大体衡量一下自己中标的可能性，这对招标人的中标决定也将起到一定的监督作用。

投标人检查投标文件的密封情况，确认无误后，由相关公证人员当众拆封、验证投标资格，并宣读投标人名称、投标价格及其他主要内容。如果采用两阶段招标方法，开标时也要按照通告中规定的时间、地点办理，先开技术标，然后再按规定开商务标。

有些情况下，如招标文件发售后对原招标文件进行了变更或补充，开标前发现有足以影响采购公正性的违法或不正当行为，采购单位接到质疑或诉讼，因出现突发事故而变更或取消采购计划等，可以暂缓开标时间。

投标人可以对唱标做必要的解释，但所作的解释不得超过投标文件记载的范围或改变投标文件的实质性内容。招标工作人员作开标、唱标记录，唱标人、记录员、监督员、投标单位代表签名确认。

第四节　采购评标、定标及合同条款

★导入案例

评标定标应用

在施工公开招标中，有 A、B、C、D、E、F、G、H 8 家施工单位报名投标。经资格预审均符合要求，但建设单位以 A 施工单位是外地企业为由不同意其参加投标。

评标委员会由 5 人组成，包括当地建设行政管理部门的招标投标管理办公室主任 1 人、建设单位代表 1 人、政府提供的从专家库中抽取的技术经济专家 3 人。

评标时发现，B 施工单位投标报价明显低于其他投标单位报价且未能合理说明理由；D 施工单位投标报价大写金额小于小写金额；F 施工单位投标文件提供的检验标准和方法不符合招标文件的要求；H 施工单位投标文件中某分项工程的报价有个别漏项；其他施工单位的投标文件均符合招标文件要求。

（案例来源：考试资料网）

问题：

（1）在施工招标资格预审中，建设单位认为 A 施工单位没有资格参加投标是否正确？

说明理由。

（2）指出施工招标评标委员会组成的不妥之处，说明理由，并写出正确做法。

（3）判别 B、D、F、H 四家施工单位的投标是否为有效标？说明理由。

一、评标

评标是根据招标文件中列明的评标的标准和方法，对各投标人的投标文件进行评审和比较，从中选出最佳投标人的过程。为了保证评标的公平性和公正性，评标必须按照招标文件规定的评标标准和方法进行，不得采用招标文件未列明的任何标准和方法，也不得改变招标确定的评标标准和方法。评标的质量决定着是否能从众多投标竞争者中选出最能满足招标项目要求的中标者。

（一）评标委员会的组成及要求

1. 评标委员会人员组成

（1）招标人的代表。招标人的代表参加评标委员会，以在评标过程中充分表达招标人的意见，与评标委员会的其他成员进行沟通，并对评标的全过程实施必要的监督。招标人的代表采用抽签的方式产生，且不得担任评标委员会主任。

（2）相关技术方面的专家。由相关专业的技术专家参加评标委员会，对投标文件所提方案的技术合理性和可行性、质量可靠性和先进性等指标进行评审比较，以确定在技术和质量方面确能满足招标文件要求的投标。

（3）经济方面的专家。由经济方面的专家对投标文件所报的投标价格、成本、投标人的财务状况等投标文件的商务条款进行评审比较，以确定在经济上对招标人最有利的投标。

（4）其他方面的专家。根据招标项目的不同情况，招标人还可聘请除技术专家和经济专家以外的其他方面的专家参加评标。例如，一些大型的或者国际性的招标采购项目，还可聘请法律方面的专家参加评标委员会，以对投标文件的合法性进行审查把关。

2. 评审委员会成员人数

评标委员会成员人数须为 5 人以上的单数。评标委员会成员人数过少，不利于集思广益，不利于从经济、技术各方面对投标文件进行全面的分析比较，不利于保证评审结论的科学性、合理性。当然，评标委员会成员人数也不宜过多，否则会影响评审工作效率，增加评审费用。要求评审委员会成员人数须为单数，便于在各成员评审意见不一致时，可按照多数通过的原则产生评标委员会的评审结论，推荐中标候选人或直接确定中标人。

3. 专家人数

评标委员会成员中，有关技术、经济等方面的专家人数不得少于成员总数的 2/3，以保证各方面专家的人数在评标委员会成员中占绝对多数，充分发挥专家在评标活动中的权威作用，保证评审结论的科学性、合理性。

4. 专家条件

参加评标委员会的专家应当同时具备两个条件：第一，从事相关领域工作满 8 年；第二，具有高级职称或者具有同等专业水平。具有高级职称，即具有经国家规定的职称评定机构评定，并取得高级职称证书的职称，包括高级工程师、高级经济师、高级会计师、正副教授、正副研究员等。对于某些专业水平已达到与本专业具有高级职称的人员相当的水平，有丰富的实践经验，但因某些原因尚未取得高级职称的专家，也可聘请作为评标委员会成员。

（二）评标原则

（1）公平、公正。

（2）依法评标。

（3）严格按照招标文件评标。只要招标文件未违反现行的法律、法规和规章，没有前后矛盾的规定，就应严格按照招标文件及其附件、修改纪要、答疑纪要进行评审。

（4）合理、科学、择优。

（5）对未提供证明资料的评审原则。凡投标人未提供的证明材料（包括资质证书、业绩证明、职业资格或证书等），若属于招标文件强制性要求的，评委均不予确认，应否决其投标；若属于分值评审法或价分比法的评审因素，则不计分，投标人不得进行补正。

（6）做有利于投标人的评审。若招标文件表述不够明确，应作出对投标人有利的评审，但这种评审结论不应导致对招标人的具有明显因果关系的损害。

（7）反不正当竞争。评审中应严防串标、挂靠围标等不正当竞争行为。若无法当场确认，事后可向监管部门报告。

（8）记名表决。一旦评审出现分歧，则应采用少数服从多数的表决方式。表决时必须署名，但应保密，即不应让投标人知道谁投赞成票、谁投反对票。

（9）保密原则。评委须对投标文件的内容、评审的讨论细节进行保密。

（三）评标内容

评标内容与招标文件中规定的内容是一致的。在评标时除对投标报价进行比较外，还要综合考虑其他因素，最后确定选取成本最经济的投标。一般情况下，评标分商务评审和技术评审。

1. 商务评审

商务评审的目的是从成本、财务和经济分析等方面评定投标报价的合理性及可靠性，并估量授标给各投标人后的经济效果。参加评审的人通常是财务、成本或经济管理方面的专家。商务评审的内容包括：审查报价数据是否合理及是否存在风险；审查标书的响应性，是否愿意承担招标文件规定的义务；审查投标人的财务状态和信誉度；审查标书中所附加的流量表是否合理，以及所列数据的依据；审查投标人对支付条件有何要求或给采购人什么优惠等。

2. 技术评审

技术评审的目的是确认备选的中标人完成招标项目的能力，以及其提供的方案的可靠性。技术评审的主要内容包括：技术资料完备；施工方案的可行性；施工进度计划的可靠性；施工质量的保证；工程材料和机器设备供应的技术性能是否符合技术设计的要求；分包商的技术能力和施工经验；投标文件中对某些技术性要求有何保留性意见；对投标文件中按招标文件规定提交的建设方案作出技术评审。

（四）评审程序

评标的一般程序包括组建评标委员会、评标准备、初步评审、详细评审、编写评标报告。

1. 组建评标委员会

评标委员会可以设主任 1 名，必要时可增设副主任 1 名，负责评标活动的组织协调工作。评标委员会主任由评标委员会成员通过民主方式推选产生，或由招标人或其代理机构指定，招标人代表不得作为主任人选。评标委员会主任与评标委员会其他成员享有同等的表决权。

有的招标文件要求对所有投标文件设主审评委、复审评委各 1 名，主审、复审人选可由招标人或其代理机构在评标前确定，或由评标委员会主任确定。

2. 评标准备

（1）了解和熟悉相关内容：①招标目标；②招标项目范围和性质；③招标文件中规定的主要技术要求、标准和商务条款；④招标文件规定的评标标准、评标方法和在评标过程中考虑的相关因素；⑤有的招标文件发售后，进行了数次的书面答疑、修正，评委应将其全部汇集装订。

（2）分工、编制表格。

（3）对需要匿名评审的文本进行暗标编码。

3. 初步评标

初步评标阶段的工作主要有：检查供应商资格是否符合要求，投标文件是否完整；复核各投标单位的报价，修正算术错误；检查投标书对招标文件的影响；以标底为依据，按更正算术错误后的报价进行排序。再在此基础上，对投标单位的施工技术、进度等有关施工技术部分的重要环节进行分析和比较，排除那些投标报价与底标悬殊太大，而在其他方面又无其他优势的投标，推荐出几名投标者进行终评。

4. 详细评标

在完成初步评标以后，就进入详细评定和比较阶段。初评中确定为基本合格的投标人，才有资格进入详细评定和比较阶段。具体的评标方法取决于招标文件中的规定，并按评标价的高低，由低到高评定出各投标的排列次序。

5. 编写并上报评标报告

评标工作结束后，采购单位要编写评标报告，上报采购主管部门。评标报告包括：①招标通告刊登的时间、购买招标文件的单位名称；②开标日期；③投标商名单；④投标报价及调整后的价格；⑤价格评比基础；⑥评标的原则、标准和方法；⑦授标建议。

（五）评标的方法

评标方法要依据实体对采购对象的不同要求选择。常见的评标方法有以下几种。

1. 最低评标价法

最低评标价法是指评标委员会根据评标标准确定的每一投标不同方面的货币数额，然后将这些数额与投标价格放在一起来比较的方法。估值后价格（即评标价）最低的投标可作为中选投标。

2. 综合评标法

综合评标法是指在满足招标文件实质性要求的条件下，依据招标文件中规定的各项因素进行综合评审，以评审总得分最高的投标人作为中标人的评标方法。综合因素包括：投标文件提出的工程质量、施工工期、投标价格、施工组织设计或者施工方案、投标人及项目经理业绩；货物采购的价格、运费和保险费、付款计划、交货期、运营成本、货物的有效性和配套性、零配件和服务的供给能力、相关培训、安全性和环境效益；服务招标的价格、投标人及参与提供服务人员的资格、经验、信誉、可靠性、专业和管理能力等。在实际运用中，要根据招标文件中的规定和不同的采购情况灵活掌握，但每个因素都必须量化。

综合评价法主要用于小规模工程、小批量货物及服务采购招标的评标，由于易受各种非正常因素的影响，公平、公正性相对较差。

3. 打分法

打分法是指评标委员会根据评标标准确定每一投标不同方面的相对权重（即得分），确定累加得分最高的投标方为最佳投标方的方法。打分法在使用中需要注意评标细则的指定，特别是在确定商务和技术的权重及价格离散敏感系数时应当慎重，如果商务和技术的权重和离散敏感系数确定不科学，评标结果就会变成单纯的价格或技术的竞争。另外，在工程评标时的非价格因素（如工期、质量、施工人员和管理人员的素质、以往的经验）、在服务评标时的非价格因素（如投标人及参与提供服务人员的资格、经验、可靠性、信誉、专业和管理能力）、在货物评标时的非价格因素（如运费和保险费、付款计划、交货期、运营成本、相关的培训、货物的有效性和配套性、零配件和服务的供给能力、安全性和环境效益等），都要在评标细则中细化反映。采用打分法评标时，要确定每种因素所占的分值，通常总分100分，每个因素的分配比例为：投标价70分；零配件10分；技术性能、维修、运行费10分；售后服务5分；标准备件5分。

打分法用于工程采购评标时先要进行技术评价，技术标评分在60分以上为合格，合格的才能进行商务评价。

技术标具体分值计算可参考如下：

（1）施工进度计划控制、分包与总包具体界面划分及总分包之间的配合协调管理措施打分范围：4~8分。

（2）施工选用主要机械和劳动力配备计划打分范围：2~6分。

（3）主要分部工程施工方案打分范围：10~22分。

（4）现场组织机构和项目经理简历及资质证书与近三年的工作业绩打分范围：4~10分。

（5）确保质量、安全生产、文明施工的技术措施打分范围：6~15分。

（6）项目团队主要人员资历、业绩打分范围：4~8分。

（7）当地施工经验及完成情况打分范围：0~6分。

（8）工期5分。满足招标文件工期要求且承诺每延误一天工期处罚金≥合同金额的万分之三，得5分；否则不得分。

（9）质量10分。自报工程质量满足招标文件质量要求及承诺处罚比例的，得10分；承诺若达不到质量要求的，不得分。

（10）投标单位资金信用考量10分，根据各单位财务报表上反映的财务情况，分为：好，资产负债率低于70%，得10分；一般，资产负债率在70%~80%，得6分；差，资产负债率低于80%，得4分；未提供财务报表的不得分。

4. 经评审的最低投标价法

经评审的最低投标价法是指能够满足招标文件的各种要求，并经评审为最低投标价的投标方法。必须注意的是，投标文件必须能够满足招标文件的要求，如果不符合招标文件的实质性要求，则投标价格再低，也不在考虑范围之内。另外，用经评审的最低投标价法选择中标人时，投标价不得低于成本。如果投标人的价格低于自己的成本，则意味着投标人取得合同后，可能为了节省开支而想方设法偷工减料、粗制滥造，给招标人造成无可挽回的损失。该方法一般用于采购简单商品、半成品、设备、原材料，以及其他性能、质量相同或者容易进行比较的货物，价格可以作为评标考虑的唯一因素使用。

二、定标

评标委员会完成评标之后，应向招标人提出书面评标报告，并抄送有关监督机构。评标报告内容主要有：基本情况和数据表、评标委员会成员名单、开标记录、符合要求的投标一览表、废标情况的说明、评标标准、评标方法或者评标因素一览表、评分比较一览表、经评审的投标人排序及澄清说明补正事项纪要等。通过评比分析，选出中标人的过程就是定标。

1. 定标依据

定标依据包括：能够最大限度地满足招标文件规定的各项综合评价标准；能够满足招标文件的实质性要求，并且经评审投标价格最低，但是投标价格低于成本的除外。

2. 确定中标候选人

定标委员会应当按照充分竞争、合理低价的原则，采用招标文件规定的方法，在评标委员会推荐的定标候选人中择优确定中标候选人。

3. 推荐人数

推荐 1～3 名合格的中标候选人，并标明排列顺序。

4. 确定实施

（1）确定前进行公示，公示期不得少于 3 日。

（2）使用国有资金投资或者国家融资的工程项目，招标人不得在评标委员会推荐的中标候选人之外确定中标人。

（3）依法必须进行招标的项目，招标人应当确定排名第一的中标候选人为中标人。排名第一的中标候选人放弃中标，因不可抗力提出不能履行合同，或者招标文件规定应当提交履约保证金而在规定的期限内未能提交的，招标人可以确定排名第二的中标候选人为中标人。排名第二的中标候选人因前面规定的同样原因不能签订合同的，招标人可以确定排名第三的中标候选人为中标人。

（4）经评标委员会论证，认定该投标人的报价低于其他企业成本的，不能推荐为中标候选人或者中标人。

（5）中标人在接到中标通知书后，应按通知指定时间、地点，与招标方签订物资供需合同。

三、合同条款

合同条款包括一般合同条款和特殊合同条款。一般合同条款主要是一些基本性规定，而特殊合同条款是指一般合同条款的具体化及一些特殊的要求。按照货物采购和工程采购项目的不同，合同条款的内容也不同。

1. 货物采购的一般合同条款

（1）买卖双方的权利、义务。

（2）价格调整的程序。

（3）运输、保险、验收程序。

（4）付款条件、程序及支付货币规定。

（5）不可抗力因素。

（6）履约保证金的数量及支付方式。

（7）合同终止程序。

（8）解决争端的程序和方法。

（9）延误赔偿和处罚程序。

（10）合同适用法律及有关税收的规定。

2. 货物采购的特殊合同条款

（1）交货条件。

（2）验收和测试的详细程序。

（3）采购相关费用的付款方式。

（4）保险的具体要求。

（5）解决争端的具体规定。

（6）零配件和售后服务的具体要求。

（7）对一般合同条款的增加、减少等。

3. 工程采购的一般合同条款

（1）一般性的规定。

（2）关于工程师的规定。

（3）关于合同文件及图纸的规定。

（4）承包商的责任：按合同规定组织工程实施，执行由工程师发出的各种指令，购置材料，雇用劳动，接受业主和工程师的监督，办理保险，复杂维修等。

（5）涉及双方责任的规定，如保险，损失赔偿，工程竣工，变更、追加或取消工程，特殊风险，争端解决等。

（6）破产和违约的处理规定。

（7）采购方的责任，如采购方负担的损失赔偿或补偿责任，工程发生变更所增加的工程费用处理等。

4. 工程采购的特殊合同条款

（1）保险的具体规定。

（2）开工、竣工和维护的具体规定。

（3）因工程延误赔偿的具体规定。

（4）价格调整公式要求。

（5）违约的处理方法。

（6）税收规定。

（7）付款条件等。

在合同执行过程中，当一般合同条款与特殊合同条款出现不一致时，以特殊合同条款为准。

本章练习题

1. 简述招投标的定义、特点。

2. 简述公开招标、邀请招标和议标的区别。

3. 发布招标通告有什么作用？

4. 投标商在投标时要注意哪些规则？

5. 评标会存在哪些问题？如何解决？

6. 合同条款中一般条款与特殊条款的区别是什么？

案例讨论

打分法的应用

某建设单位经当地主管部门批准，自行组织某项建设项目施工公开招标工作，招标程序如下：

(1) 成立招标工作小组。

(2) 发出招标邀请书。

(3) 编制招标文件。

(4) 编制标底。

(5) 发放招标文件。

(6) 投标单位资格预审。

(7) 组织现场勘察和招标答疑。

(8) 接收投标文件。

(9) 开标。

(10) 确定中标单位。

(11) 发出中标通知书。

(12) 签订承包合同。

该工程有A、B、C、D、E五家经资格审查合格的施工企业参加投标。经招标小组确定的评标指标及评分方法为：①评价指标包括报价、工期、企业信誉和施工经验四项，权重分别为50%、30%、10%、10%；②报价在标底价的（1±3%）以内为有效标，报价比标底价低3%为100分，在此基础上每上升1%扣5分；③工期比定额工期提前15%为100分，在此基础上，每延长10天扣3分。

五家投标单位的投标报价及有关评分如表9-1所示。

表9-1　五家投标单位的投标报价及有关评分

评标单位	报价/万元	工期/天	企业信誉评分	施工经验得分
A	3920	580	95	100
B	4120	530	100	95
C	4040	550	95	100
D	3960	570	95	90
E	3860	600	90	90
标底	4 000	600	—	—

问题：

(1) 该工程的招标工作程序是否妥当？为什么？

(2) 根据背景资料填写表9-2，并据此确定中标单位。

表9-2　五家投标单位的得分及名次

项　目	A	B	C	D	E	权重
报价得分						
工期得分						
企业信誉得分						
施工经验得分						
总分						
名次						

注：若报价超出有效范围，注明"废标"。

案例解析：

问题1：招标程序欠妥。应将"发出招标邀请书"改为"发布招标公告"；将"编制招标文件"和"编制标底"放到发布招标公告之前；将"投标单位资格预审"放到"发放招标文件"之前；"开标"后要进行"评标"。

问题2：五家投标单位的得分及名次如表9-3所示。

表9-3　五家投标单位的得分及名次（结果）

项　目	A	B	C	D	E	权重
报价得分	95	70	80	90	废标	50%
工期得分	79	94	88	82	73	30%
企业信誉得分	95	100	95	95	90	10%
施工经验得分	100	95	100	90	90	10%
总分	90.7	82.7	85.9	88.1	废标	—
名次	1	4	3	2	废标	—

（案例来源：百度文库，引文经整理、改编）

综上，中标单位应为A单位。

实训设计

采购招标管理

【实训目的】

通过招投标实训，学生熟悉招标采购的业务流程，掌握制作招投标文件的方法与技巧，完成招投标活动，并签订采购合同。

【实训项目】

模拟建设2个机房。每个机房60台计算机，并配备服务器、电脑桌椅等其他相关设施设备。采购经费预算为60万元，现在场地已经选好，初步估计需要服务器1台、投影机1台、电脑120台、空调2台、电脑桌120个、相关附件若干。具体设备的型号、规格由采购方来确定。现在学校面向全社会进行招标。

【实训要求】

1. 由学生自由组合，以6位（不宜超过6个，可以少于6个）学生组成一个小组，选出小组长。小组长负责团队的实训工作安排。小组成员互相配合，共同完成实训任务，提高团队协作精神。

2. 各小组根据所给出的案例，制订采购计划，每位小组成员以学院设备采购处的名义向供应商进行招标。要求严格按照招标程序撰写相关文件。

【实训考核】

1. 每小组成员共同协作，制作一份采购计划。

2. 每位小组成员独立制作一份招标文件并制作PPT。

3. 实训结束后，各小组上交采购计划，每位小组成员要上交招标文件。

4. 本实训的成绩由个人表现、团队表现、实训成果各项成绩汇总而成。

第十章

采购管理发展的新趋势

本章学习目标

1. 掌握国际采购的概念。
2. 掌握国际采购的发展趋势。
3. 掌握集中采购的概念。
4. 掌握集中采购的选择依据。
5. 掌握集中采购各部门的配合。
6. 熟悉 JIT 采购的概念。
7. 熟悉 JIT 采购的战略优势和实施前提。
8. 掌握电子采购的定义。
9. 掌握主要的电子采购系统。

第一节　国际采购

随着经济的全球化，生产要素在各个国家和地区之间自由流动。在新形势下，中国的生产制造企业需要对自身所具有的国际采购能力和所处的国际采购发展阶段有清晰的定位和认识，并且进行必要的优化改进，才能够最大限度地利用好全球范围内的优势资源，增强自身的竞争优势。

★导入案例

吉利汽车全球化采购战略

吉利控股集团有限公司是国内汽车行业十强中唯一一家民营轿车生产经营企业，始建于

1986 年，经过 20 年的建设与发展，在汽车、摩托车、汽车发动机、变速器、汽车电子电气及汽车零部件方面取得了辉煌业绩。特别是 1997 年进入轿车领域以来，吉利汽车凭借灵活的经营机制和持续的自主创新，取得了快速的发展，资产总值达到 105 亿元，连续四年进入全国企业 500 强，被评为"中国汽车工业 50 年发展速度最快、成长最好"的企业，跻身国内汽车行业十强。2010 年 8 月 2 日，吉利成功收购沃尔沃汽车 100% 的股权以及相关资产。

作为中国汽车行业十强企业之一，吉利汽车从物美价廉的大众化汽车，转型为高品质、高技术的国际化品牌汽车，初步实现了从"国际化战略"向"全球化战略"的转型，从"技术吉利"向"品质吉利"的转型，从"快速发展"向"稳健发展"的转型，从"产品线管理"向"品牌线"管理的转型目标。吉利成功的原因是多方面的，其中，对供应链进行有效整合，最终实现零部件采购全球化布局无疑是最主要的因素。

1. 单方淘汰：对廉价汽车时代的供应商进行全面清理

在开发生产本土化、低价格的大众化汽车时代，吉利汽车的身边聚集了众多年轻而有激情的创业型供应商，为吉利汽车的出现与发展作出了很大的贡献。但遗憾的是，在吉利汽车做大做强的时候，这些与吉利一同迈上起跑线的供应商大多数都没有与吉利一同发展。2007 年，在吉利汽车提出"从本地化、低价格向国际化、高品质、高技术转型"的目标时，这些昔日的合作伙伴已经无法适应吉利汽车的高标准和国际化大生产的需要，更无法完成吉利汽车在技术创新和发展战略上所提出的供货目标。要想成为巨人一样的企业，就必须和其他巨人企业站在一起对话和竞争，这就不可避免地要求企业与原来弱小的供应商告别。对采购渠道另一侧庞大而杂乱的供应商队伍进行清理，淘汰那些已经无法适应吉利汽车转型发展需要的供应商，保留和协助具有发展潜质的供应商，就成了吉利汽车采购供应链调整的首要任务。

在吉利核心供应商建设方面，对核心技术、高价值且快速变化的零部件，按照底盘、内外饰、车身附件、电子电器及动力总成部件的划分，从现有零部件配套体系中按照"三高一低"，即高质量、高技术、高忠诚度和低成本的标准选择一批核心供应商进行扶持建设，对其在同步研发技术、市场配套份额、资金、管理及人才等方面给予支持，并通过优选及退出机制，保证核心供应商发挥核心支持作用。经过甄别和筛选，至 2007 年 7 月，原有的 1 000 多家供应商缩减至 400 余家，采购成本削减 10%，供应商的管理初见成效。与此同时，对壳牌、通用、大众、丰田等世界主流企业的核心供应商实施快速准入制，只需要一周左右的时间就能够完成准入。吉利汽车通过自身实力的展示，顺理成章地以采购商的身份和这些国际化企业站在了一起。

至此，吉利汽车初步完成了信息化程度高、全球采购效率高、应对困难水平高的供应商系统建设，最终使吉利建设成了以 40 家核心供应商为中心的供应链平台，为吉利汽车的升级换代做好了准备。以吉利首款 C 级车"帝豪 EC825"为例，来自全球 12 个国家和地区的优秀供应商提供了优秀的零部件，经吉利进行组合，这款充满了全球智慧的汽车驶入了人们的视野，其流畅的外形和强大的性能代表着吉利与新一代供应商合作的成功。

2. 流程再造：建立与高端供应商对接的采购通道

2007年5月，吉利在业内率先实施战略转型，首次提出不打价格战，明确企业核心竞争力将从成本竞争转向品质竞争和全面领先竞争。在这一核心思想指导下，吉利供应链体系也进行了自上而下的全面变革。但是，采购流程的再造和全球化布局，绝不仅仅是供应商的管理所能涵盖的简单行为。吉利汽车在淘汰供应商的同时，开始在企业内部打造一条与全球化布局相适应的现代化生产管理和采购体系，来为吉利汽车未来的持续发展提供保障。吉利采购体系的建设是多方面的，其中"三个三"是十分值得关注的焦点。

第一个是"三网对接"。将企业资源网、客户资源网、供应商资源网三大网络贯通，以供应链管理信息系统升级工程等为手段，打通企业与外部供应商之间的沟通渠道，以无边界团队共赢的方式，充分整合供应商资源，实现与供应商的零距离，最大限度满足客户的需求。

第二个是"三流闭环"。三流即订单流、实物流、资金流。以订单流为主线带动实物流、资金流同步运转，首先将客户资源网的订单信息同步传递到企业内部和供应商，驱动各方面围绕客户订单开始运作，通过各种资源采购，形成需求与服务的实物流关系，通过用户的回款支付企业内部资源费用。通过订单流、实物流的正传递和资金流的反传递实现三流闭环运作，实现零库存、零资本占用的正现金流运作模式。

第三个是"三体精益"。采购、物流、制造三大经营体，各自围绕自己的目标构建精益运作体系。采购以采购零差错为目标，推进网络规划、网络升级、订单集中，建立部件成本拆解分析室；物流以零延误、零库存为目标，推进第三方物流、看板管理和JIT供给等管理模式；制造以零缺陷、零浪费为目标，推进产销协同、标准作业、工序拉动生产。

经过努力，吉利建立了商务谈判和合同签订流程、货款结算流程、计划与订单流程、业绩监控和供货比例流程、新供应商准入流程、现产品二次开发流程等重大流程，完成了技术体系、采购体系和营销体系这三大体系整合，形成了以用户为中心、以订单为主线、以产品线为基础的三链协同新局面。

3. 合资与收购：引发零部件采购内涵的变革

对吉利汽车来说，采购的概念已经通过他们的理念与实践得到了彻底的颠覆——采购已经不再局限于产品的买卖，而是包括了合资、收购、购买专利和技术等多种形式的供应链体系的全球范围内的重建与整体布局。

2006年11月，吉利集团、上海华普汽车有限公司与英国锰铜控股公司成立上海英伦帝华汽车有限公司，合资生产著名的伦敦出租车。伦敦出租车上海项目为众多国际供应商进入中国的标准化零部件市场提供了机会，除伦敦出租车传统供应商外，不少国际A级零部件厂商也纷纷参与伦敦出租的零部件供应。吉利汽车的国际化布局初步开始。

为了加快核心供应商发展，吉利还牵线搭桥，引进有技术质量优势的国际化供应商与本土的核心供应商合作，形成合资合作企业，即"1+1+1"合作模式。通过让本土供应商走出去，让国际优秀供应商走进来，参与吉利汽车产业供应链的大调整、大组合，分享国际和国内优质供应链资源，吉利汽车的竞争力明显提升。

而吉利汽车对澳大利亚自动变速器公司 DSI 和沃尔沃的海外并购项目，间接地实现了对汽车制造业核心技术产品的采购。吉利并购 DSI，拓宽了吉利自动变速箱的产品线，改变了中国轿车行业自动变速器产业空白的局面，并使 DSI 大部分的零部件在中国逐步实现本土化采购。在收购沃尔沃的过程中，吉利除得到了包括沃尔沃商标的全球所有权和使用权、10个可持续发展的产品及产品平台、4个整车厂外，还收购了 1 家发动机公司、3 家零部件公司。吉利在收购中获得了众多的尖端技术，不仅使供应渠道向高技术方位延伸，也促进了对发动机、变速箱、汽车电子等核心领域技术的突破性研发，在汽车的安全、节能和环保上进一步形成了自己的优势，这才是吉利汽车采购布局的真正胜利。

（案例来源：金锄头）

问题： 通过案例分析企业确定全球化采购战略应该注意的问题有哪些？

一、国际采购基本概念及特点

（一）国际采购的概念

国际采购是指利用全球的资源，在全世界范围内去寻找供应商，寻找质量最好、价格合理的产品（货物与服务）。经济的全球化，使企业在一个快速变化的新世界和新经济秩序中生存与发展，采购活动已成为企业的重大战略。

在全球范围的竞争环境下，产能过剩、企业并购、压缩费用等压力都使全球采购成为企业生存的关键因素。通过利用更为廉价的劳动力、成本更低的物流网络和管制更少的市场环境，可以帮助企业获取更多的利润并保证企业在市场中立足。与此同时，全球物流容量的增长和通信能力的提高将进一步有助于削减产品的单位成本，成为国际采购发展的动力之一。

不仅如此，全球采购成为无论是制造商还是零售商在制定商业策略时所要考虑的重要因素，并成为企业创造客户价值的重要手段之一。在各种分析报告中经常可以见到对这种策略的描述，比如，沃尔玛在其年度报告中写道："我们在内部产品发展和全球采购这两个领域取得了长足的进步。通过第三方物流进行了全球范围的采购，使得我们可以更好地协调在全球的供应链，更好地进行货物配送。国际采购还促使我们能够在全球范围内更好地利用我们的采购力量和商业网络。"

（二）国际采购的特点

（1）国际采购最大的特点就是追求更低的成本。这一点在亚洲地区体现得非常明显，较低的劳动力成本吸引了从服装到计算机、从消费品到工程设备的各种制造企业。

（2）国际采购的跨地域性，使订货、备货、制造和运输的时间都被延长。与国内采购相比，国际采购涉及更多的环节，如储运中心、港口、班轮、海关及质量检验。有研究表明，国际物流在整个供应链中占货物总成本的 2%～5%，但其所花费的时间占到了 30%～50%。

（3）由于不同国家和地区的运输能力、社会条件、自然环境、运作模式等物流条件不同，国际采购更加复杂，难度更大。例如，受经济条件制约，西方的企业会发现在亚洲地区无法找到和使用在本国常见的多联运输，很多转运工作依然是手工操作，而且物流追踪很困难，因为承运人无法提供准确的信息。

（4）与传统的"门到门"运输不同，国际采购包含了更多的内容，如物料流动、资金管理、风险控制、战略合作等，因此需要有更先进的技术和设施的支持。近些年发展起来的集装箱班轮运输 EDI 系统和代码管理是目前国际物流活动中比较重要的技术条件。

二、国际采购的原因

在国际市场采购商品或服务的原因很多，随着对特定商品的需求的不同而不同。但是选取国际供应商最基本、最简单的原因是从国外购买商品或服务可以获得更多的利益。具体而言，对国际市场采购的选择可能是出于以下考虑。

1. 价格

国外供应商提供产品的总成本比国内供应商低，这是进行国际市场采购的主要原因。一般而言，价格优势主要体现在以下几个方面：

（1）发展中国家低廉的劳动力成本。这也是许多发达国家采用国际市场采购的原因。公司寻求低劳动力成本，哪里的工资低，工厂就往哪里迁。随着发展中国家的发展，其劳动力成本也有逐渐升高的趋势。但是，由于机器人的使用和自动化的实现减少了工人的数量，所以劳动力成本带来的差异也会逐渐减小。比如我国的成衣制品、鞋帽等就具有极大的成本优势。

（2）有利的汇率变动。由于汇率的影响，许多公司购买外国产品更有利。汇率对国际采购影响很大，比如日元不断升值将对日本轿车等产品的出口带来很大的负面影响。如果一国货币不断升值，从国外购买同样价格的产品会因为汇率的上升而得益。

（3）国外供应商所采用的设备和工艺比国内厂家的效率更高。发达国家具有技术领先的优势，其生产的商品在性能上往往高于发展中国家，发达国家的供应商所采用的设备和工艺也比发展中国家的厂商效率高。有些国家由于历史因素在某些产品的生产技术上具有效率和品质上的优势，如瑞士的机床，其生产技术世界领先，质量上乘。

（4）国际上的原材料供应商将生产集中在某些商品上，并将出口商品定位在一个相对较低的价位以扩大产量。虽然有许多措施防止倾销，但是对其控制却是复杂的，而且效果也不明显。

2. 质量

采购者选择国际市场在质量方面的考虑主要有以下几个方面：①某些国外产品的性能是国内生产的同类型产品所达不到的；②某些国外供应商质量稳定性及技术革新的力量比国内要强。虽然国外供应商的产品质量并不是都比国内供应商的好，但在某些产品上，国外供应商的产品质量更稳定，如石油工业用的钢管。同时，一些发达国家从国外采购以完善其产品线，因为国内供应商提供的是精加工、技术含量高的"下游"物件，而国外供应商提供的是技术含量低（如原材料等）的"上游"物件。

3. 匮乏的国内物资

某些原材料,特别是自然资源,国内没有足够储备,此时采购者可能必须到其他国家才能采购到所需的货物。例如我国从中东、俄罗斯进口原油和天然气,从巴西、澳大利亚进口铁矿石。

4. 快速交货和连续供应

由于设备及生产能力的限制,在一些情况下,国外的大型供应商交货速度要比国内的快,他们甚至可能在世界各地持有产品库存,一旦需要,就可以立即发货。有实力的供应商为了防止缺货风险可能会备有大量库存,从而能够保持供应的连续性,即使遇到一些特殊情况也不会影响采购方的生产。

5. 更好的技术服务

由于国际化分工的不断发展,特定专业的专有技术在不断变化,领先的国家也不断交替。为了能从最好的地方采购到最好的服务,或者在适当的地点采购到适当的技术,需要在全球范围内选择供应商。假如国外厂家在本地有一个组织完善的分销网络,那么所能提供的担保服务及技术咨询等相关服务会比国内厂家做得更好。

6. 竞争的影响

有时候,采购方为了向国内供应商施加压力而引进国外供应商来参与竞争。这样做一方面可以使国内供应商为了自身的长期发展,而不断地提高自己的生产效率,以保持国际先进水平;另一方面,采购者还可以以进口威胁作为砝码,向国内供应商施加压力,以获得其在价格或其他方面的让步。此外,采购方也可能为了保证供给而在国外开辟另一个采购来源。

7. 国际市场采购环境的好转

国际市场采购环境的好转也促进了国际市场采购的发展,这些变化主要有以下几个方面:

(1)质量得到改进。采用 ISO 9000 后,有了统一的国际质量标准。

(2)现代技术的发展降低了电子通信成本。主要得益于国际互联网的高速发展,通信成为一件简单和低廉的工作。

(3)关税在不断降低或取消。

(4)远程运输成本在不断降低。虽然油价屡创新高,但随着标准集装箱及大型远洋船舶的普及,运输成本还是在不断降低,不过短程运输成本有上升的趋势。

三、国际采购的趋势

1. 供需双方实现信息共享

由于供需双方建立了一种长期的、互利的战略伙伴关系,因此,供需双方可以及时把生产、质量、服务、交易期的信息共享,使供应商严格按要求提供产品与服务,并根据生产需求协调供应商的计划,以实现准时化采购,最终使供应商进入生产过程与销售过程,实现双赢。

2. 采购方式由单元化到多元化

传统采购方式与渠道比较单一，但现在迅速向多元化方向发展，实现了全球化采购与本土化采购相结合。跨国公司生产活动的区域布局更加符合各个国家的区域比较优势，而其采购活动也表现为全球化的采购，即企业以全球市场为选择范围，寻找最合适的供货商，而不是局限于某一地区。

3. 传统采购到电子商务采购

传统采购模式的重点在于如何和供应商进行商业交易的活动，特点是比较重视交易过程中供应商的价格比较，通过供应商的多头竞争，从中选择价格最低的作为合作者。而电子商务采购迅速准确，信息具有开放性，除了能够提高采购效率，还可以加强同供应商的交流合作，及时了解供应商信息，调整采购活动。

4. 为库存而采购到为订单而采购

在商品短缺的状态下，为了保证生产，必然为形成库存而采购，但在如今供大于求的状态下，为订单而采购则成了一条铁的规律。在市场经济条件下，大库存是"万恶之源"，零库存或少库存成了企业的必然选择。制造订单是在用户需求订单的驱动下产生的，然后驱动采购订单，采购订单再驱动供应商。这种准时化的订单驱动模式可以准时响应用户的需求，从而降低库存成本，提高物流的速度和库存周转率。

5. 普遍注重采购商品的社会责任

据统计，全球超过200家跨国公司已经制定并推行公司社会责任守则，要求供应商和合约工厂遵守劳工标准，安排公司职员或委托独立审核机构对其合约工厂定期进行现场评估，即常说的工厂认证或验厂。例如，家乐福、耐克、阿迪达斯、美泰、雅芳、通用电气等超过50家公司已经在中国开展社会责任审核，有些公司还在中国设立了劳工和社会责任事务部门。根据专家估计，中国沿海地区已经有超过8 000家企业接受这类审核，超过50 000家企业将随时接受检查。SA 8000（社会责任标准）是全球第一个关于企业道德规范的国际标准，也是继绿色壁垒之后发达国家设置的又一个新的非关税贸易壁垒。其宗旨是明确生产商和供应商所提供的产品符合社会责任标准的要求，同时提高发展中国家产品的生产成本，扭转发达国家由于劳动力价格较高导致部分产品缺乏竞争力的不利局面。此外，环保也是国际采购必备的条件。

四、国际采购流程

企业在进行国际采购时，通常遵循着一定的流程，尽管各企业进行全球采购时执行的流程顺序有可能会有所差异，但是要想成功地进行全球采购，有些步骤是必须完成的，如图10-1所示。

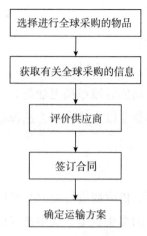

图 10-1　国际采购流程

1. 选择进行全球采购的物品

对于不熟悉全球采购的企业来讲，第一次进行全球采购是一个学习的过程。国外购买的最初目标可以影响到整个全球采购过程。几乎所有能在当地采购到的产品都可以通过全球采购来获得，尤其是基本的日用品，企业应该选择质量好、成本低、便于装运且无风险的商品进行国外采购。以下是关于进行全球产品采购的一些参考方法：

（1）选择对现存操作并不重要的产品，如日用品或具有多种采购来源的产品。

（2）选择标准化产品或者说明书易懂的产品。

（3）选择购买量大的产品来检验全球采购的效果。

（4）选择能够使企业从长期采购中获得利益的产品。

（5）选择那些较为需要标准化设备的产品。

一旦对这些产品的采购积累了足够的经验，就可以进行其他种类产品的全球采购了。

2. 获取有关全球采购的信息

在确定需要进行全球采购的物品之后，接下来就要搜集和评价潜在供应商的信息或者识别能够承担该任务的中介公司。如果企业缺乏全球采购的经验，与外界联系较为有限或获得的信息有限，那么获取有关全球采购的信息对于这些企业而言可能就比较困难。获取采购信息可以参考国际工业厂商名录，将其作为企业确定潜在供应商或中间商的最初途径。工业厂商名录随着因特网的发展而迅速增加，它是产业供应商或者区域供应商信息的一个主要来源。数以千计的企业名录可以帮助企业识别潜在的供应商。

3. 评价供应商

无论是买方企业还是外国代理机构进行全球采购，企业评价国外供应商的标准都应该与评价国内供应商的标准相同。

4. 签订合同

确定了合格的供应商之后，买方就要征求供应商的评价建议书。如果国外供应商并不具备竞争力（通过评价建议书来确定），那么采购员则会选择国内供应商；如果国外供应商能够满足买方的评价标准，那么买方就可以与供应商磋商合同条文。无论与哪个供应商合作，买方都要在合同的整个有效期内对供应商进行持续的绩效考察。

5．确定运输方案

在采购品和供应商都确定之后，就要安排货物的运输。由于国际运输的距离和复杂性，运输在采购中所占时间和费用都远高于国内采购。因此，必须选择合理的运输方式，制定经济有效的运输方案，将采购品运送到指定地点，满足生产和经营的需要。

五、国际贸易术语与惯例

国际贸易较国内贸易复杂，从一国出口到另一国进口往往要经过诸多环节，如货物的交接、风险的划分、进出口手续的办理、费用的承担和有关单据的处理等。如果交易双方对每一环节进行详细磋商，将耗费大量的时间和费用，影响交易的进程。国际贸易术语的出现有效地解决了这个难题，这是国际贸易发展到一定阶段的必然产物。最早的贸易术语出现在18 世纪末 19 世纪初，即 FOB 贸易术语的出现，之后又不断地演变。

1．国际贸易术语的含义

国际贸易术语是在长期的国际贸易实践中产生的，是用来表示商品的价格构成，交易双方就交货地点、方式、费用、风险等有明确责任划分内容的专门贸易术语。贸易术语可以在一定程度上反映商品的价格构成，因此也称价格术语。

国际贸易术语的出现的确给国际贸易带来了很大的便利，但各国没有统一的解释。为了推进国际贸易的发展，某些国际组织和工商团体曾制定了有关国际贸易术语方面的规则、条例。这些规则、条例虽然无强制性，但得到了世界许多国家的认可，并在其国际贸易实践中加以运用，逐渐成为国际性的贸易惯例。

2．国际贸易惯例

国际贸易惯例是指在国际贸易的长期实践中，逐渐形成和不断完善的一些较为明确、具有普遍指导作用和实际意义的贸易习惯与解释。国际贸易惯例的法律地位主要表现在以下三个方面：

（1）一般情况下，国际贸易惯例对买卖双方没有必然的法律约束力。因为国际贸易惯例本身既不是各国的共同立法，也不是某一个国家的法律，因此，对使用国际贸易惯例的当事人都没有法律约束力。

（2）如果双方在合同中明确表示使用某一方面的国际贸易惯例，则这一惯例将对双方都有法律约束力，合同双方必须遵守。

（3）如果买卖双方在合同中没有明确说明适用何时何地的法律，双方在履行合同的过程中一旦发生争议，法庭或仲裁庭往往会引用一些国际上公认的和影响较大的惯例来解决争议。

目前国际上关于贸易术语的惯例主要是《国际贸易术语解释通则》（International Rules for the International of Trade Terms），由国际商会制定。其宗旨是为国际贸易中最普遍使用的贸易术语提供一套解释的国际规则，以避免因各国解释不同出现不确定性，或至少在相当的程度上减少这种不确定性。国际商会先后于 1953 年、1967 年、1976 年、1980 年、1990 年、2000 年、2010 年、2020 年对 INCOTERMS 进行了不同程度的修订与补充，主要是为了适应国际商务的实践。

第二节　集中采购

随着市场经济的发展，买方市场已逐渐形成，在此大环境下，缩减采购成本更容易实现。在知识经济序幕拉开的背景下，全球一体化程度不断加深，企业间的竞争已经从企业本身的竞争，转变为企业所在的整个供应链之间的竞争。

作为如今供应链管理环境下的一种有效的采购管理模式，集中采购管理模式采取化零为整的方式，提高与买方市场的竞合能力。

★导入案例

菲尔通航空结构公司的采购与供应链管理

菲尔通航空结构公司的产品范围很广，其供应商也因非常分散而难于管理。由于供应商的支出占了公司销售产品总价值的 50% 以上，公司也试图协调几千个供应商，并鼓励他们不断自我完善提高。在最近的变革开始前，实施的主要手段是派驻供应商的质量管理审计系统。然而，由于目前使用的供应商数量太多，这一项目只起到了一部分效果。

供应商关系改善的一个障碍是原有的不良关系。这方面的一个例子是菲尔通航空结构公司曾经实行的供应商退货系统，即将多余的库存退还给供应商，其成本或贬值的损失全部由供应商承担。很多情况下，对于退回的库存，菲尔通航空结构公司已经不再需要了。这种方法不利于形成长期的合作关系。

供应商面临的另一个困难是，很多可能的改善和提高由于菲尔通航空结构公司的运作方式而无法实施。菲尔通航空结构公司经常会作出一些单方面的决策，而在无意中给供应商造成麻烦。例如，由于菲尔通航空结构公司在最后时刻改变了日程或产品规格，使得供应商及时供货的比例只有 60% ~ 70%。而由于一个供应商常常要同时与采购部下面的多个部门打交道，采购部的员工也不了解其他员工对这个供应商的要求，使得难度加大。供应商通常要同时与采购员、催货员、计划员甚至生产部门的人员合作，这对供应商造成了很大的困难。供应商日常接触的人员不能涉及问题的所有方面，但又无法与他们希望的人员直接沟通。

在供应商中也存在着相当程度的不满，他们的专业能力没有得到充分发挥，他们的想法不能得到认真地对待。总体来看，供应商的专业能力是菲尔通航空结构公司的员工所不具备、也未加以利用的。这些专长只是在非正式渠道获得认可，并在偶然的机会下得以发挥。此外，供应商提出的建议也不能得到重视，因为菲尔通航空结构公司的员工认为他们自己是专家，而供应商只要按他们的要求去做就行了。即使在极其偶然的情况下，供应商的建议被采纳，供应商也很少能够得到好处。因此，供应商对于整个采购过程逐渐变得漠不关心，不愿意再提出自己的想法。

还有很多原因在供应商之间造成不满，其中有两个原因很有代表性：一个是由于菲尔通航空结构公司生产计划的频繁变化造成订货的临时变化；另一个是采购系统，更准确地说是缺乏一个系统来处理有争议的账单。供应商认为菲尔通航空结构公司效率很低的一个现象是供应商迟迟不能收到货款，他们的账单经常由于实际送货的数量与菲尔通航空结构公司最后修改的数量不吻合而遭到拒绝。这些都使得供应商始终与菲尔通航空结构公司保持一定的距离。

（案例来源：豆丁网）

问题： 通过案例分析菲尔通航空结构公司存在的供应商与库存问题有哪些？

一、集中采购概述

（一）集中采购的含义

集中采购是指企业在核心管理层建立专门的采购机构，统一管理企业所需物品的采购业务，它是相对于分散采购而言的。跨国公司的全球采购部门的建设是集中采购的典型应用。以组建内部采购部门的方式来统一管理其分布于世界各地分支机构的采购业务，减少采购渠道，通过批量采购获得价格优惠。

集中采购体现了经营主体的权利和制度，有利于企业取得最大利益。如 IBM、恒荣伟业、麦当劳等企业都通过集中采购实现了利益。

（二）集中采购与分散采购的比较

与集中采购对应的是分散采购。分散采购是指由各预算单位自行开展采购活动的一种组织实施形式。分散采购的组织主体是各预算单位，采购范围与分散程度相关，一般情况下主要是特殊采购项目。分散采购是集中采购的完善和补充，有利于采购环节与存货、供料等环节的协调配合，有利于增强基层工作责任心，使基层工作富有弹性和成效。

与分散采购相比，集中采购规模大、效益好，易于取得主动权，易于保证进货质量，有利于统筹安排各种物品的采购业务，有利于整体物流的规划和采购成本的降低，有利于物品单价的降低，有利于物品的配套安排，有利于得到供应商的支持和保障，有利于集体决策。另外，集中采购也有利于增加采购过程的透明度，减少腐败的滋生和蔓延。但是，集中采购相对于分散采购又具有量大、过程长、手续多，容易造成库存成本增加、占有资金增加、采购与需求脱节、保管损失增加、保管水准增高的弊端，且容易挫伤基层的积极性、使命感和创新精神。

二、集中采购的优势与劣势

（一）集中采购的优势

集中采购是企业扩张规模、持续提高行业竞争力的必然选择，可以将集团企业有限的采购人力、采购渠道、供应商等优势资源集合起来，通过有效的集中采购管理，优化采购流程，降低采购成本，控制采购物品质量与标准。

1. 整合集团企业采购资源，保障企业集中采购战略实施

采购资源不仅包含集团企业内部的采购人员、采购机构，还包括集团企业外部的供应商资源。集团企业采用集中采购的方式，整合集团内部与外部的优势资源，并从集团战略层面管理供应商，提高供应商的忠诚度，以集团采购战略为准绳，谋求从更广泛的市场范围内调控资源渠道，提高采购成本的合理性。同时，因为不过分重视某个项目的得失，所以更能够从全局考虑集团整体效益，发挥集中采购的优势。

2. 实现采购规模效益，通过减少交易频次来保障采购效率

由于集中采购集中了企业整个集团的采购需求，具备量的优势，取代了分散采购的高频次交易，不仅节省了交易费用，而且当面对供应商时，采购方有较强的主动性和话语权，可以有更大的空间来选择有利于自己的采购方案，优化资源配置，降低采购费用。同时，集团采购可以集中人力资源实施采购管理，提升采购活动的专业化及规范化，达到保障采购的效率和质量的目标。

3. 有效节约采购花费，获得高水平服务

集中采购有利于节约采购花费，一方面将原来分散的采购需求集中起来统筹安排，节省了大量的交易费用，同时由于量的优势，容易获得较大的折扣。更重要的是，为了得到更大的订单，供应商倾向于提高自己的服务水平，可以持续获得积极、快速、稳定的服务。

4. 信息共享，消除各项目企业间固有的"信息孤岛"

集中采购通过构建信息共享机制，实现信息高效流转，在集团的协调及有效管理下，能够消除各企业间固有的"信息孤岛"，从而使集团内部构建一个有机的、高效的、健全的信息流转通道，提高集团高层决策的科学性与准确性。

5. 有效监督采购行为，提高采购过程的透明度

集中采购管理通过制度上的安排，可以有效地处理计划权、采购权、使用权的分离问题。通过明确部门分工，合理解决部门责任接口，由多个部门协作完成采购全过程。同时，这些部门又分别接受法律事务、质量检查、财务、纪检等相关部门的监督和检查，真正达到"阳光采购"的标准，有效地预防腐败。

6. 有效改善供应链管理，提高集团企业管理绩效

供应链管理中，采购管理至关重要，集中采购管理能够有效改善供应链管理，提高供应链的运作效率。在集中采购管理中，供应商不应被当作对手，而应该作为提高企业整体优势的重要因素之一，其市场竞争力也将体现为企业核心竞争力的一部分。通过整合供应商资源，剔除不达标供应商，构建高效的供应链管理运行机制，提高集团企业的竞争力。

7. 有利于推动技术进步，推行产品标准化

通过集中采购，企业集团可以通过有效的激励，促使供应商提高自身的技术水平，甚至可以和供应商合作进行相关的科学研究，研究新材料，获得更大的竞争优势。同时，采用集中采购有利于推行产品标准化。一方面，集中采购可以促使企业从设计源头出发，研究和推行产品标准化，进一步降低生产成本、提高产品标准化程度，更加有利于快速扩张企业规模。另一方面，产品的标准化可以推动集中采购。大量的标准化物资，必然会降低集中采购管理的复杂度，提高集中采购的效益和优势。从长远来看，成熟的产品必然是一个标准化的过程，企业快速发展、扩张，良好地运行，离不开产品的标准化。

8. 增加供应商的信任度，提高企业集团的诚信

集中采购相对于分散采购和自由采购来说，其采购方的地位和优势会让供应商从心理上信赖，在某种程度上，甚至允许有一定的信用额度。同时，集中采购关系重大，集团必然会谨慎操作，仔细运作。合同执行过程中，供需双方都能够遵守合约规定，采购方与供应商的诚信程度会大幅提高。

（二）集中采购的劣势

集中采购在具有以上优势的同时也有以下的劣势。

1. 响应速度慢

时间和空间上存在的差距，使得集中采购部对生产部门和各业务板块的需求响应速度比较慢。

2. 差错率较高

集中采购部负责整合生产部和各业务板块的采购需求，而并非最终用户。由于对统一购买的物资情况了解甚少，导致到货的产品质量、型号等差错率较高，大大降低了各物资需求单位的满意度。

3. 不承担主要责任

各个物资需求单位的管理层考虑到其在采购决策中不承担主要责任，所以经常采取单独行动，大大削弱了集中采购部门的采购能力。

4. 程序烦琐，耗时费力，效率低下

首先，各个物资需求单位需要确定自己的物资需求，然后上报集中采购部门，提出请购；其次，经有关部门审批后，方可确定采购订单；最后，集中采购部制订统一的集中采购计划进行采购。采购程序过长导致效率低下、出错率高。

集中采购管理模式下，各物资需求单位不能根据自身需求独自进行采购，只能通过向集中采购部提出采购申请，由集中采购部统计、整合各个部门的采购需求，形成一个大的采购订单，再通过招标采购、比价采购等多种采购方法，确定供应商，统一实施集中采购，满足

各类采购需求。

三、集中采购的适用对象及实施条件

（一）集中采购的适用对象

集中采购适用于以下几种情况：

（1）关键零部件、原材料或其他战略资源，以及保密程度高、产权约束多的物品。

（2）大宗货物或批量物品，价值高或总价多的物品。

（3）容易出问题或已出问题的物品。

（4）最好是定期采购的物品，以免影响决策者的正常工作。

（二）集中采购的实施条件

企业在实际的采购管理运作过程中，应根据具体的物资、市场、企业自身的实力等情况适当地选择适合企业发展的管理模式。一般地，在企业的实际运作过程中，集中或分散的程度很难去划定，但是，企业必须科学地分析模式选择的影响因素或条件，以确定适合企业发展的采购管理模式。

无论选择集中采购还是分散采购，都需要考虑采购物品的通用性、地理位置的分布性、供应市场结构的影响、采购物品降低价格的潜力、专业技术的要求、价格波动的影响、客户的需求等相关因素。

企业实施集中采购模式的主要条件有以下几种。

1. 需求物资通用性比例较高

公司内部的需求物资标准化、通用性比例较高时适合选择集中采购的方式。整合各个物资需求单位的采购需求，形成大规模的采购订单，有利于达到规模优势，降低整体的采购成本。

2. 需求物资的价格对采购数量敏感

此类物资的采购数量直接影响着物资采购价格，两者形成非常明显的负相关关系。所以，企业购买此类物资宜实行集中采购的方式，享受数量大带来的成本节约。

3. 客户需求多样性极低

客户直接向制造商指定需采购的产品，会造成企业为满足客户的多样性需求而产生不同物资的采购需求，这样会给集中采购的实施带来不必要的麻烦。

4. 内部具备完善、标准的信息系统

企业要想实施集中采购，必须实现企业内部的集中采购中心、各个物资需求单位及外部供应商之间能够进行及时、准确、有效的信息共享，以支持集中采购活动顺利、高效地进行。

5. 自身的实力强、地位高

实行集中采购管理方式时，需要企业在与供应商谈判、商议的过程中拥有一定的主动权，而处于本行业中地位较高、实力较强的企业会享有较强的议价能力，可降低成本，提高服务质量。

6. 供应商集中管理能力强

供应商管理是集中采购过程中至关重要的一环，企业所需的整体物资的质量、到货时间、价格等都对供应商提出了更高的要求，需要企业具备较强的供应商管理意识和有效的供应商集中管理办法，为建立战略合作伙伴关系打下坚实的基础。

7. 所处行业的更新换代速度不快

产品生产所需的采购物资不会随着科学技术的发展而有较大的变动，同样，企业的采购需求与以往相比大同小异。这种情况下，企业采用集中采购的方式不会造成物资的积压和浪费。

四、集中采购的实施

（一）集中采购组织结构

集中采购是一个复杂的过程，一个职责明确的组织结构是企业集中采购高效运行的基础。以大型设备生产企业为例，将公司原有的物资管理部整合为物流中心，在组建物流中心的基础上进行采购管理组织设计。具体框架结构如图 10-2 所示。

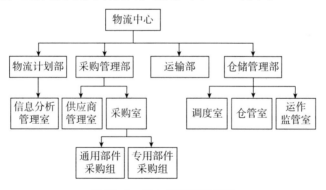

图 10-2　集中采购组织结构

1. 物流计划部

作为物流中心最重要的部门，物流计划部在物流中心拥有着决策者的地位。物流计划部主要负责对物流中心接收到的内外部信息进行汇总、分析、协调，对物流计划进行修改并向下级部门传达。其具体职责包括以下几个方面：

（1）对外收集、传递信息。物流计划部对公司外的客户及公司内的各相关部门和各板块负有信息收集的责任。同时计划部负责将物流中心的采购计划的执行情况向中心外的各相关部门和相关板块进行反馈。

（2）制订、执行、调整、监督采购计划。物流中心根据生产计划，制订出物流采购计划，将计划信息传达给相关板块和部门。采购部门、仓储部门、运输部等根据下达的采购计划制订自己的详细作业计划。

（3）物流计划部还对物流中心其他的部门有着监督计划执行进度、执行过程控制和质量检验等职责。在市场需求发生变化、合同产生更改等情况下，物流计划部负责采购计划的变更和调整，并通知各业务部门进行协调。

物流计划部下设的信息分析管理室的主要职责包括：对信息系统进行日常维护、管理和升级换代；收集采购、仓储、配送业务的原始单据、合同，并整理存档，生成统计报告交予其他部门，为未来的工作提供便利；审核采购计划、采购合同和标书等。

2. 采购管理部

物流中心的采购管理部下设供应商管理室和采购室两个部门。

（1）供应商管理室的职责：组织供应商的开发、评价和奖惩等日常管理业务；对合格供应商的名单进行更新、维护；将有差别的生产计划和物料需求计划提供给供应商；对供应商信息进行收集整理，并交给公司采购、生产或者研发部门，以利于未来业务的开展。

（2）采购室的主要职责：依据物流中心制订的采购计划来完成采购招标、采购信息收集、采购合同签订、采购合同审批、物料的跟踪、物料的催促和信息反馈等任务。采购室划分为通用部件采购组和专用部件采购组两个小组。通用部件采购组负责对通用部件进行采购，专用部件采购组负责对专用部件进行采购。

3. 运输部

运输部主要负责公司的物资运输和配送，即在经济合理的范围内，用正确的方法，按正确的程序，在正确的时间，将正确的物资，以正确的数量，配送到正确的地点，以满足各部门的物资需求。

运输部接收到物流计划部下达的配送任务后，根据配送任务要求及配送管理的物资类别确定采取何种配送方式，以便合理安排物资的配装配载工作，及时完成物资配送任务。

4. 仓储管理部

仓储管理部的主要职责是对物资进行储存，分为调度室、仓管室和运作监管室。

（1）调度室。调度室负责仓库相关信息的收集，制定和改进仓库各种管理制度及流程；进行仓库规划，包括规划存放区域，设计各类物资的摆放规则、位置；对公司内各种物资的储量进行核定和掌控，对物料需求部门提供的需求信息进行接收汇总，保证物料齐套；核准物资出库；可以对仓管室发布操作指令。

（2）仓管室。作为仓储部的执行机构，仓管室的主要职责是保证仓库日常工作的顺利实施，这其中主要有物资的验收、出入库和日常保管等工作。仓管室对出入库进行有效管控，入库和出库管理分设不同的人员来监管。

（3）运作监管室。作为仓库组织中的监管和反馈者，运作监管室对仓管室的业务状况进行监督，并将执行情况和仓库中的各类信息反馈给信息处理室。

不同部门之间的具体运作如图10-3所示。

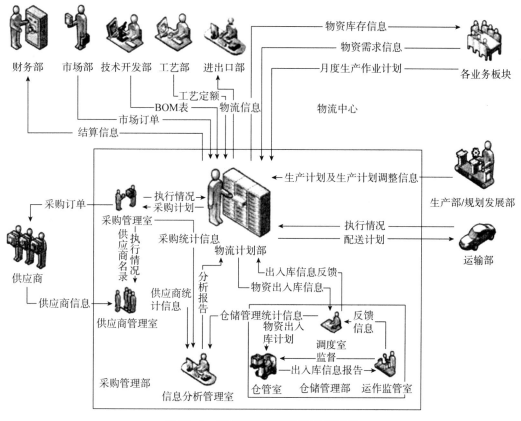

图10-3　集中采购部门间的运作示意

（二）集中采购实施步骤

（1）根据企业所处的国内外政治、经济、社会、文化等环境及竞争状况，制定企业采购战略。

（2）根据本企业产品销售状况、市场开发情况和生产能力，确定采购计划。

（3）定期根据大宗物品采购要求作出集中采购决策，决策时要考虑市场的反馈意见，同时结合生产过程中的工艺情况和质量情况。

（4）作出决策后，由采购管理部门进行信息分析、市场调查及询价，并根据库存情况进行战略安排。

（5）由采购部门根据货源供给状况、自身采购规模和采购进度安排，结合最有利的采购方式，并办理检验进货手续，及时保障生产需要。

（6）对于适时、适量、适质、适价、适地的物品，经检验合格后要及时办理资金转账手续，保证信誉，争取再次合作。

第三节　电子采购

电子采购是企业实现电子商务的一个重要环节，它已成为 B2B 市场中增长最快的一部分。它将原来通过纸张进行的公示（情报公开）、投标、开标（结果公开）等，转换为网络的电子数据。电子采购可以在网上完成投标手续，而招标和投标者在计算机前就可以实现招投标行为。电子采购开始于企业间生产资料的采购，现在则推广于服务及事务用品等采购领域。电子采购通过对采购功能和流程的电子重组，将采购功能布置在企业每个雇员的桌面上，从而提高间接采购的速度和效率，降低成本。将订货和跟踪的工作流程优化，可以保证企业雇员从指定供应商那里获得最优惠的合同价格，从而极大地降低成本。据有关研究显示，采用电子采购可以降低产品成本 5%～10%，降低流程成本 70%，缩短采购周期 50%～70%。

★导入案例

韩国政府实施网上采购的效益

韩国实行网上采购除杜绝腐败外，还在以下两方面发挥重要作用。

一是网上采购提高了政府的效率，节约了资金。过去，采购需要处理大量的文件，还要安排各种会面和谈判。在韩国引进"国家卖场"网上交易系统后，调达厅公务员平均每人处理的合同件数比引进前增加两倍以上。截至 2006 年 6 月底，网络采购每年还为调达厅节约了 18 万亿韩元的经费。与此同时，各种供应商也从网络供货中减少了销售环节，节约了营销成本。

二是通过网上采购节约了仓储和运输成本。供应商和需求方通过调达厅监管的"国家卖场"，在网上进行"一站式"网上交易，由供应商在交易后根据各部门需要直接将物资及时送到使用者手中，调达厅在调配物资时，不再需要使用大量的库房存放物资，节约了仓储和监管成本，还省去了运输成本。2006 年，调达厅每年在网上采购的金额为 43 万亿韩元，对各政府部门、地方政府、公共机关和学校所需要的物资和工程建设进行政府采购。交易过程中需要银行、（供应商）担保机构、政府机关、建设协会和交易认证发放部门等各部门的协作。为便于交易，"国家卖场"网站有便捷的检索功能，为政府、公共机关和 10 多万供应商之间，建立了桥梁。

（案例来源：中央政府采购网）

问题：通过案例分析网上组织采购的优势有哪些。

一、电子采购的含义的优势

（一）电子采购的含义

电子采购也称网上采购，是指利用信息通信技术，以网络为平台与供应商之间建立联系，并完成获得某种特定产品或服务的活动。当今世界，网络、通信和信息技术快速发展，网络在全球迅速普及，使得现代商业具有不断增长的供货能力、不断增长的客户需求和不断增长的全球竞争三大特征。这一切将给企业传统购销活动带来重大冲击和挑战，进而引发企业购销模式的剧烈变革，电子采购这一新的采购方式应运而生。

在国外，电子采购已经引起了企业界的足够重视，实施电子采购成为建立企业竞争优势所不可或缺的手段。电子采购的发展对全球经济的影响巨大。美国三大汽车厂商——通用、福特、克莱斯勒相互合作，运营 B2B 网上采购的商务网站，面向所有汽车零配件供应商。居美国零售业第二位的西尔斯和欧洲第一位的家乐福联合成立 B2B 网上采购公司，共同在全球采购连锁经营的商品，目的是降低企业的采购成本。

（二）电子采购的优势

1. 宏观优势

（1）电子采购保证整个市场内部供求双方能更有效地衔接。在市场透明度提高的情况下，买卖双方能更有效地平衡市场上的需求。在过去，供应商即使打折也很难卖掉多余库存，电子采购将大量买方和卖方聚集在线上交易市场上，并以衔接需求的方式解决了这方面的问题。

（2）电子采购冲破了地理与语言障碍。商业与网络在本质上都是全球性的，买卖双方不再被束缚于他们所熟悉的地理范围或国界内。网络提供了全球性的通路，只要敲击按钮，就可以与潜在的买方或卖方聚集在一起。供应商与采购商可在网上寻找一些伙伴并与之交易，而这些商业伙伴可能在有电子采购平台之前是无法找到的。尽管语言可能仍是一个问题，尤其是对全球贸易而言，但作为第三方的电子采购平台提供者通常都能够提供诸如多语言平台及产业、贸易专家等增值服务，来增加国际贸易额。

（3）电子采购可以改善资源分配。除了市场价格更为协调一致，电子采购还可以保证更有效地利用有限的资源。由于信息缺乏，导致许多企业无法预测需求、分配资源，为解决这种问题，一般在传统供应链的每一段都备有缓冲存储设备，而这会相应导致过多的库存和过多风险。信息共享能改善这种低效情况，并有助于更有效地分配资源。电子采购平台也能在库存过时之前，通过拍卖为供应商提供一个更有效的处理多余库存的方法。

2. 微观优势

（1）提高物料供应管理水平，扩大询价、比价范围，由货比三家到货比千家。

（2）降低采购成本，节约采购费用，缩短采购周期。

（3）实现网上采购全过程监控，加强对采购流程及库存等的控制，堵住漏洞，杜绝暗箱操作。

（4）能有效地提供供应商的信息，实现物料管理信息快速传递与资源共享。

（5）一个成功的电子采购解决方案能为企业制定一套规范的采购流程，有利于加强企业的管理。据调查，绝大多数采购经理都希望及早实现电子采购。作为一种更可靠、更有效的采购方式，电子采购越来越多地得到企业的认同。

二、电子采购系统和程序

(一) 电子采购系统

电子采购的系统包括电子投标系统、投标情报服务系统、投标参加者登录系统及电子认证系统等。它使从发表预定情报的提供到投标、投标结果的发表等一连串过程都通过网络来完成，在进一步提高采购手续的透明性与竞争性的同时，对交易双方的业务高效化起到了支援作用。

1. 电子投标系统

电子投标是指在因特网上实现原来通过纸张进行交易的投标行为，使通过因特网来完成投标手续成为现实。电子投标系统是指将从与投标相伴随的资格认证申请开始到决定通知书的受理（中标结果）为止的过程在因特网上实现的系统。在因特网上进行的这一过程包括竞争参加资格的确认申请、投标、投标结果的受理、再投标等一连串作业。只要满足电子投标的参加条件，任何人都可以很容易地参与投标。电子投标系统的特征如下：

(1) 受/发注者（投标方/招标方）在计算机前就可实现投标行为，其中包括采购案件的制作、检索到申请参加、投标、开标处理等。

(2) 依据利用浏览器的 GUI（Graphical Uset Interface，图形用户界面），提供了任何人都可简单使用的操作环境。通过暗号化（Public Key Infrastucture，PKI，公开键暗号方式）、电子署名、IC 卡方式进行认证，确保投标的公正性和信赖性。

2. 投标情报服务系统

招投标是否成功取决于市场分析是否科学。科学的市场分析依赖于全面、准确、及时、连续的市场情报和数据。投标情报服务系统是指收集招标单位发布在因特网上的招标公告，并将其集中保存起来，使投标者只通过访问一个因特网站就能够了解多个招标单位的情报，并进行检索和分析。

3. 投标参加者登录系统

投标参加者可通过因特网进行竞争，参加投标申请、变更申请、追加申请等。

4. 电子认证系统

电子认证是与电子投标对应的服务，用以确保因特网上实施投标的安全性。一般方式是事先发行电子认证书，投标时在投标书上添加电子署名以确认是否是本人。通常由从事电子认证的机构来提供服务。

(二) 电子采购的程序

一个典型的电子采购程序包含以下几个步骤：提交、分析并确定采购需求；选择供应商；确定合适的价格；签署采购合同；跟踪交货过程，确保交货；货物入库；付款。下面简单对其中几个步骤加以解释。

(1) 提交采购需求。最终用户通过填写在线表格提出采购物料的要求。对于经常采购的商品，可以建立一个特别的目录供用户选择，以方便最终用户提出采购申请。

（2）确定采购需求。根据企业预先规定的采购流程，采购申请被一次性自动地传送给各个负责人请求批准。

（3）选择供应商。一旦采购申请得到认可，采购人员可以按不同情况采取两种方式。若所需采购的物料已有了合同供应商，则该申请转化成订单自动发送给该供应商；若所需采购的物料没有固定的供应商，采购人员需通过该企业的采购网站或在因特网上寻找供应商，这种方法比通过行业杂志寻找或等着推销员上门推销要快捷、高效。采购人员不仅能从网上得到供应商的价格和数量信息，还可以得到采购决策所需的数量、价格和功能要求等信息，并且可以在采购系统生成的供应商比较报告的辅助下进行决策。

（4）下订单。在确定了供应商之后，订单会通过电子邮件等方式传送给供应商。

（5）订单跟踪。有些信息系统较为完善的供应商会反馈给采购方一个订单号，采购人员可以通过订单号追踪订单的执行情况直至交货。

（6）电子支付。如果链接了银行系统，则可进行电子支付，完成采购的全过程。

第四节　即时制采购

★导入案例

海尔的 JIT 采购策略

一、三个 JIT 同步流程

海尔的 JIT 包括以下三个方面的内容。

1. JIT 采购

何时需要就何时采购，采购的是订单，不是库存，是需求拉动采购。这就会对采购提出较高的要求，要求原有的供应网络比较完善，保证随时需要随时能采购得到。

2. JIT 生产

JIT 生产也是生产订单，不生产库存。顾客下了订单以后，海尔开始生产。答应 5 天或者 6 天交货，在这个期限内就要安排生产计划。只要原料供应的进度能够保证，生产计划就会如期完成。

3. JIT 配送

这种物流的流程跟传统的做法不一样，它完全是一体化的运作。而且海尔物流跟一般企业的物流还有比较大的差别，海尔对物流高度重视，把它提升到战略高度，也很舍得投资。去过海尔现场的人都会对它的立体仓储指称赞。

流程化、数字化、一体化，是三个 JIT 流程的一个基本特色。

二、海尔的 JIT 采购

1. 全球统一采购

海尔产品所需的材料有 1.5 万个品种，这 1.5 万个品种的原材料基本上要进行统一采购，而且是全球范围的采购。这样做不仅能达到规模经济，而且要寻找全球范围的最低价格。所以它的 JIT 采购是全球范围里最低价格的统一采购，采购价格的降低对物流成本的降低有非常直接的影响。

2. 招标竞价

海尔每年的采购金额差不多有 100 多亿人民币，它通过招标竞价，要把采购价格下降 5%。每年下降 100 亿的 5%，就可以直接提高利润，或者说，其价格在市场上就更有竞争力。

3. 网络优化供应商

网络优化供应商就是通过网络，通过 IT 平台在全球选择和评估供应商。网络优化供应商比单纯压价要重要得多，因为它的选择余地很大，真正国际化的企业在国际大背景下运作，就可以有很多资源选择。海尔的 JIT 采购实现了网络化、全球化和规模化，采取统一采购，而且是用招标竞价的方式来不断地寻求物流采购成本的降低。

三、海尔的 JIT 生产

海尔的 JIT 由市场需求来拉动生产计划，由生产计划来拉动原料采购，再要求供应商直送工位，一环紧扣一环，其基础是 ERP 的操作平台。有 IT 技术为基础，就决定了生产速度会快，成本会低，效率会高。相反，如果靠传统模式去实现 JIT 生产，难度就会很大。海尔完全是物流的一体化，包括采购、生产、销售、配送等的一体化。物流部门的组织结构已经调整过来，由物流部门来控制整个集团下面的物流。

四、海尔的 JIT 配送

海尔物流部门在中国有配送中心，在欧洲的德国有配送中心，在美国也有配送中心，通过这些总的中转驿站——配送中心来控制生产。不做 JIT 采购就做不了 JIT 生产，而要做 JIT 生产和 JIT 采购，还必须有 JIT 配送。是 JIT 配送而不是 JIT 运输，因为运输是长距离的，配送是短距离的，是当地的。要做到按照生产的需要在当地做配送，随时需要随时送到，而且数量、规格要符合需要，这就对物流提出了比较高的要求。货物配送时间要扣得准，JIT 生产、JIT 采购、JIT 配送就是要达到零库存。零库存不是库存等于零，而是在于库存的周转速度。周转速度越快，相对来说库存量就越少。所以 JIT 配送是这一切的基础，采购、生产与配送必须同时具备 JIT 的条件，因此叫同步流程，流程再造的时候就要考虑到这三个方面。

五、海尔物流管理的"一流三网"

海尔物流管理的"一流三网"充分体现了现代物流的特征："一流"是以订单信息流为中心；"三网"分别是全球供应链资源网络、全球用户资源网络和计算机信息网络。"三网"同步运动，为订单信息流的增值提供支持。

海尔物流的"一流三网"的同步模式可以实现四个目标：

（1）为订单而采购，消灭库存。在海尔，仓库不再是储存物资的水库，而是一条流动的河，河中流动的是按单采购来生产必需的物资，从根本上消除了呆滞物资、消灭了库存。目前，海尔集团每个月平均接到 6 000 多个销售订单，这些订单的定制产品品种达 7 000 多个，需要采购的物料品种达 15 万多种。海尔物流整合以来，呆滞物资降低 73.8%，仓库面积减少 50%，库存资金减少 67%。海尔国际物流中心货区面积 7 200 平方米，但它的吞吐量却相当于 30 万平方米的普通平面仓库。海尔物流中心只有 10 个叉车司机，而一般仓库完成这样的工作量至少需要上百人。

（2）双赢赢得全球供应链网络。海尔通过整合内部资源、优化外部资源，使供应商由原来的 2 336 家优化至 978 家，国际化供应商的比例却上升了 20%，建立了强大的全球供应链网络，有力地保障了海尔产品的质量和交货期。不仅如此，更有一批国际化大公司以其高科技和新技术参与到海尔产品的前端设计中，可以参与产品开发的供应商比例已高达 32.5%。

（3）三个 JIT 实现同步流程。由于物流技术和计算机信息管理的支持，海尔物流通过 3 个 JIT，即 JIT 采购、JIT 配送和 JIT 分拨物流来实现同步流程。目前，通过海尔的 BBP 采购平台，所有的供应商均在网上接收订单，并通过网上查询计划与库存，及时补货；货物入库后，物流部门可根据次日的生产计划利用 ERP 系统进行配料，同时根据看板管理，4 小时送料到工位；生产部门按照 B2B、B2C 订单的需求完成订单以后，满足用户个性化需求的定制产品通过海尔全球配送网络送达用户手中。目前，海尔在中心城市实现 8 小时配送到位，区域内 24 小时配送到位，全国 4 天内配送到位。

（4）计算机网络连接新经济速度。在企业外部，海尔 CRM（Customer Relationship Management，客户关系管理）和 BBP 电子商务平台的应用架起了与全球用户资源网、全球供应链资源网沟通的桥梁，实现了与用户的零距离沟通。海尔 100% 的采购订单由网上下达，使采购周期由原来的平均 10 天降低到 3 天，网上支付额已达到总支付额的 20%。在企业内部，计算机自动控制的各种先进物流设备不但降低了人工成本、提高了劳动效率，还直接提升了物流过程的精细化水平，达到质量零缺陷的目的。计算机管理系统搭建了海尔集团内部的信息高速公路，能将从电子商务平台上获得的信息迅速转化为企业内部信息，以信息代替库存，达到零营运资本的目的。

（案例来源：豆丁网）

问题：通过案例分析海尔公司的 JIT 采购策略如何实施的。

一、即时制采购的原理

即时制（JIT）采购，又称准时化采购，是一种很理想的采购模式，是在 20 世纪 90 年代从即时制生产发展而来的。即时制生产方式是在 20 世纪 60 年代，由日本丰田汽车公司率先使用的，这种方式使丰田公司安全度过了 1973 年爆发的全球石油危机，因此受到了日本和欧美等国家生产企业的重视。近年来，JIT 模式不仅作为一种生产方式，也作为一种采购模式开始流行起来。

即时制生产方式是丰田公司的大野耐一先生在美国参观超级市场时受超级市场供货方式的启发而萌生的想法。美国超级市场除商店货架上的货物之外，是不另外设仓库和库存的。商场每天晚上都根据今天的销售量来预计明天的销售量而向供应商发出订单。第二天清早，供应商按照商场需要的品种、数量，在需要的时候送到需要的地点，所以基本上每天的送货刚好满足商场销售的需要，没有多余，也没有库存和浪费。大野耐一就想到要把这种模式运用到生产中去，因而产生了即时制生产。

即时制生产的基本思想是"杜绝浪费""只在需要的时间，按需要的量，生产所需要的产品"，这种生产方式的核心是追求一种无库存生产系统，或是库存量达到最小的生产系统。即时制这种管理思想被应用到采购中就产生了即时制采购模式，它的核心就是在恰当的时间、恰当的地点，以恰当的数量、恰当的质量采购恰当的物品。

具体来讲，即时制采购的原理可概括为以下内容：

（1）与传统采购面向库存不同，即时制采购是一种直接面向需求的采购模式，它的采购送货是直接送到需求点上。

（2）用户需要什么就送什么，品种规格符合客户需要。

（3）用户需要什么质量就送什么质量，品种质量符合客户需要，拒绝次品和废品。

（4）用户需要多少就送多少，不少送，也不多送。

（5）用户什么时候需要就什么时候送货，不晚送，也不早送，非常准时。

（6）用户在什么地点需要就送到什么地点。

二、即时制采购与传统采购的比较

传统采购模式是基于库存驱动，采购的目的就是补充库存、保证供应。即时制采购模式是基于订单驱动，供需双方紧紧围绕订单运作，从而实现供需双方同步运作。采购的目的是追求零库存。即时制采购与传统采购的区别如表 10-1 所示。

表 10-1　即时制采购与传统采购的区别

项　　目	即时制采购	传统采购
供应商的数量	较少	较多
供应商的选择标准	质量、交货期、价格等综合评价	主要依靠价格标准
与供应商的协作关系	长期、稳定的合作	短期、竞争性的合作
采购批量	小批量、送货频率高	大批量、送货频率低
检查工作	逐渐减少，最后消除	收货、点货、质量验收
交货时间要求	严格、准确	一般
运输	准时送货、买方安排	成本较低、卖方安排
信息交流	快速、可靠	一般要求
产品说明	供应商革新，强调宽松要求	买方关心设计，供应商无创新或很少创新
包装	小、标准化容器包装	普通包装，无特别说明

三、即时制采购的优点

（1）生产制造商与供应商之间建立长期稳定的战略伙伴关系，签订合同的手续大大简化，不需要双方再进行反复的询价和报价，采购成本会因此大大降低。

（2）采购的物资可以直接进入生产部门，减少了采购部门的工作压力和不增加价值的活动过程，实现供应链的精细化运作。

（3）大幅减少原材料和外购件的库存。根据国外一些实施即时制采购策略企业的测算，即时制采购可使原材料和外购件的库存降低 40% ~ 85%。原材料和外购件库存的降低，有利于减少流动资金占用，加快流动资金周转速度，同时节省原材料和外购件的库存占用空间，从而降低库存成本。

（4）提高采购物资的质量。实施即时制采购，可以使购买的原材料和外购件的质量提高 2 ~ 3 倍，而且，原材料和外购件质量的提高又可以有效地降低质量成本。据测算，实施即时制采购可使质量成本降低 26% ~ 63%。

（5）降低原材料和外购件的采购价格。由于制造商和供应商的战略合作及内部规模效益与长期订货，使购买的原材料和外购件可以享受较大的价格优惠。例如，生产复印机的美国施乐公司，通过实施即时制采购策略，使其采购物资的价格降低了 40% ~ 50%。此外，推行即时制采购策略，能有效缩短交货时间，加强供需双方信息共享，实现企业供应链同步运作，从而提高企业的劳动生产率，增强企业的适应能力。

四、即时制采购的实施条件

1. 制造商和供应商之间战略伙伴关系的建立

即时制采购策略的推行，必须依赖于制造商和供应商之间建立一种长期的互利合作的新型关系，必须相互信任、相互支持，共同获益。

2. 距离越近越好

制造商和供应商之间的空间距离越近，越有利于即时制采购的实施和操作；太远则不利于发挥即时制采购的优越性，零库存也很难实现。

3. 基础设施的建设

良好的交通运输和通信条件是实施即时制采购的重要保证，企业间通用标准的使用对即时制采购的实施也至关重要。因此，制造商和供应商都要注重基础设施条件的改善。当然，这也离不开政府的支持和投入。

4. 强调供应商的参与

即时制采购不只是企业采购部门的事情，它也离不开供应商的积极参与。供应商的参与不仅体现在准时、按质、按量地保证供应，而且体现在积极参与制造商的产品开发设计过程。与此同时，制造商有义务帮助供应商改善产品质量，提高劳动生产率，降低供货成本。

5. 建立实施即时制采购的组织

企业的高层领导必须从战略高度来考虑即时制采购的意义。企业必须建立相应的组织来实施即时制采购，这一组织不仅包括企业的物资采购部门，还应包括产品设计部门、质量部门、财务部门、生产部门等。其任务是提出实施方案，组织实施，对实施效果进行评价，并进行连续不断的改进。

6. 制造商向供应商提供综合稳定的生产计划和作业数据

综合稳定的生产计划和作业数据可以使供应商及早准备，精心安排其生产，保证准时、按质、按量地供应，否则供应商不得不求助于缓冲库存，这无疑增加了供应商的成本。有些供应商在制造商工厂附近建立仓库以满足制造商的即时制采购的要求，实质上这不是真正的即时制采购，只是负担的转移。

7. 加强现代信息技术的应用

即时制采购建立在有效信息及时交换的基础上，信息技术的应用可以保证制造商和供应商之间的信息及时交换。因此，制造商和供应商都必须加强对现代信息技术，特别是电子数据交换技术和网络技术的应用，以更加有效地推行即时制采购策略。

8. 教育和培训

教育和培训使制造商与供应商都认识到实行即时制采购的意义，并使他们掌握即时制采购的技术和标准，以便即时制采购的实施和改进。

五、即时制采购的实施步骤

1. 创建即时制采购班组

即时制采购班组除采购部门人员之外，还要有本企业和供应商企业的生产管理人员、技术人员、库管人员等。一般应成立两个班组，其中一个是专门处理供应商事务的班组，主要任务是培训和指导供应商的即时制采购操作，衔接供应商与本企业的操作流程，认定和评估供应商的信誉、能力，与供应商谈判签订即时制订货合同，向供应商发放免检签证等；另外一个班组专门协调本企业各个部门的即时制采购操作，制定作业流程，指导和培训操作人员，并且进行操作检验、监督和评估。以上这些班组的人员，对即时制采购的方法应有充分的了解和认识，必要时要对其进行培训。

2. 制订计划，保证即时制采购策略有计划、有步骤地实施

要制定采购策略及改进当前采购方式的措施，如减少供应商的数量、对供应商进行评价、向供应商发放签证等。在这个过程中要和供应商共同制定即时制采购的目标与措施，并经常进行有效的信息沟通。

3. 与少数几家供应商建立伙伴关系

企业实施即时制采购一般只需要和少数几家供应商建立长期合作伙伴关系。因此，企业需要建立合适的评估标准，对目前较多的供应商进行科学筛选，最后确定几家能够和企业密切合作、共同发展的供应商作为实施即时制采购策略的供应商。

4. 进行试点工作

先从某种产品或某条生产线开始进行零部件或原材料的即时制供应试点。试点过程中，取得企业各个部门特别是生产部门的支持是很重要的。通过试点，总结经验，为正式的即时制采购实施打下基础。

5. 给供应商颁发产品免检证书

实施即时制采购策略时，核发免检证书是非常关键的一步。颁发免检证书的前提是供应商的产品100%合格。为此，核发免检证书时应要求供应商提供最新的、正确的、完整的产品质量文件，包括设计蓝图、规格、检验程序及其他必要的关键内容。

6. 实现配合节拍进度的交货方式

向供应商采购的原材料和外购件，其目标是要实现这样的交货方式：当正好需要某物资时，该物资就会运抵收货站台，并随之直接运至生产线，生产线拉动它所需的物资，并在制造产品时使用该物资。

7. 继续改进，不断完善

即时制采购是一个不断完善和改进的过程，企业需要在实施过程中不断总结经验教训，从降低运输成本、提供交货的准确性、提高产品的质量、降低供应商库存等各个方面进行改进，不断提高即时制采购的运作绩效。

本章练习题

1. 国际采购的发展趋势是什么？
2. 集中采购的优势和劣势都有哪些？
3. 具备哪些条件的企业较适合采用集中采购？
4. 电子采购用到的系统有哪些？
5. 即时采购的原理是什么？

案例讨论

三种"采购现象"背后的观念对碰

首届中国企业采购国际论坛的最大贡献在于它是"首届"。在与会企业还不是太熟悉行情的情况下，自觉或不自觉地亮出底牌，让旁观者看到中国企业对现代采购的了解和应用程度有了一个清醒的认识。

为了顺应国际贸易高速发展的趋势，以及满足客户对服务水平提出的更高要求，企业开始将采购环节视为供应链管理的一个重要组成部分，通过对供应链的管理，同时对采购手段进行优化。在当前全球经济一体化的大环境下，采购管理作为企业提高经济效益和市场竞争能力的重要手段之一，在企业管理中的战略性地位日益受到企业的关注，但不同的企业有不同的理解和做法，以下列举三个企业的情况。

1. 胜利油田现象

胜利油田每年的物资采购总量约 85 亿人民币，涉及钢材、木材、水泥、机电设备、仪器仪表等 56 个大类，1 200 项物资，行业的特性给企业采购的管理造成了一定的难度。胜利油田有 9 000 多人在做物资供应管理工作，庞大的体系给采购管理造成了许多困难。胜利油田每年采购资金的 85 亿元中，有 45 亿元的产品由与胜利油田有各种隶属和姻亲关系的工厂生产，很难将其产品的质量和市场同类产品比较，而且价格一般要比市场价高，如供电器这一产品的价格就比市场价高 20%。但由于这是一家由胜利油田长期养活的残疾人福利工厂生产的，只能是本着人道主义精神接受他们的供货，强烈的社会责任感让企业背上了沉重的包袱。同样，胜利油田使用的大多数涂料也是由下属工厂生产，一般只能使用 3 年左右，而市面上一般的同类型涂料可以使用 10 年。还有上级单位指定的产品，只要符合油田使用标准、价格差不多，就必须购买指定产品。

在这样的压力下，胜利油田能做到的就是逐步过渡，拿出部分采购商品来实行市场招标，一步到位是不可能的。

2. 海尔现象

与大型国有企业相比，一些已经克服了体制问题、全面融入国际市场竞争的企业较容易接受全新的采购理念。在这类型的企业中，海尔走在最前沿。

海尔采取的采购策略是利用全球化网络集中购买，以规模优势降低采购成本，同时精简供应商队伍。据统计，海尔的全球供应商数量由原先的 2 336 家降至 840 家，其中国际化供应商的比例已达到了 71%。

在供应商关系的管理方面，海尔采用的是 SBD（Suburban Business District）模式，即共同发展供应业务。海尔有很多产品的设计方案直接交给厂商来做，很多零部件是由供应商提供今后两个月市场的产品预测，并将待开发产品形成图纸。这样一来，供应商就真正成为海尔的设计部和工厂，加快了开发速度。许多供应商的厂房和海尔的仓库之间甚至不需要汽车运输，工厂的叉车直接开到海尔的仓库，大大节约了运输成本。海尔本身则侧重于核心交易和结算业务。这种与传统的企业与供应商关系的不同在于，它从供需双方简单的买卖关系成功转型为战略合作伙伴关系，是一种共同发展的双赢策略。

网上采购平台的应用是海尔优化供应链环节的主要方法，具体做法如下：

（1）网上订单管理平台。采购订单 100% 由网上下达，实现采购计划和订单的同步管理，使采购周期由原来的 10 天减少到 3 天。同时，供应商可以在网上查询库存，根据订单和库存的情况及时补货。

（2）网上支付平台。支付准确率和及时率达到 100%，为供应商节省近 1 000 万元的差旅费，有效降低了供应链管理成本，网上支付已达到总支付额的 80%。

（3）网上招标竞价平台。通过网上招标，不仅能使竞价、价格信息管理准确化，而且能防止暗箱操作，降低了供应商管理成本。

（4）在网上可以与供应商进行信息互动交流，实现信息共享，强化战略合作伙伴关系。

与胜利油田相似，由于企业内部，尤其是大集团企业内部采购权的集中，海尔在进行采购环节的革新时，也遇到了涉及"人"的观念转变和既得利益调整的问题。然而与胜利油田不同的是，海尔在管理中已经建立起适应现代采购和物流需求的扁平化模式。在市场竞争的自我施压过程中，海尔已经有足够的能力去解决有关"人"的两个基本问题：一是企业首席执行官对现代采购观念的接受和推行力度；二是示范模式的层层贯彻与执行，彻底清除采购过程的"暗箱"。

3. 上海通用现象

上海通用的采购体系没有经历体制机构改革后的阵痛，全球集团采购策略和市场竞标体系自公司诞生之日起就自然而然地融入了世界上最大的通用汽车全球采购联盟系统中。上海通用的采购已经完全上升到企业经营策略的高度，并与企业的供应链管理密切结合在一起。

据统计，上海通用在美国的采购量每年为 580 亿美元，全球采购金额总共达到 1 400 亿至 1 500 亿美元。随着企业的发展，通用汽车提出了全球化采购的思想，并逐步将各分部的采购权集中到总部统一管理。通用下设四个地区的采购部门：北美采购委员会、亚太采购委员会、非洲采购委员会、欧洲采购委员会。四个区域的采购部门定时召开电视会议，把采购信息放到全球化的平台上来共享，在采购行为中充分利用联合采购组织的优势，协同杀价，并及时通报各地供应商的情况，把某些供应商的不良行为在全球采购系统中备案。

在资源得到合理配置的基础上，通用开发了一整套供应商关系管理程序，对供应商进行评估。对好的供应商采取持续发展的合作策略，并针对采购中出现的技术问题与供应商一起协商，寻找解决问题的最佳方案；而对在评估中表现较差的供应商，则会使其离开通用的业务体系。同时，通过对全球物流路线的整合，通用将各个公司原来自行拟定的繁杂的海运线路集成为简单的洲际物流线路。采购和海运路线经过整合后，不仅使总体采购成本大大降低，而且使各个公司与供应商的谈判能力也得到了质的提升。

（案例来源：爱问共享资料，2017 年 10 月）

问题：

（1）分析说明三个企业采购模式的内在区别；

（2）对比三个企业的采购模式，分析说明影响企业采购体制和模式的基本因素。

案例解析：

（1）三种在中国市场并存的采购现象，直接反映出在不同的市场机制和管理模式下，企业变革需要面对的一些现实问题。但从另一个角度看，就会发现采购在整个企业物流管理中的重要地位已经被绝大多数的企业所认可。更多的生产企业专注于自己的核心业务，把采购物流业务外包，建立在合作基础上的现代供应链管理无疑是对传统的采购管理模式的一次革命性的挑战。

（2）从不同采购现象背后，可以看到采购新理念在中国发展遇到的现实问题，不仅在于企业对先进思维方式的消化能力，更重要的是在不同的体制和文化背景下的执行是否通畅。而在落实理念的过程中，必须革新企业文化，要求高层决策人员和中层的管理人员应具备解决系统设计问题的能力，底层的运作人员应能解决系统操作的问题，同时必须有发现问题的能力和正确理解问题的能力。

实训设计

采购模式的选择

【实训目的】

加深学生对不同采购模式的认识，理解采购模式选择过程中应考虑的因素。

【实训组织】

学生按照每 3 人一组分成若干小组，由小组负责人对成员进行任务分配，制订实训计划，并带领全组成员完成实训任务。每小组负责调查本地一家知名企业，可以是连锁超市、餐饮、生产等企业，然后分析该企业或企业不同项目主要采用的采购模式。

【实训要求】

1. 小组负责人对小组成员进行合理的任务分工。

2. 做好企业、项目采购模式调查前的相关准备工作。

3. 搜集企业、项目采购模式有关信息。

4. 对搜集的相关信息进行合理分析。

【实训考核】

1. 调查结束，每个小组要对所选取企业或项目的采购模式的选择标准与方法进行阐述，总结对采购模式的认识和理解，上交讨论结果。

2. 本次实训成绩由个人表现、团队表现、实训成果各项成绩汇总而成。

参 考 文 献

[1] 缪兴锋，别文群. 供应链管理技术与方法 [M]. 广州：华南理工大学出版社，2006.

[2] 王景平，李翔，严瑜筱. 浅谈基于 ERP 环境下的中小型印刷企业采购管理 [J]. 商场现代化，2007（32）：97.

[3] 李来军. GU 公司的采购与供应管理研究 [D]. 武汉：华中科技大学，2014.

[4] 韩海. CB 化工有限公司采购与供应管理改善研究 [D]. 天津：天津大学，2009.

[5] 谭华. 采购管理 [M]. 长沙：西安电子科技大学出版社，2014.

[6] 李荷华. 采购与供应管理 [M]. 西安：西安电子科技大学出版社，2017.

[7] 仪玉莉. 采购管理 [M]. 北京：高等教育出版社，2012.

[8] 刘艳霞，杨丽. 采购管理 [M]. 北京：机械工业出版社，2010.

[9] 李东. 管理学——理论·方法·工具 [M]. 北京：科学出版社，2008.

[10] 全国注册会计师统一考试教辅编写组. 财务成本管理 [M]. 北京：现代教育出版社，2017.

[11] 谭华，沈焰. 采购管理 [M]. 长沙：湖南师范大学出版社，2017.

[12] 龙瑞红. 采购实务 [M]. 郑州：河南科学技术出版社，2013.

[13] 张念. 现代物流学 [M]. 长沙：湖南人民出版社，2006.

[14] 王为人. 采购案例精选 [M]. 北京：电子工业出版社，2007.

[15] 何明珂. 物流系统论 [M]. 北京：中国审计出版社，2004.

[16] 郑成武，刘敬严. 采购与供应管理 [M]. 北京：首都经济贸易大学出版社，2009.

[17] 唐艳. 采购与供应管理 [M]. 武汉：武汉理工大学出版社，2008.

[18] 骆建文. 采购与供应管理 [M]. 北京：机械工业出版社，2016.

[19] 伍蓓. 采购与供应管理 [M]. 北京：中国物资出版社，2011.

[20] 郭毅. 市场营销学原理 [M]. 北京：电子工业出版，2008.

[21] 胡志民. 经济法 [M]. 上海：上海财经大学出版社，2006.

[22] 刘海桑. 政府采购、工程招标、投标与评标 1200 问 [M]. 北京：机械工业出版社，2012.

[23] 沈小静，刘若阳，姜旭. 新中国 70 年采购管理发展历程、阶段特征及未来展望 [J]. 管理世界，2019，35（10）：39-49.

［24］ 占小锁. 基于供应链集成服务模式下的物资集中采购管理［J］. 铁路采购与物流，2019，14（4）：40-42.

［25］ 黄永福. 国际采购的原因及趋势分析［J］. 中国物流与采购，2019（17）：68.

［26］ 徐昕昊. 企业供应链采购管理策略分析［J］. 中国物流与采购，2019（18）：59.

［27］ 孙宏岭，董立淳. 论国际采购与供应链管理［J］. 河南工业大学学报（社会科学版），2006（1）：1-4.

［28］ 姚国章，康琪. 韩国政府电子化采购发展解析［J］. 电子政务，2011（Z1）：161-173.

［29］ 张志泉. 政府采购电子化探析［J］. 经济纵横，2011（7）：52-55.

［30］ 刘传哲，何凌云. 集中采购模式下企业内部控制与监管分析［J］. 中国管理信息化（综合版），2007（6）：46-47.

［31］ 周清华，杨惊蛰. 买方模式下电子采购管理的应用分析［J］. 中国市场，2016（6）：43-44.

［32］ 孔祥璐，俞乐. 物资集中采购模式浅析［J］. 中国商论，2016（3）：93-95.

［33］ 钱芝网，施国洪. 基于 Web Services 的电子采购系统设计［J］. 现代管理科学，2009（5）：109-111.

［34］ 王蔚林. 大型企业电子采购的重要意义与完善对策研究［J］. 中国市场，2018（9）：178+182.